W0190375

Renate Zöller

Was ist eigentlich Heimat?

Annäherung an ein Gefühl

Renate Zöller

WAS IST EIGENTLICH
Heimat?

Annäherung an ein Gefühl

Überreicht von

ko

www.hamburg.de/po...

Ch. Links Verlag

Das Wiener Institut für die Wissenschaften vom Menschen unterstützte gemeinsam mit der Erste Bank Stiftung die Recherche zu diesem Buch mit dem Milena Jesenská Stipendium.

Institut für die Wissenschaften vom Menschen
Institute for Human Sciences

Die Deutsche Nationalbibliothek verzeichnet diese Publikation in der Deutschen Nationalbibliografie; detaillierte bibliografische Angaben sind im Internet über www.dnb.de abrufbar.

1. Auflage, September 2015
© Christoph Links Verlag GmbH
Schönhauser Allee 36, 10435 Berlin, Tel.: (030) 44 02 32-0
www.christoph-links-verlag.de; mail@christoph-links-verlag.de
Umschlaggestaltung: Stephanie Raubach, Berlin unter Verwendung eines Motivs von thinkstock (490374161)
Satz: Stephanie Raubach, Ch. Links Verlag, Berlin
Druck und Bindung: Druckerei F. Pustet, Regensburg
ISBN 978-3-86153-843-1

Inhalt

Einleitung 7

Kleine Geschichte der Heimat 14

VOM VERLUST DER HEIMAT 27
Die alte Heimat 28
Schlesien duftet nach Heimat 30
Vogelsang war unser Untergang 39
Wenn die Heimat zur Fremde wird 48
Über Nacht verschwanden die Bilder von Erich Honecker 50
Das Riesengebirge war ein Staat im Staate 59
Patchwork-Heimat 67
Heimat ist eine Evolution in kleinen Schritten 69
Es gibt nun einmal keinen idealen Ort für mich 76
Ich kann jederzeit meinen Koffer packen und weiterziehen 83

HEIMAT IST DA,
WO EINEN DIE NACHBARN GRÜSSEN
Zur Willkommenskultur in Deutschland 91

VON DER SUCHE NACH HEIMAT 101
Auf der Flucht 102
Ich habe Gott gesehen 105
Sobald es geht, will ich zurück in meine Heimat 110
Ich will einfach nur in Frieden leben 114
Heimatlos 118
*Mein Leben wäre heute besser, wenn ich in Russland
    geblieben wäre* 120

Das Leben der Sinti kennen meine Kinder
   nur aus Erzählungen 128
Als Immigrant verliert man vollständig seine Identität
   und muss sich eine neue aufbauen 135
Aus der Ferne für die Heimat 145
Schon als Kind begriff ich, dass meine Heimat
   etwas sehr Wertvolles war 147
Solange man in der Heimat ist, kann man sie
   nicht richtig verstehen 155

HEIMAT IST DER RAUM, IN DEM WIR UNS
   SICHER BEWEGEN KÖNNEN
   Ein Gespräch mit Beate Mitzscherlich, Psychologin 163

ÜBER DAS ANKOMMEN
   IN DER NEUEN HEIMAT 175
Wiederentdeckte Heimat 176
Ich war immer die ›Andere‹ 178
Mütterchen Prag hat wirklich Krallen 192
Wurzeln schlagen in der Wahlheimat 203
Phyllis war mir wichtiger als Heimat 205
Ich muss jetzt nicht mehr in die Weite 213

Schlussgedanken 222

Anhang 226
Quellenverzeichnis 226
Weiterführende Literatur zum Thema 229
Dank 230
Zur Autorin 231

Einleitung

> »Heimat ist kein Ort, Heimat ist ein Gefühl.«
> *Herbert Grönemeyer*

Sie verspricht Geborgenheit in einer unübersichtlichen Welt, sie fasziniert, sie ist unausweichlich, sie prägt unser Leben – die Heimat. Für dieses Buch habe ich mit Menschen gesprochen, die sie verlassen, verloren oder wiedergewonnen haben. Manche lehnen die Heimat ab, manche hängen an ihr – gleichgültig kann man ihr gegenüber nicht sein. Heimat lässt uns nicht los. Sie bleibt ein Teil unserer Identität, auch wenn wir sie bewusst verlassen. Sie kann für einen gewissen Zeitraum überdeckt werden, in den Hintergrund rücken, um dann im Alter meist wieder mehr Raum einzunehmen. Auf Dauer lässt sich die Heimat nicht ausradieren, sie taucht wieder auf, wenn wir in der Fremde unsere heimische Mundart hören, eine Landschaft wiedererkennen oder es plötzlich so riecht wie bei der Großmutter am Herd.

Die Protagonisten dieses Buches erzählen von ihrer Heimat, vom Verlust der alten und vom Neuanfang in der neuen, von Träumen, Sehnsüchten, Enttäuschungen und Erfolgen. Ob Ric, der sich als schwuler Latino und Schauspieler lieber nicht mehr auf eine örtlich fixierte Heimat festlegen will und seine gesamte Habe auf dem Gepäckträger seines Fahrrads transportieren kann; ob Yuan, die aus China in eine ganz andere, fremde Welt kam oder Christel, die ins Nachbardorf ziehen musste, weil ihr Heimatort Wollseifen zu einem militärischen Übungsplatz wurde; ob Juliane, deren Heimat DDR vom Lauf der Geschichte weggespült wurde oder Schahrsad aus Teheran, die der soziale Abstieg durch den Umzug nach Deutschland beinahe gebrochen hätte – alle diese Menschen haben den Verlust von Heimat als einen Bruch erlebt, der ihr Leben bereichert, erschwert und fundamental verändert hat.

»Was ist eigentlich Heimat?«, fragte ich auch Wissenschaftler wie die Psychologin Beate Mitzscherlich, den Historiker Klaus Ries und seinen Romanistik-Kollegen Edoardo Costadura oder die Ethnologen Beate Binder und Friedemann Schmoll. Brauchen wir sie – als Individuum und als Gesellschaft? Leben Menschen glücklicher, wenn sie in ihrer Heimat bleiben oder schmeckt sie nur von Weitem so süß? Sind wir auf das Gefühl angewiesen, eine Heimat zu haben, um unseren Weg in der Fremde gehen zu können? Oder blockiert sie uns dabei, in der neuen Umgebung ein neues Leben aufzubauen?

In den vergangenen Monaten stieg die Zahl der Flüchtlinge dramatisch an. Bis zu 800 000 Menschen werden voraussichtlich im Jahr 2015 nach Deutschland kommen. Das provoziert einerseits Rechtsradikale. Fast täglich berichtet die Presse von brennenden Flüchtlingsunterkünften. Das bewegt aber auch immer mehr Menschen, die Notleidenden willkommen zu heißen. Werden sie jemals in Deutschland eine Heimat finden?

Medizinisch gesehen entsteht das warme Gefühl für unsere Heimat schlicht durch ein riesiges Sammelsurium an Engrammen, also Spuren in unserem zentralen Nervensystem, die durch besondere Reize oder Eindrücke hinterlassen wurden. Je positiver diese Eindrücke waren und je öfter wir sie erlebt haben, umso stärker sind die Engramme synaptisch verfestigt. Ein bestimmter Geruch, eine Melodie, eine besondere Landschaft – all das kann sich neurologisch gesehen wie ein Spinnennetz in unser Gehirn weben und Heimatgefühle erzeugen. Heimat kann damit an mehreren Orten empfunden werden oder überhaupt nicht örtlich gebunden sein. Wenn die neuralen Verlinkungen sich auflösen, etwa bei Demenzkranken, dann verschwindet auch die Heimat aus den Köpfen.

Welche Eindrücke wir unbewusst wählen, um unser neurales Heimatnetz zu weben, bleibt individuell. Übereinstimmend kann man festhalten: Heimat ist verbunden mit der Umgebung, in der jemand die wichtigsten Jahre seiner Sozialisation verbracht hat. Aber diese Jahre erlebt der eine als Kind, ein anderer als Jugendlicher, ein Dritter vielleicht erst als Erwachsener. Selbst Geschwister, die in derselben Familie, am selben Ort, unter denselben sozialen Bedingungen aufwachsen, können Heimat ganz unterschiedlich empfinden. Was dem einen Sicherheit bietet, ist dem anderen zu eng und miefig. Der eine leidet, wenn er in der Fremde lebt und versucht, so viel Traditionen und Gewohnheiten wie möglich auf seine neue Welt zu übertragen. Der andere passt sich scheinbar spielerisch an, findet Freunde, gründet eine Familie und wird bald nicht mehr als Zugezogener wahrgenommen. Während sich manche auf ihre Heimat besinnen als eine Art Kompensationsraum, der sie vor den Zumutungen der Globalisierung schützen soll – unter anderem vielleicht vor dem als unheimlich empfundenen Zuzug von Migranten –, stehen andere vor der Notwendigkeit, sich zu integrieren und eine neue Heimat aufzubauen.

Das Phänomen Heimat ist nicht ohne deren Verlust zu betrachten. Die meisten Menschen denken wenig über ihre Heimat nach, so lange sie nicht bedroht oder verloren ist. Erst dann beginnen sie, sie zu vermissen – und verstehen oft gar nicht genau, was sie eigentlich vermissen. Manche Menschen träumen ihr Leben lang davon, wieder nach Hause zurückzukehren. Und wenn sie es schließlich tun, finden sie dort keine Heimat mehr. Diese Ambivalenz der Sehnsucht bewegte Philosophen, Historiker und Psychologen seit jeher. Schon der römische Philosoph Seneca kam zu dem Schluss, der Mensch brauche eine Heimat und implizierte gleichzeitig, dass er sich auf der Wanderschaft danach sehnt. Er sagte: »Einem Schiff ohne Hafen ist kein Wind der richtige.« Rund 2000 Jahre später prägte der Philosoph Martin Heidegger für Jahrzehnte die Diskussion mit seiner These, ohne Heimat leide der Mensch an einer »Seinsvergessenheit«, die ihn in eine tiefe Krise stürze.

Gerade Heidegger steht wegen seines Flirts mit der nationalsozialistischen Ideologie jedoch auch für die Desavouierung des Heimatbegriffs. Für Jahrzehnte war er scheinbar unauflösbar konnotiert mit der deutschen »Blut-und-Boden«-Politik Hitlers, für die so unfassbar viele Soldaten begeistert in den Krieg und so viele »Volksdeutsche« heim ins Reich gezogen waren. Der rassistische und ausgrenzende Heimatgedanke der Nationalsozialisten war Grundlage für die Ermordung von Millionen Menschen in den Konzentrationslagern. Nach dem Krieg strebten die Deutschen daher nach einem rationaleren Verhältnis zu ihrem Staat, den Hitler ihnen als die »Heimat« verkauft hatte. Im intellektuellen Diskurs war Heimat out.

Viele der Millionen Vertriebenen aus Schlesien, Ostpreußen und den tschechoslowakischen Grenzgebieten blieben ihrem Sehnsuchtsort treu, aber deren revisionistische Vertreter diskreditierten die Heimat in den Augen vieler Deutscher noch mehr. Zwar flüchteten sich in den 50er Jahren gerade ältere Leute in die heile Welt der Heimatfilme und -romane, in denen es keinen Krieg und keine Schuld der Deutschen gab. Aber die nachkommende Generation fand diese Schmöker altmodisch, kitschig, unerträglich. Sie wollte lieber die Welt entdecken, als an ihrer Heimat zu kleben. Der moderne, aufgeschlossene Mensch sollte mobil und flexibel sein. Der Medienphilosoph Vilém Flusser etwa, der als Prager Jude während des Zweiten Weltkrieges aus seiner Heimat fliehen musste und in Brasilien lebte, sagte in seinem Vortrag »Heimatlosigkeit ist Freiheit«[1], der Mensch sei kosmopolitisch wie eine Ratte und könne sich überall eine neue Heimat schaffen.

Jetzt aber lässt sich seit ein paar Jahren beobachten, wie sich die Heimat vom verstaubten Mauerblümchen zum neuen Trendwort Deutschlands mausert. Tim Mälzer gab ein Kochbuch mit dem schlichten Titel »Heimat« heraus, der Heimathirsch in Köln ist längst kein Geheimtipp mehr unter Jazzfreunden, in Hamburg isst man im Restaurant Heimat Küche & Bar und in Berlin zieht die Neue Heimat in den Hallen des ehemaligen Reichsbahnausbesserungswerks mit zahlreichen Events junge Kreative und Schaulustige an. Das Leitmotiv des Performance-Künstlers Stefan Strumbel lautet: What the fuck is Heimat? Heimatgeschäfte und Heimatagenturen werden gegründet und nicht zu vergessen: unzählige neue Heimatmuseen. Auch in der Sprache besinnt sich Deutschland auf seine regionalen Dialekte. In München betreibt die Akademie der Wissenschaften bayerische Mundartforschung, es gibt Online-Sprachkurse für Plattdeutsch und in Köln kann man Examen an der Akademie för uns kölsche Sproch machen. Heimat wurde von den Teilnehmern eines Wettbewerbs des Deutschen Sprachrats und des Goethe-Instituts im Jahr 2004 zu einem der schönsten deutschen Wörter gekürt. Und Bayern schuf 2014 ein Heimatmuseum.

Woher kommt diese unerwartete Popularität? Die Psychologin Beate Mitzscherlich erklärt die heutige Suche nach Heimat als eine Reaktion auf die Uferlosigkeit innerhalb einer globalisierten Gesellschaft. Immer mehr Menschen empfinden ihre kleine Lebenswelt als bedroht. In der modernen Gesellschaft ist Flexibilität eine Voraussetzung für Erfolg. Und Mobilität ist längst kein Ausdruck mehr von persönlicher Freiheit, sondern von beruflichen Zwängen. Das Verlassen der Heimat gehört zum Alltag. Es ist fast unmöglich, sein gesamtes Leben an ein und demselben Ort zu verbringen. Menschen ziehen aus freien Stücken oder notgedrungen, für die Arbeit oder für die Liebe, aus politischen Gründen oder aus wirtschaftlicher Not von einer Stadt in die andere, in fremde Länder oder auf andere Kontinente. Alte Beziehungen werden abgebrochen, neue geknüpft. Nicht immer gelingt die Integration am neuen Wohnort. Heimat lässt sich nicht einfach ersetzen.

Und auch die Zurückgebliebenen fühlen sich in ihrer Heimat nicht mehr sicher. Alle Krisen und Kriege auf der Welt fühlen wir zeitnah auch in Deutschland. Längst hat die Globalisierung das kleinste Dorf erfasst – wenn der Weizen im Ausland billiger produziert werden kann, betrifft das auch den ansässigen Bauern. Der Firmeninhaber muss damit rechnen, dass die Konkurrenz irgendwo auf der Welt günstiger produziert, der Angestellte wiederum damit, dass seine Firma in ein Billiglohnland abwandert.

Die Geborgenheit und Verlässlichkeit der kleinen, überschaubaren Heimat erfährt angesichts dieser Ohnmacht gegenüber den Katastrophen in einer unüberschaubar großen Welt eine neue Bewertung. Die Menschen wollen sich neu verorten, ihre kleine Nahwelt – den Kiez, das Dorf, die Familie – aktiv lebenswert gestalten. Das äußert sich sowohl in der bereits beschriebenen Wiederentdeckung der Heimat als auch in einer gesellschaftlichen Bewegung, die »zurück zu den Wurzeln« will und die an die Anfänge der deutschen Heimatbewegung erinnert: Menschen mieten ein Stück Land oder besetzen städtische Brachen, um Gemüse anzubauen, sie kaufen regionale Produkte, engagieren sich gegen Umweltprobleme vor Ort. »Kommunität«, nennt das die Kulturanthropologin Ina-Maria Greverus, die sich Anfang der 70er Jahre als eine der ersten Wissenschaftlerinnen für die Rehabilitierung der Heimat einsetzte: »Regionale und lokale Proteste stellen Selbstverwaltungen gegen Zentralisierung, eigene Kultur gegen Einheitskultur, sparsame eigene Nutzung der eigenen Ressourcen gegen zentralisierte Ausbeutung und Lieferung, Gegenseitigkeit des Handelns gegen Wohlfahrtsabhängigkeit und Bürokratisierung.«[2]

Zwar denken auch heute bei dem Begriff Heimat viele Menschen an blühende Alpenlandschaften, Bauernmädel in Trachten und rustikale Kneipen mit Hirschgeweihen an den Wänden. Aber unbemerkt hat sich eine Ironie, eine Leichtigkeit in dieses Bild geschlichen. Längst wird Heimat von einer unbeschwerten Generation, die den Krieg nur noch aus Büchern und Filmen kennt, als Schablone für Gemütlichkeit, Geborgenheit und Eigeninitiative genutzt. Ihrer bedienen sich Jung und Alt, linke Umweltaktivisten und Partypeople, aber auch konservative

»Wutbürger« und rechte Ausländerfeinde. »Heimat ist ein nuttiger Begriff«, sagt der Ethnologe Friedemann Schmoll: »Sie schmiegt sich an jeden an, der sie benutzen will.« Während die einen ihre Heimat als ein soziales Netz begreifen, das auch fremde Hilfsbedürftige auffangen kann, glauben andere, die Heimat durch Abschottung vor Veränderung schützen zu müssen. Sie gehen auf die Straße, um gegen eine vermeintliche »Überfremdung« durch die Flüchtlinge zu demonstrieren.

Dabei erzählen vor allem die Schicksale der Einwanderer von Heimat. Manche von ihnen kommen nur durch Zufall nach Deutschland, andere wählen es ganz bewusst. Wer sein Land wegen Hunger oder Krieg verlassen musste, reflektiert vielleicht zunächst nicht, ob er sich in der deutschen Kultur auch heimisch fühlen kann. Nur die Zeit zeigt, ob Deutschland für sie zu einer neuen Heimat wird. Nicht jeder mag seine Vergangenheit, die Traditionen und Werte, einfach ablegen und in ein neues Leben schlüpfen. Viele hoffen, bald wieder nach Hause zurückkehren zu können. Andere wollen sich in unserer Gesellschaft einfinden, aber es gelingt ihnen nicht – ihre Ausbildung wird nicht anerkannt und sie finden keine Arbeit oder dürfen als Asylbewerber nicht arbeiten, suchen vergeblich Freunde oder fühlen sich schlichtweg abgelehnt. Und selbst diejenigen, denen eine Integration vollends gelingt, sehnen sich manchmal nach ihrem früheren Leben zurück, als die Zugehörigkeiten klarer und die Beziehungen einfacher waren.

Heimat und Fremde gehören zusammen. »Man muss in die Ferne gehen, um die Heimat, die man verloren hat, wiederzufinden«, sagte Franz Kafka 1924. Ich würde hinzufügen: Man muss den Fremden zuhören, um seine eigene Heimat zu verstehen. Die Geschichten meiner Protagonisten zeigen, was Heimat jenseits der Kochbücher, Jazzkneipen und Hirschgeweihe für eine universelle, tiefe Bedeutung hat. Was Heimat eigentlich ist, zeigen die Antworten in diesem Buch, das ein buntes Kaleidoskop voller Denkanstöße sein will.

Kleine Geschichte der Heimat

Ob die Menschen, die in der Spätantike in einer regelrechten Völkerwanderung in neue, fruchtbarere Regionen zogen, wohl ihre Heimat vermissten? Oder die Kaufleute der Hanse, die im Mittelalter bis nach Novgorod reisten, um ihre Waren zu verkaufen? Sie bauten sich extra ein eigenes Kontor, den Petershof mit einer St. Peterskirche und Wohnhäusern, in denen die Händler unter sich blieben. Sollten sie etwa nicht an Heimweh gelitten haben? Ob Germanen, Hanseaten oder die neuzeitlichen Arbeitsnomaden: Wer seine Heimat verliert, beginnt, sie zu vermissen.

Der Verlust kann unterschiedliche Gründe und Qualitäten haben: Jemand kann die Heimat gezielt verlassen, kann verschleppt werden – oder er fühlt seine Heimat durch äußere Einflüsse bedroht. Letzteres hat in der deutschen Geschichte meist die großen Heimatwellen ausgelöst. Der Bruch mit Traditionen und Geschichte, von außen oder bewusst von innen herbeigeführt, führt zu einem Wandel, der als Verlust wahrgenommen wird. Auch die gesellschaftlichen Umwälzungen der Völkerwanderung und des modernen internationalen Handels werden für die Betroffenen eine solche Bedrohung dargestellt haben. Und doch werden sie in den Forschungen zur Heimat nie erwähnt. Denn Heimat, so erklärt Klaus Ries, Historiker an der Universität Jena, ist nicht nur ein reaktiver, sondern auch ein reflexiver Begriff: »Heimat reagiert auf Transformationsprozesse – und aus der Reaktion resultiert ein Reflektieren darüber. Erst dieses Zusammenspiel prägt unseren modernen Heimatbegriff.« Selbst wenn die Hanseaten ihre Heimat vermissten – für die Wissenschaft ist das unsichtbar geblieben, denn es gibt keine Quellen dazu.

»Heimat war bis zur Neuzeit ein rauer Begriff ohne jede Romantik«, betont Ries. Er war schlicht eine notwendige anthropologische Konstante, die mit harter Arbeit, oft auch Armut und Not, verbunden war. Ursprünglich stammt das Wort vom althochdeutschen »heimōt« und dem daraus entstandenen mittelhochdeutschen »heimuot« ab. Damals bezeichnete es noch sehr konkret Haus, Hof und Eigentum einer Person, den Ort, an dem er geboren war oder sich Land erworben hatte, vergleichbar mit unserem heutigen »ständigen Wohnsitz«. Mit dem Besitz waren bestimmte Rechte, aber auch Pflichten verbunden, etwa die Pflege der Eltern bis zu deren Tod. Wer längerfristig in die Fremde ging, sich an einem anderen Ort ansiedelte, verlor das Heimatrecht.

Erst im späten 18. und frühen 19. Jahrhundert wandelte sich der Begriff – und wird damit für die Wissenschaft interessant, wie Ries einräumt. In Jena befassen sich gleich drei Wissenschaftler aus unterschiedlichen Perspektiven mit dem Thema. Im Seminar für die Studenten versucht Ries gemeinsam mit seinem Romanistik-Kollegen Edoardo Costadura, auch die europäische Perspektive von Heimat nicht aus dem Blick zu verlieren. Synergien gibt es auch mit dem Volkskundler Friedemann Schmoll, ebenfalls an der Universität Jena tätig. Diese kleine Geschichte der Heimat beruht vor allem auf ihren Erkenntnissen und Überlegungen.

Für den ersten markanten Wandel der Heimat machen die Wissenschaftler den enormen Modernisierungsschub verantwortlich, der ab der zweiten Hälfte des 18. Jahrhunderts ganz Europa erfasste. »Das Gefühl der Heimat kann erst mit der Individualisierung entstehen«, erklärt Klaus Ries. Und die begann mit der Aufklärung. Die Vernunft wurde zum wichtigsten Gut erklärt und den Naturwissenschaften sehr viel Platz eingeräumt. Allgemeine Menschenrechte, Bildung und das Zusammenspiel von Staat und Nation waren die Schlagwörter der Aufklärung und sie rückten den mündigen Bürger in den

Mittelpunkt. »Habe den Mut, dich deines eigenen Verstandes zu bedienen«, forderte Immanuel Kant 1784.

Die Französische Revolution ab 1789 setzte dieses aufklärerische Denken in die Praxis um und Napoleon trug es in den Kriegen bis 1812 durch ganz Europa. Es zeigte auch ganz konkrete Folgen für das Zusammenleben der Deutschen: Mit seinen Eroberungen und Neugliederungen warf Napoleon plötzlich Menschen zusammen, die vorher nichs miteinander zu tun hatten. »Plötzlich wurden Grenzen auf dem Reißbrett kartiert, statt sich wie bisher an Sprachen, Dialekt, historisch Gewachsenem zu orientieren«, beschreibt Ries diese Umwälzungen.

Es folgte 1871 die Gründung des deutschen Nationalstaates. Auch der schien den Heimatschützern zunächst eine Bedrohung: Sie fürchteten die Zentralisierung und die damit einhergehende preußische Hegemonialmacht – politisch wie kulturell. Der Flickenteppich von unterschiedlichen Herrschaften hatte gleichsam auch die regionale Vielfalt garantiert. Jetzt drohten die Eigenarten verloren zu gehen. Die Bayern wollten zwar Deutsche, aber sie wollten auch Bayern sein. Die damaligen Heimatschützer wie der Folkloreforscher Friedrich Salomon Krauß[3] warnten vor einer Nivellierung, vor der Verwischung der regionalen Unterschiede.

Etwa zeitgleich veränderte die Industrialisierung nachhaltig den Lebensraum. Edoardo Costadura erklärt: »Heute ist uns diese ständige Weiterentwicklung der Wirtschaft vertraut, aber damals war das für die Menschen ein Schock.« In Massen verließen sie die Dörfer und zogen in die Städte, wo es mehr Arbeit gab. Die Landflucht glich einer Völkerwanderung. Das aber zog enorme soziale Verwerfungen nach sich. Ganze Landstriche verwaisten und gleichzeitig stiegen innerhalb weniger Jahre die Einwohnerzahlen in den Städten auf das Vielfache. Es mussten Wohnraum geschaffen, Müll entsorgt, Abwassersysteme erfunden werden. Und auch die Landschaft veränderte sich: Wälder wurden gefällt, Boden und Gewässer durch Fabrikabwässer verseucht, die Luft war von giftigen Dämpfen verpestet, durch den Bergbau sanken ganze Landstriche ab. »Natur wurde im Denken einer instrumentellen Rationalität zur Ware degradiert«, beschreibt Friedemann Schmoll den Prozess.

Schließlich folgte diesen Jahren voller Umwälzungen und Kriegen die größte Naturkatastrophe der Neuzeit: Im April 1815 brach in Indonesien der Vulkan Tambora aus und spuckte etwa eine Woche lang Gas und Magma. Nach heutigen Erkenntnissen der Wissenschaft wurden mehr als hundert Kubikkilometer Asche, Gestein und Schwefel in die Stratosphäre geschleudert. Es war der Schwefel, der weltweit einen Klimawandel auslöste – er reflektierte die Sonne und es wurde kalt auf der Erde. In Nordamerika schneite es im Juni. Und auch Deutschland war betroffen: 1816 war ein Jahr ohne Sommer, es kam in ganz Europa zu einer Hungerkatastrophe, weil die Ernte ausblieb.

Die vielen Missernten und die daraus resultierende Not, aber auch Enttäuschungen über die politischen Entwicklungen, führten zu einer Massenauswanderung. Mehrere Millionen deutschsprachige Migranten zog es im 19. Jahrhundert nach Amerika. Der Regisseur Edgar Reitz beschreibt diese Euphorie in seinem Film »Die andere Heimat«, in der der Bauernsohn Jakob Simon um 1840 davon träumt, sich ein neues Leben in Brasilien aufzubauen.

Der Heimatbegriff erlebte angesichts all dieser Krisen, Bedrohungen, Umwälzungen um 1900 den Höhepunkt seiner Popularität. Die Heimatschutzbewegung brachte unzählige Trachtenvereine, Heimatbunde und Geschichtsvereine hervor. Die schafften ein abstrahiertes Bild von einer romantisch-kitschigen Heimat, die sie als gefährdet oder sogar verloren betrachteten. Die bestehende Zivilisation wurde kritisiert und die Natur idealisiert. Heimatliteratur boomte. Der Schriftsteller Berthold Auerbach beispielsweise stilisierte den Schwarzwald zur Kulisse für ein idyllisches Landleben, das durch Eindringlinge – meist aus der Stadt – gestört, wo aber schließlich die gottgewollte dörfliche Ordnung und Hierarchie wieder hergestellt wird. Ludwig Ganghofer, Peter Rosegger – das waren die Bestsellerautoren der Jahrhundertwende. Die Menschen suchten nach alternativen Lebensformen im Einklang mit der Natur. Viele Heimatfreunde fanden die Lösung in Freikörperkultur, Alpenverein, Lebensreform- oder Wandervogelbewegungen. Reisefieber begann in allen Gesellschaftsschichten um sich zu greifen und gerade die idyllischsten Orte in den Bergen oder am Meer wurden von der neu entstehenden Tourismusindustrie vermarktet. Die Stadtjugend sollte das Landleben kennenlernen und die Idee der Jugendherberge kam auf. Doch kaum jemand von den Heimatfreunden lebte tatsächlich im Grünen. »Sie kämpften für die heile ländliche Welt, dabei waren sie selbst städtische Bildungsbürger«, sagt Schmoll lachend.

Zu dieser Zeit noch arbeiteten die Heimatschützer länderübergreifend zusammen. 1911 fand in Salzburg die erste internationale Tagung für Denkmalpflege und Heimatschutz statt. Die Tatsache, dass es schwer ist, in anderen Sprachen ein Wort zu finden, das der Heimat entspricht, dürfe nicht zu dem Rückschluss führen, dass dort nicht ähnliche Prozesse stattfanden, mahnt Costadura. Auch Honoré de Balzac, Stendhal, Guy de Maupassant oder Gustave Flaubert erzählen von Provinzlern, die nach Paris gehen. In Italien beschreibt Alessandro Manzoni in dem Klassiker »Die Brautleute« (1827) ein Liebespaar, das aus der Heimat fliehen muss und in einem letzten Blick zurück versucht, sich die geliebte Landschaft einzuprägen.

Vermutlich war der deutsche Heimatkurs ein wenig mehr als bei den europäischen Nachbarn auf den Schutz der Umwelt fokussiert. Costadura vertritt die These, dass die Deutschen ein sehr spezielles Verhältnis zur Natur haben, das sehr stark durch die genuin deutsche Epoche der Romantik gefärbt ist. Viele berühmte Schriftsteller des 19. Jahrhunderts, auch Goethe oder Novalis, hatten einerseits einen naturwissenschaftlichen Zugang zur Natur und zelebrierten andererseits eine Naturmystik, nach der die Natur ein lebendiger, verletzlicher Organismus ist. Der Deutsche erfahre sich als einen Teil dieses Organismus, glaubt Costadura. Es sei daher kein Zufall, dass die ökologische Bewegung in Deutschland am stärksten ist und die Partei der Grünen sogar zeitweilig an der Regierung war.

So gesehen könnte man die Heimatschutzbewegung auch als eine Art Vorläufer der heutigen grünen Bewegung verstehen. Seit dem späten 18. Jahrhundert machten die Menschen immer wieder die Erfahrung, dass eine enthemmte industrielle Unternehmerschicht und verantwortungslose Politiker sich mithilfe von Wissenschaft und Technik rücksichtslos über alles hinweg setzten, was ihnen wichtig war – über historische Traditionen, soziale Strukturen, die zu dieser Zeit noch sehr nachständisch und organisiert waren, und eben auch über die Natur. Die Heimatschutzbunde waren ein Weg, sich dagegen zu wehren. Für den Historiker Ries sind sie »die Globalisierungsgegner der damaligen Zeit.«

Auch damals schon herrschten Ängste, die Natur könne endgültig zerstört werden. Als 1840 in Süddeutschland die ersten Eisenbahnlinien gebaut wurden, protestierten die Anwohner, weil sie den giftigen Dampf und den Lärm fürchteten. Im Grunde sind es ähnliche Ängste, die 170 Jahre später in Stuttgart die Menschen gegen den Bau eines erweiterten Hauptbahnhofs S21 auf die Straße trieben. Für die deutsche Identität sei diese fortgesetzte Tradition der Heimatbewegung elementar wichtig, glaubt Schmoll: »Die Schlüsselfrage für alle modernen Gesellschaften wird von den Heimatschützern gestellt: Wie sollen die Beziehungen untereinander und im Einklang mit der Natur organisiert werden?«

Die Sorge um die ökologische und soziale Umwelt teilten die Deutschen noch mit den anderen Europäern, doch führte die

Rückbesinnung auf eine vermeintlich »heile Welt«, die von äußeren Einflüssen zerstört würde, dazu, dass sich die Heimatschützer zunehmend isolierten. Mit dem Ersten Weltkrieg 1914 war die Internationalität des Heimatschutzgedankens *passé*. Heimat wurde zu einer Definition der Abgrenzung. Im 19. Jahrhundert war sie noch eine Alternative zum abstrakten Nationalstaat gewesen, hatte mit ihm im Konflikt gestanden. Jetzt wurde sie selbst immer abstrakter – ganz Deutschland wurde zur Heimat. Keiner der drei Jenaer Wissenschaftler hat eine richtige Erklärung für diesen Prozess finden können. Schmoll überlegt: »Jetzt ist Heimat plötzlich das Deutsche. Dabei kann das eigentlich gar nicht funktionieren, weil ein ganzes Land nicht identifizierbar ist. Man kann Deutschland nicht riechen, schmecken, fühlen.« Und doch wachsen Deutschland und die Heimat zusammen. Von da war der Weg zur »Blut und Boden«-Propaganda Hitlers nicht mehr weit.

Bereits 1914 zogen deutsche Soldaten singend für ihre Heimat in den Ersten Weltkrieg. »Treue Grenzwacht steht bereit in des Reiches Osten / für der Heimat Hof und Herd jeder auf dem Posten«, heißt es in einem Soldatenlied. Die Niederlage vier Jahre später mit territorialen Verlusten, gesellschaftlichen Krisen und nationalen Demütigungen führte zu einer weiteren Radikalisierung. Deutschland betrat seinen Sonderweg – bei dem der Heimatbegriff eine große Rolle spielte. War ursprünglich die Heimatbewegung vielstimmig, pluralistisch, mit einem breiten politischen Spektrum, trat jetzt das völkische Denken in den Vordergrund und fütterte eine biologistische und rassistische Ideologie.

Die große Tragik des Diskurses um die Heimat sieht Schmoll darin, dass Integration und Exklusion bei ihr so nah zusammen liegen. »Der Heimatbegriff versteht den Menschen nicht nur als soziales und kulturelles Wesen, sondern auch in seiner Beziehung zur Natur. Das mag ich an ihm«, sagt der Volkskundler. »Aber dadurch, dass die Eigenart verteidigt werden soll, ließ sich die Heimat in der deutschen Geschichte allzu leicht und oft als Kampfvokabel benutzen.« Das Trauma des Ersten Weltkrieges führte dazu, dass alles, was als fremd identifiziert wurde, nicht nur abgewiesen, sondern sogar zerstört, eliminiert werden sollte.

Der eigentliche Heimatdiskurs klang zu dieser Zeit offenbar ab, wie der Historiker Ries feststellte: Es gibt kaum historische Quellen bis 1933. Und danach meldeten sich nur noch Menschen zu Wort, die sie bereits instrumentalisieren und in einem Heimatsekretariat bündeln wollten. Heimat wurde unter Hitler eine einheitliche Sache, ein staatliches Programm, das mit einer Bürgerbewegung nichts mehr zu tun hatte. Die Nationalsozialisten stellten sich dabei vermeintlich durchaus in die Tradition der Heimatschützer – 1933 setzten sie das erste Tierschutzgesetz durch, 1935 wurde das erneuerte Reichsnaturschutzgesetz erlassen und eine Reichsstelle für Naturschutz eingerichtet. Geschickt nutzten sie die Vorarbeiten der Heimatschützer in der Kaiserzeit und der Weimarer Republik, um mit den beliebten Umweltthemen Sympathien in der breiten Öffentlichkeit zu sammeln. Schon in den frühen 30er Jahren konnte Ries dabei eine enge Verknüpfung mit der »Blut und Boden«-Ideologie nachweisen. Im Zweiten Weltkrieg wurde die Heimat dann endgültig zu einem Vorwand für eine menschenverachtende Vernichtungspolitik. Um den eigenen Lebensraum zu erweitern, griffen die Nationalsozialisten andere Länder an, sie deklassierten Menschen zu »Untermenschen«, sie töteten Millionen in Konzentrationslagern.

Nach diesen Exzessen blieb von der »deutschen Heimat« nur ein schwarzes, verwüstetes Loch. Sie schien unwiderruflich verbrannt. Rigoros wurde sie aus dem intellektuellen Diskurs verbannt. Die ungute Verknüpfung von Staat und Heimat wich einem »Verfassungspatriotismus«, wie Klaus Ries es beschreibt: Staatszugehörigkeit sollte nicht mehr auf Sprache oder Abstammung beruhen, sondern auf dem gemeinsamen Bekenntnis zu

Demokratie und Meinungsfreiheit. Intellektuelle wie Jürgen Habermas oder Hans-Ulrich Wehler dachten in Kategorien wie Gesetzen, Rechten oder Pflichten der Bürger. »Offenbar versuchte man aus völlig ersichtlichen Gründen, die Heimat zu verdrängen«, erklärt Ries: »In der jungen Bundesrepublik hatte sie nichts zu suchen.«

Trotz all dieser rationalen Bemühungen drückte sich die Sehnsucht der Deutschen nach Heimat im Alltag »subkutan« schnell wieder durch. Heimatmuseen und Heimatvereine wurden gegründet, Heimatfilme und Heimatromane kursierten in allen Gesellschaftsschichten. Um deren Erfolg in den 50er Jahren zu verstehen, muss man die Bilder der äußeren und seelischen Trümmerlandschaften mitdenken. Die Abgründe der Schoah und des Weltkrieges ließen die Menschen in Klischees fliehen. Immer fand die Handlung vor dem Zweiten Weltkrieg statt, als die Welt scheinbar noch in Ordnung war. Dabei war nicht nur die Natur intakt. In »Heidi«, »Der Förster vom Silberwald« oder »Bambi« war auch das Familienleben noch traditionell und wunderbar vereinfacht. Das Moderne – etwa die rauchende Frau aus der Stadt – war ein Schreckensbild, das Gegenstück zum einfachen, ehrlichen Mädchen vom Lande. Man konnte die Romane aus dem Schwarzwald als *pars pro toto* problemlos auf andere Regionen übertragen. Heimat war damit nicht mehr örtlich gebunden, sondern wurde zu einem undifferenzierten Gefühl, einer Utopie. Sie verkam weitgehend zu Kitsch.

Eine ganz andere Dimension hatte der Begriff der Heimat für die rund zwölf Millionen Vertriebenen, die durch den Krieg ihr Zuhause gewaltsam verloren hatten. Die Zuwanderer stießen sowohl im Westen Deutschlands als auch in der Sowjetischen Besatzungszone auf eine feindlich gesonnene Umgebung. Sie waren eine Konkurrenz, nahmen die eh knappen Ressourcen, Wohnraum und Lebensmittel weg. Äußerst widerwillig wurden sie aufgenommen. In Ostdeutschland kam noch erschwerend hinzu: Man durfte nicht von Vertreibung, nur von

Umsiedlung sprechen. Dadurch wurde die existentielle, traumatisierende Erfahrung der Vertreibung auch noch sprachlich versachlicht. Angesichts dieser Härten im Nachkriegsalltag wurde die »alte Heimat« für die meisten zu einem stark verklärten Sehnsuchtsort.

In linken, aufklärerischen Kreisen trug jedoch gerade das öffentliche Klagen der Vertriebenenverbände zur Diskreditierung der Heimat bei. Schmoll erinnert sich noch daran, dass er selbst in seiner Jugend die »Gesinnungsheimatvertriebenen« hasste. Seine Familie war schwäbisch und evangelisch – die Majorität in seinem schwäbischen Heimatort jedoch katholisch und heimatvertrieben. Schmoll fand die revisionistischen Forderungen der Verbände grauenhaft. Er sagt: »Heute finde ich es beschämend, dass wir über diesem politischen Gekläffe der Funktionäre all das echte Leid der Menschen überhört haben. Wir haben einfach weggesehen.«

Es bedurfte eines weiteren gesellschaftlichen Umbruchs, damit sich die junge Generation und die Intellektuellen die Heimat zurückerobern konnten. Den stieß schließlich die 68er Revolution an. Die rebellischen jungen Leute brachen mit den alten Traditionen, prangerten die Fehler der Vätergeneration an und hinterfragten deren Werte. Dadurch war in den 70er Jahren der Weg freigeräumt, den Begriff der Heimat neu zu besetzen: als Symbol für Autonomie und Selbstbestimmung für diejenigen, die gegen das marktorientierte, rationalistische Denken der Nachkriegszeit rebellierten. Auch jetzt hing die Sehnsucht nach Heimat eng mit dem Gefühl der Bedrohung zusammen – die Menschen fühlten sich von einer erneuten Urbanisierungswelle bedroht, vom Kalten Krieg, vom Waldsterben. Und auch jetzt stach wieder die deutsche Naturverbundenheit international hervor, wie der Romanist Costadura betont: »Während die Hysterie in Deutschland fast apokalyptische Züge hatte, wurde der Begriff in viele Sprachen nicht einmal übersetzt, ›le Waldsterben‹ sagten die Franzosen.«

Besonderen Ausdruck fanden diese Ängste in der Anti-AKW-Bewegung. Initialzündung für die neue Bewegung war der Widerstand gegen den Bau eines Atomkraftwerks in Wyhl in Baden-Württemberg. Wyhl brachte Menschen aus allen politischen und sozialen Gruppen zusammen. Bauern und Intellektuelle, Kleriker und Künstler, Leute aus der Region, aber auch aus ganz Deutschland schafften es mit ihren anhaltenden Protesten und Klagen gemeinsam vor Gericht, den Bau zu verhindern. Damit knüpften sie direkt an das rebellische Erbe der Heimatschützer an, sich gegen die übergeordneten Strukturen zur Wehr zu setzen. Volkskundler Friedemann Schmoll konstatiert eine völlig veränderte Wahrnehmung: »Die Heimat wurde von einem rückwärtsgewandten, konservativen plötzlich zu einem progressiven Begriff. Sie steht jetzt für Menschen, die Verantwortung für die Welt übernehmen, die sie umgibt.«

Das Individuum rückte wieder stärker ins Zentrum der Heimataktivisten und drängte die Identifikation mit der Nation zurück. Dieser Perspektivenwechsel zeigte sich auch in der Wissenschaft. Bis in die 8oer Jahre wurde Geschichte eigentlich als reine Strukturgeschichte unterrichtet, erklärt Ries. Makroprozesse wie Industrialisierung, Modernisierung, Disziplinierung und Bürokratisierung wurden untersucht. Jetzt aber begann eine neue Generation von Forschern, den Alltag der »kleinen Leute« zu beleuchten. Oral history, also erzählte Geschichte, entwickelte sich zu einer wissenschaftlich anerkannten Methode, die Interviews mit Zeitzeugen als historische Quellen auswertet. Das Individuum und sein Blick auf das Weltgeschehen rückten in den Fokus. Und damit auch seine Traditionen, Bräuche – und sein Verhältnis zur Heimat. Dieser wissenschaftliche Diskurs spiegelte sich in der Gesellschaft wider, in Kunst und Literatur. Edgar Reitz' erste Heimatfilme, entstanden Anfang der 8oer Jahre, greifen genau diese Perspektive der Betroffenen auf. Sie zeigen Heimat wieder als etwas sehr Konkretes – als einen Ort im Hunsrück. Sehr verdienst-

Absender: ❑ Frau ❑ Herr

E-Mail: _____

Alter: _____ Beruf: _____

Ich wünsche mir folgende Informationen:

Gesamtverzeichnis Sachbuch
❑ Druckausgabe ❑ digital (E-Mail)

Verzeichnis der Wissenschaftstitel
❑ Druckausgabe ❑ digital (E-Mail)

❑ Über Veranstaltungen und Neuigkeiten des Verlages
möchte ich per E-Mail informiert wergen.

Selbstverständlich behandeln wir alle Ihre Angaben vertraulich
und nutzen sie ausschließlich für unsere interne Statistik.

—— 08/15 ——

Antwort

Ch. Links Verlag
Schönhauser Allee 36
KulturBrauerei / Haus 2

D-10435 Berlin

Bitte
ausreichend
frankieren

Ch.Links

Liebe Leserin, lieber Leser,

wir danken Ihnen für Ihr Interesse an unseren Büchern. Wenn Sie diese Karte ausgefüllt zurücksenden, erhalten Sie kostenlos einmal im Jahr unser aktuelles Gesamtverzeichnis mit allen Neuerscheinungen. Unter den Einsendungen verlosen wir zudem regelmäßig Bücher unseres Verlages. Gern informieren wir Sie auch per E-Mail, oder besuchen Sie uns unter www.christoph-links-verlag.de im Internet.

Ich interessiere mich für folgende Reihen:

- ☐ Politik und Zeitgeschichte
- ☐ Historische Reiseführer
- ☐ Geschichte in Bild und Text
- ☐ Orte der Geschichte
- ☐ Länderporträts
- ☐ Lebenswelten/Lebenshilfe
- ☐ DDR-Forschung und -Militärgeschichte

Aufmerksam wurde ich auf das Buch

- ☐ in einer Buchhandlung
- ☐ durch eine Besprechung in den Medien
- ☐ durch eine Veranstaltung des Verlages
- ☐ durch die Verlagswebsite
- ☐ durch das Internet (google-Buchsuche/libreka!)
- ☐ durch ein Werbemittel des Verlages
- ☐ durch eine persönliche Empfehlung

Ich habe dieses Buch gekauft

- ☐ Buchhandlung
- ☐ Verlag
- ☐ Onlinehandel
- ☐ Versandbuchhandel
- ☐ geschenkt bekommen

Diese Karte fand ich im Buch: _____

Kommentare, Hinweise, Kritik: _____

_____

_____

_____

voll, wie Ries findet, denn dadurch kehrte die Heimat als Identifikationsmöglichkeit in das intellektuelle Bewusstsein zurück. Sie wurde wieder gesellschaftsfähig.

Und heute? Durchläuft die Gesellschaft wieder einen elementaren Wandel. »Die Anforderungen an die Menschen sind gestiegen, sie sollen flexibel und anpassungsfähig sein, denn die neoliberale Gesellschaft benötigt immer und überall verfügbare Ressourcen«, sagt Schmoll. Deshalb ist die Heimat wieder in aller Munde. Heimat ist ein vielfältiger, schillernder Begriff, um den sich so viele Sehnsüchte, Interessen und Absichten ranken, dass er schon fast beliebig zu werden droht: Er boomt in der Unterhaltungsindustrie mit Popsongs, Filmen und Büchern, aber auch als Gemütlichkeitselement in Bars und Restaurants. Und nicht zu vergessen als Marketinginstrument mit Etiketten von glücklichen Familien vor Berglandschaften auf Lebensmitteln, die in Wahrheit in Massentierhaltung und industrieller Landwirtschaft hergestellt werden.

Eine weitere wichtige Facette ist die politische Heimat. Die entzieht sich jeder Einordnung. Der linke Heimatdiskurs wird aufgefangen durch ökologische Aktivisten, soziale Regionalprojekte oder die Antiglobalisierungsbewegung. Aber auch die rechte Szene will sich in der langen Tradition der Heimatschützer sehen. Die Jenaer Neonazis nennen sich Thüringer Heimatschutz und versuchen damit, so Schmoll, sich als fürsorgliche »Kümmerer« zu positionieren. Dabei will die »Heimatpartei« NPD ja keineswegs eine humane Welt gestalten, wie es die Heimatschützer einst anstrebten, sondern schürt Überfremdungsängste. Die wiederum greifen auch bei vielen »Normalbürgern«.

Die Heimat der »Anderen« wird bis heute oft nicht mitgedacht. Schmoll empört diese historische Amnesie: »Wie kurzatmig und blind ist unser Gedächtnis, dass wir die Erfahrungen, die wir selbst gemacht haben, und tradierten Familiengeschichten mit Heimatlosigkeit, bei den anderen nicht identifizieren wollen.« Der Flüchtling ist in Zeiten der Globalisierung eine universelle Gestalt, und er ist genau wie alle anderen Menschen darauf angewiesen, ein Zuhause zu finden, an dem er menschenwürdig leben kann. Aber nicht nur die Nachfahren der Vertriebenen scheinen zu vergessen, wie schwer und existentiell der Neuanfang in der neuen Heimat für die Familie gewesen ist. Sondern auch die Verwandten der Millionen deutschen Wirtschaftsflüchtlinge im 18. und 19. Jahrhundert, die begeistert Reitz' Film »Die andere Heimat« sahen. Schmoll kann darüber nur ungläubig den Kopf schütteln: »Unzählige Deutsche wanderten damals aus just denselben Gründen aus, aus denen jetzt Menschen nach Europa kommen oder ihr Leben im Mittelmeer lassen. Aber während das eine als kulturelle Leistung gefeiert wird, gilt das andere als illegitim und unmoralisch.«

VOM VERLUST DER *Heimat*

Gewaltsam aus der Heimat vertrieben zu werden, das ist für die meisten von uns nur noch eine Erinnerung an die Geschichte. Dabei sind Millionen Deutsche von der Sehnsucht nach ihrer »alten Heimat« erfüllt. Der Verlust prägte eine ganze Generation. In diesem Kapitel erzählen Vertriebene, Gebliebene und ihre Kinder von der Suche nach Zugehörigkeit.

Die alte Heimat

Die »alte Heimat« ist etwas Urdeutsches. Sie liegt unerreichbar hinter einem weichzeichnenden Vorhang der Geschichte, der nur noch das Schöne, Heile zeigt und eventuelle ethnische Konflikte oder sonstige Probleme verdeckt. Die »alte Heimat«, das ist die Welt, die bis zum Zweiten Weltkrieg noch vermeintlich in Ordnung war. Millionen Menschen verloren auf ganz unterschiedliche Weise ihre Bleibe. Sie wurden vertrieben, sie hatten durch die Bombenteppiche der Fliegerangriffe, durch die Flucht von einer Besatzungszone in die andere oder vielleicht auch dadurch, dass sie sich ein Leben in Deutschland nicht mehr vorstellen konnten, kein Zuhause mehr.

Reinhard wurde als Kind mit seinem Vater und seinen Brüdern aus Schlesien vertrieben, Christel wurde 1946 aus ihrem Dorf mitten in der Eifel ausgewiesen, weil es zum militärischen Übungsterrain erst der britischen und später der belgischen Armee erklärt wurde. Die Geschichten sind unterschiedlich und doch handeln sie beide davon, wie Heimat durch den Zweiten Weltkrieg aufgerieben und für immer zerstört wurde.

Das Bild von der alten Heimat ist geprägt von den Herausforderungen der Nachkriegszeit – von der Notwendigkeit, schnell wieder Fuß zu fassen, sich selbst versorgen zu können. Für Trauer blieb keine Zeit. Deutschland musste neu aufgebaut werden und das barg die Chance, die neue Heimat aktiv mit zu gestalten. Vorbilder gab es dafür genug: Siegfried Lenz stammte aus den Masuren, Marion Gräfin von Dönhoff aus Ostpreußen, Hellmuth Karasek aus dem Sudetenland, Bernhard Grzimek aus Schlesien – es gab unter den Vertriebenen jede Menge Intellektuelle, die das gesellschaftliche Leben der Bundesrepublik prägten. Der Historiker Falk Wiesemann geht sogar so weit, zu sagen, »dass es weniger eine Integration von Flüchtlingen und Vertriebenen in die Bundesrepublik gegeben hat, sondern dass eher umgekehrt die Bundesrepublik selber erst das Ergebnis dieses erfolgreichen Integrationsprozesses ist.«[4]

Gerade das ist der entscheidende Unterschied zum aktuellen Heimatdiskurs: Während sich heute Heimatbesitzende und Heimatsuchende oft relativ verständnislos gegenüber stehen, war der Verlust von Heimat nach dem Zweiten Weltkrieg ein gesellschaftliches Massenphänomen. 1947 machten die Flüchtlinge rund ein Viertel der deutschen Gesamtbevölkerung aus. Man fand sich nicht allein mit seiner Erfahrung wieder, sondern teilte sie mit einem großen Teil der Gesellschaft. Besonders die Flüchtlinge aus Ost- und Mitteleuropa gründeten schnell Verbände, die sich regelmäßig trafen, um Traditionen und Bräuche zu wahren, teilweise auch, um als politisches Sprachrohr Forderungen zu stellen. Auch wenn sie von vielen Deutschen belächelt, verachtet oder sogar gehasst wurden, prägten sie doch ganz entscheidend das Bild von Heimat in der heutigen Bundesrepublik. 1950 wurde eine Charta der deutschen Heimatvertriebenen verfasst, die bis heute kontrovers diskutiert wird. »Heimatlose sind Fremdlinge auf dieser Erde«, besagt diese Charta: »Den Menschen mit Zwang von seiner Heimat trennen, bedeutet, ihn im Geiste töten. Wir haben dieses Schicksal erlitten und erlebt. Daher fühlen wir uns berufen zu verlangen, dass das Recht auf die Heimat als eines der von Gott geschenkten Grundrechte der Menschheit anerkannt und verwirklicht wird.«[5]

Dass auch die Vertriebenen Opfer des Zweiten Weltkrieges seien, blieb angesichts der Verbrechen, die die Nationalsozialisten in ihrem Vernichtungskrieg im Osten Europas begingen, lange Jahre höchst umstritten. Erst als die Sowjetunion sich auflöste und Deutschland wiedervereinigt wurde, kam neuer Wind in diese Debatte. Zudem trugen die Massenumsiedlungen während der Jugoslawienkriege in den 90er Jahren dazu bei, noch einmal genauer auch auf das Leid der deutschen

Flüchtlinge zu schauen. 1999 sagte der damalige Bundeskanzler Gerhard Schröder in seinem Grußwort zum Festakt des 50. Tages der Heimat, einem jährlichen, staatlichen Gedenktag, initiiert von den Vertriebenen: »Jeder Akt der Vertreibung, so unterschiedlich die historischen Hintergründe auch sein mögen, ist ein Verbrechen gegen die Menschlichkeit.«

Als Günter Grass, selbst aus Danzig stammend, den Roman »Im Krebsgang« (2002) schrieb, der von der Versenkung des Flüchtlingsschiffs Wilhelm Gustloff erzählt, löste er damit noch eine emotional geführte gesellschaftliche Debatte aus. Als die ARD fünf Jahre später den Zweiteiler »Die Flucht« mit Maria Furtwängler in der Hauptrolle ausstrahlte, war das Thema längst in der Mitte der Gesellschaft angekommen. Mehr als elf Millionen Zuschauer schalteten den Fernseher ein.

Für die Kinder der Vertriebenen muss damit heute ihr Bekenntnis zu ihrer Heimat kein politisches Statement mehr sein. Polen und Tschechien gehören zur Europäischen Union und können ohne Grenzkontrollen besucht werden. Und auch die Militärsperrgebiete der westlichen Alliierten, von denen Christel erzählt, sind inzwischen aufgehoben, und sie kann die Überreste ihres Heimatdorfes jederzeit besuchen. Die »alte Heimat« aber ging damals in den Wirren des Krieges endgültig verloren.

Schlesien duftet nach Heimat

»Heimat ist da, wo Muttermilch und
Honig fließen.« *Alexander Eilers*

Etwa zwölf bis vierzehn Millionen Deutsche verloren nach dem Zweiten Weltkrieg durch Grenzverschiebungen ihre Heimat. Schlesien beispielsweise fiel an Polen, die dort lebenden Deutschen mussten das Land verlassen. Hungertod, Bombardierungen der Fluchttrecks, Massenvergewaltigungen – die Flucht war ein traumatisches Erlebnis. Familien wurden auseinandergerissen, Säuglinge, Kranke und alte Menschen starben an den Strapazen, die Flüchtenden wurden immer wieder ausgeraubt. Im Westen wiederum waren die Städte ausgebombt und die Menschen litten ebenfalls Hunger. Die Hilfsbereitschaft gegenüber den Neuankömmlingen war daher begrenzt. Im Ruhrgebiet machten die Flüchtlinge 1950 fast elf Prozent der Bevölkerung aus, in Bayern über 21 Prozent. Gerade auf dem Land war die Integration der Neuankömmlinge – mit anderer Religion, Dialekt, Bräuchen – oft schwer. Dadurch manifestierte sich erst recht die Sehnsucht der Vertriebenen nach ihrer »alten Heimat«. Viele wollten die neuen Grenzen nicht akzeptieren und hofften ein Leben lang auf die Rückkehr. Einige forderten sie auch öffentlich. Genau dieser revisionistische Anspruch der Vertriebenenverbände wiederum stieß bei den meisten Deutschen auf Unverständnis. Wer nicht in einen Topf mit den Revisionisten geworfen werden wollte, schwieg lieber über seine Heimat und versuchte, sich möglichst schnell an die neue Umgebung anzupassen.

Reinhard ist einer von denen, die sich bestens integriert haben. 1939 wurde er in Schlesien geboren und kam als kleiner Junge nach Westdeutschland. Jahrzehntelang lehnte er die Nostalgie der Vertriebenen ab. Er lebt mit seiner Frau in einem schmucken Dorf in der Nähe von Detmold. Ein gepflegtes Einfamilienhaus mit Grill im Garten und Kaminfeuer im Wohnzimmer. Die beiden Kinder haben studiert, leben weiter entfernt, aber kommen regelmäßig zu Besuch. Reinhard und seine Frau sind sehr sportlich und fahren gern stundenlang mit den Fahrrädern durch die malerische Landschaft Ostwestfalens. Was könnte Reinhard schon fehlen? Und doch ist da eine Schnsucht, die er sich nicht erklären kann. Bis heute träumt er von der schlesischen Landschaft. Sie ist jetzt pol-

nisch und die Städte und Dörfer haben sich vollkommen verändert. Und obwohl er bei seinen Besuchen kaum Spuren der
Vergangenheit entdecken kann, bedeutet Schlesien Heimat für
ihn.

〉〉REINHARD: Jeder hat seine eigene Erinnerung an die
Heimat. Allein in unserer Familie hat jeder eine andere. Das
hängt auch mit dem Alter zusammen. Wenn man seine Heimat
verlässt, spielt es eine große Rolle, ob man 16 oder 30 oder, wie
mein Vater damals, 50 Jahre alt ist. Oder so jung wie ich mit
meiner kleinen Welt. Diese Wunde im Herzen, als wir unser
Dorf verlassen mussten, tat meinem Vater oder meinem älteren
Bruder furchtbar weh. Ich dagegen hatte praktisch kein Gefühl
dafür. Unsere Heimat war einfach weg.

Bei Kriegsende war ich fünf Jahre alt. Ich wurde am 3. Dezember 1939 in Schönbrunn, einem kleinen Dorf in der Nähe von
Schweidnitz geboren. Heute heißt Schweidnitz Świdnica und
liegt in Polen. Vom Krieg bekam ich nicht viel mit. Mein Vater
war Kriegsinvalide aus dem Ersten Weltkrieg und hatte ein
kaputtes Sprunggelenk, deshalb wurde er nicht zur Wehrmacht
eingezogen. Er arbeitete im Arbeitsamt und meine Mutter
sorgte für meine beiden älteren Brüder und mich. Zwei Straßen
weiter wohnten Onkel Richard und Tante Klara, an einer anderen Ecke Onkel Wilhelm und Tante Anna. Im Dorf kannte
jeder jeden. Das war meine kleine, heile Welt.

Meine Eltern arbeiteten sehr hart. Im Sommer waren wir
überwiegend Selbstversorger. Obwohl wir in einer Wohnung
wohnten, hatten wir eine Ziege, ein paar Gänse und ein paar
Kaninchen. Mein Vater kam oft sehr spät von der Arbeit, trotzdem ging er täglich in den Schrebergarten. Meine Mutter hatte
genug mit uns drei Jungs zu tun. Allein das Essen zuzubereiten
war furchtbar aufwendig, weil alles frisch aus dem Garten kam.
Mal gab es Waschtage oder es wurde eingemacht und immer
musste das ganze Vieh versorgt werden.

Mit den Nationalsozialisten wollten meine Eltern nichts zu tun haben. Sein ganzes Leben lang war mein Vater ein überzeugter SPD-Anhänger. Während des Krieges hörten meine Eltern oft den englischen BBC Sender auf Deutsch. Sie hingen ganz nah vor dem Volksempfänger, der leise gestellt war. Ich wurde bei diesen Gelegenheiten aus dem Zimmer geschickt, denn sie hatten Sorge, ich könnte mich verplappern.

Ich war der Jüngste und hing an meiner Mutter. Sie war eine sehr phantasievolle Frau. Sie erzählte mir jeden Abend eine Geschichte. Ich kann mich nicht erinnern, dass sie irgendwann einmal ungeduldig geworden wäre, wenn ich nicht einschlafen konnte. Ich legte mich dann auf den Bauch, sie streifte meinen Schlafanzug hoch und streichelte mir mit ihren rauen Arbeitshänden über den Rücken. Bis heute kenne ich nichts, was sich beruhigender anfühlt. Auch mein Vater versuchte, sich Zeit für mich zu nehmen. Ich wurde morgens wach, bevor er zur Arbeit fuhr, wohl so um sechs. Ich krählte herum, bis er mich auf seinen Schoß nahm. Dann gab es fette, frische, aufgewärmte Ziegenmilch. Mein Vater fischte die Haut ab, tauchte sie in Rübenkraut und fütterte mich damit. Das waren wunderbare Momente.

Das erste Mal geriet meine heile Heimat durcheinander, als die Front näher rückte. Ich weiß noch, dass meine Eltern sehr besorgt waren. Im Frühjahr 1945 wurden wir auf einen kleinen Bauernhof in die Berge evakuiert, wo keine Russen durchkamen. Mein Vater weigerte sich, mitzukommen. Es war bekannt, dass polnische Plünderer durch die verlassenen Dörfer streiften, und er wollte seinen Besitz schützen. Meine Mutter hatte große Angst um ihn und versuchte alles, um ihm seinen Plan auszureden, aber er war nicht umzustimmen. Als die Russen Schweidnitz erobert hatten, kehrten wir nach Hause zurück. Aus Sicht von uns Kindern war damit zunächst alles wieder in Ordnung. Die russischen Soldaten waren nett zu uns. Wir starrten sie an, wenn sie auf ihren Panzern bei uns durch die

Straße zogen. Dann winkten sie und warfen uns manchmal Süßigkeiten oder irgendwelche Kleinigkeiten zu.

Für mich begann der Schrecken des Krieges erst, als meine Mutter krank wurde. Da war ich noch keine sechs Jahre alt. Sie war immer aktiv, sang gern, war jederzeit für mich da. Es war unvorstellbar, dass sich das einmal ändern könnte. Jetzt begann sie, sich tagsüber ab und zu auf einen Stuhl zu setzen und ganz still dort zu hocken. Dann stand sie wieder auf und arbeitete weiter, als sei nichts geschehen. Einmal setzte sie sich auf die Küchenfensterbank, zusammengekauert und mit schmerzverzerrtem Gesicht. Ich war furchtbar erschrocken. Plötzlich ging alles sehr schnell. Sie kam ins Krankenhaus nach Schweidnitz, als sie schon schwer an Typhus und gleichzeitig an einer Lungenentzündung erkrankt war. Von da an war alles anders. Mein Vater war sehr besorgt. Es war kurz nach Kriegsende, in den Krankenhäusern war die Versorgung sehr schlecht und es gab kein Penicillin. Meine Brüder fuhren einige Male mit, wenn mein Vater meine Mutter im Krankenhaus besuchte. Das waren ein paar Kilometer und die drei waren mehrere Stunden unterwegs. Ich wurde für diese Zeit bei den Nachbarn abgegeben, einem älteren Paar. Am 27. November 1945 kam mein Vater allein von einem Besuch zurück. Er betrat zögerlich die Wohnung: »Eure Muttl ist tot.« Dann fing er an zu schluchzen und konnte nicht mehr aufhören zu weinen. Mein ältester Bruder begann auch zu weinen, dann mein mittlerer Bruder. Da begann auch ich zu heulen. Aber eigentlich nur, weil alle anderen so verzweifelt waren. Ich begriff überhaupt nicht, was das bedeutete.

Immer mehr Häuser in unserem Dorf standen leer. Oft rieten Leute meinem Vater, mit uns Kindern in den Westen zu gehen. Aber er lehnte das ab. Er konnte sich einfach nicht vorstellen, unser Zuhause mit all den Erinnerungen an meine Mutter aufzugeben. Er hoffte, die Russen würden ihn in Ruhe lassen, schließlich war er nie Nationalsozialist gewesen. Aber dann wurde auch unsere Wohnung beschlagnahmt. Wir waren alle vier auf dem Friedhof, um meine Mutter zu besuchen und das Grab zu pflegen. Als wir zurückkamen, war die Wohnung versiegelt. Wir hatten nichts bei uns, bis auf die Kleidung auf dem Leib. Unser Vater bat auf der Kommandantur, ob er nicht zumindest ein paar Teller, Besteck und Kleidung holen könnte. Damit gingen wir zunächst zu Tante Klara und von dort aus suchte mein Vater nach einer verlassenen Wohnung. Er fand eine Unterkunft für uns am Dorfende in Richtung Schweidnitz. Die Besitzer waren offensichtlich geflohen, alles war leer, die Tapete von den Wänden gerissen. Aber es gab noch einen Ofen in der Küche. Brennholz gab es keines mehr, und mein Vater und mein Bruder begannen sofort, dicke Eisenbahnschwellen zu zersägen. Immer noch wollte mein Vater unsere Heimat partout nicht verlassen. Im Spätsommer 1946 bekamen wir schließlich einen Ausreisebefehl mit festgesetztem Datum. Jetzt mussten alle raus, auch Tante Klara. Innerhalb von drei Tagen mussten wir aufbrechen und durften nur Handgepäck mitnehmen. Mein Vater fing sofort an, Brot auf dem Ofen zu rösten, sehr hart und dunkel, aber eine gute Notration.

Drei Tage und drei Nächte waren wir in einem Güterzug unterwegs. Wir kauerten auf dem Boden auf unserem wenigen Gepäck. Wenn ich auf die Toilette musste, wurde die Schiebetür aufgezogen und mein Vater hielt mich hinaus. Ich erinnere mich vor allem an die Nächte. An den Bahnhöfen stieß die Dampflokomotive ein schauriges Pfeifen und dumpfes Heulen aus. Die meisten waren völlig zerbombt und sahen im spärlichen Licht gespenstisch aus. Manchmal hielt der Zug, und wir durften aussteigen. Dann wurden wir mit einem weißen Pulver gegen Läuse besprüht, unter den Achselhöhlen und hinten ins Hemd hinein. Aus riesigen, grauen Kübeln wurde dünne Suppe und ein undefinierbares, übel schmeckendes Getränk ausgeschenkt.

Unsere Familie wurde kurzfristig nach Herford, dann in ein Lager nach Bielefeld gebracht. Dort machten wir den Hungerwinter 1946/47 mit. Schon im November fielen die Temperaturen weit unter Null, im Dezember und Januar war es teilweise 20 Grad Minus. Viele Menschen in ganz Deutschland hungerten. In unserem Lager war es besonders schlimm. Wir bekamen nur Wassersuppen und wenig Brot. Ich hatte immerzu diesen schrecklichen, beißenden Hunger. Zusammen mit meinem mittleren Bruder gingen wir betteln. Er schickte mich vor, weil ich jünger war und mehr Mitleid erregte. Aber auch das half kaum, meist wurden wir vertrieben. Der Beginn in der neuen Heimat war unglaublich hart.

Sukzessive wurde das Lager geräumt. Die Bewohner wurden in alten Omnibussen abtransportiert und als Untermieter auf Häuser und Wohnungen in Bielefeld verteilt. Ein Vater mit drei Kindern – wenn die Eigentümer das hörten, versuchten sie alles, um uns abzuwimmeln. Schließlich fanden wir in einem größeren Mietshaus bei einer Familie mit einer älteren Tochter Unterschlupf. Wir bekamen zu viert einen Raum in deren Wohnung. Die Einrichtung in unserer Behausung waren Gartenmöbel, Eisengestelle und Bretter darauf. Mein Vater bemühte sich um Arbeit, aber fand nur schwer wieder ins Berufsleben zurück. Ständig hatte er irgendwelche Aushilfsbeschäftigungen bei der Stadtverwaltung, immer zeitlich begrenzt. Er arbeitete ein paar Wochen lang, dann musste er sich schon wieder etwas Neues suchen.

1952 heiratete er erneut, und wir zogen alle zusammen in die Wohnung seiner neuen Frau. Sie war auch Schlesierin, und er hatte sie auf einem der Schlesiertreffen kennengelernt. Die Wohnung war zwar besser eingerichtet, aber nun wurde es sehr eng für uns. Sie hatte etwa 60 Quadratmeter, und die Zimmer waren winzig. Die Frau hatte einen Sohn, ein paar Jahre älter als ich. Wir Jungs schliefen oben in der Mansarde, im Winter eiskalt und im Sommer viel zu heiß. Zum Glück war mein ältester Bruder schon 20 und zog bald aus. Dafür kam noch ein gemeinsames Kind dazu.

Ich weiß nicht, ob es mit diesem schlimmen Start hier zusammenhing, dass ich Bielefeld nie als Heimat akzeptierte, sondern diese tiefe Bindung an Schlesien blieb. Das ist ein Gefühl, das im Laufe der Jahre immer stärker wurde. Als ich ein Schüler war, wollte ich von den Vertriebenenverbänden nichts wissen. Ich ging ein-, zweimal mit zu den Schlesiertreffen, dann hatte ich keine Lust mehr darauf. Ich war viel zu beschäftigt damit, mich zu akklimatisieren. Wir waren für die anderen Kinder Exoten. Wir fielen schon optisch auf. Ich hatte einen unmöglichen Haarschnitt und von den Briten einen komischen, gelblichen Anzug bekommen, wie sie auch das Militär trug. Und dann noch der Dialekt. Dafür hatte ich ein sehr gutes Sprachgefühl. Es hieß jetzt nicht mehr »iebermorgen«, sondern »übermorgen«, nicht mehr »Muttl und Vattl« sondern »Mutter und Vater«. Ich setzte sehr viel Energie daran, mir den schlesischen Dialekt abzugewöhnen. Ich passte genau auf, wenn die anderen über mich lachten. Mir war peinlich, wenn die Leute fragten, wie viele Kinder wir waren. Ich fand drei schon sehr viel – und jetzt waren wir zu fünft.

Zu Hause wurde kaum mehr über die Heimat gesprochen. Wir sangen nur noch zu Weihnachten schlesische Weihnachtslieder. Mein Vater gab die Hoffnung zwar nie ganz auf, wieder zurückgehen zu können. Aber nachdem die Russen ihre Herrschaft zementiert hatten und der Eiserne Vorhang gefallen war, war er zu nüchtern, um nicht zu verstehen, dass das vorerst nichts werden würde. Für meine Brüder und mich war Schlesien abgeschlossen. Ich war beruflich sehr eingespannt und 1959 lernte ich meine spätere Frau Bärbel kennen, eine echte Bielefelderin. Wir gründeten eine eigene Familie und bekamen zwei Kinder. Ich war angekommen. Schlesien spielte keine Rolle mehr. Ich dachte jahrelang kaum noch an meine Heimat.

Erst, als ich so ungefähr 45 Jahre alt war, tauchte sie wieder auf. Schritt für Schritt kamen die Erinnerungen zurück. Wenn ich mit meiner Frau im Teutoburger Wald wandern ging, dachte ich plötzlich: Das sieht hier aus wie in Schlesien. Einmal war ich auf einer Dienstreise in der Nähe von Nürnberg unterwegs, als ich plötzlich diesen typischen Schlesien-Geruch in die Nase bekam, eine Mischung aus blühenden Linden, Hitze und sauberer Luft. Ich legte mich auf den Rücken ins Gras, starrte in den Himmel und träumte, ich wäre in Schlesien.

Obwohl ich Schlesien mit jungen Jahren verlassen hatte, prägte es sich mir so sehr ein, dass meine Familie das später gar nicht glauben mochte. Mein Bruder, der fast vier Jahre älter war, konnte sich nicht mehr daran erinnern, wo die Bäckerei war oder die Heißmangel in der Nähe unserer Wohnung. Ich dagegen hatte sofort eine Szenerie im Kopf: Die Wäsche wurde zu Hause unter großen Anstrengungen mit der Hand gewaschen. Dann gingen die Frauen aus dem Dorf mit der Bettwäsche zur Heißmangel. Meine Mutter setzte mich dort auf die Fensterbank, damit ich nicht zwischen den frisch gewaschenen Tüchern herumlief und alles anfasste und begann mit den anderen Frauen zu arbeiten. Gleich nebenan gab es einen Bäcker und eine Nachbarin hatte dort Kuchen backen lassen, den sie mit nach Hause nehmen wollte. Dummerweise hatte sie diesen Kuchen neben mir auf der Fensterbank abgestellt. Die Frauen achteten überhaupt nicht auf mich, sie palaverten fröhlich. Unbeobachtet piddelte ich mit meinen kleinen Fingerchen die Rosinen heraus und mümmelte sie eine nach der anderen. Es gab ein Riesengeschrei, als die Frauen mich entdeckten. Meiner Mutter war das furchtbar peinlich: Was für eine Schande!

In mir wuchs die Sehnsucht, Schlesien noch einmal zu sehen. Ich konnte mich nicht dagegen wehren. Schließlich fuhren meine Frau und ich im Oktober 1996 nach Polen. Es war überwältigend. Wir fuhren die Allee mit Kirschbäumen außerhalb des Dorfes entlang, und ich stieg aus dem Auto. Ich kann das selbst kaum glauben, aber ich musste diese alten Bäume berühren. Die neuen Bewohner unserer alten Wohnung reagierten sehr herzlich und luden uns ein, mit ihnen Kaffee zu trinken. Das wühlte mich am meisten auf. Wir schrieben uns noch länger gegenseitig Briefe.

Manchmal träume ich davon, auf dem Friedhof begraben zu werden, auf dem auch meine Mutter liegt. Das ist natürlich unsinnig, der Friedhof ist völlig zerstört und auf dem Gelände spielten Kinder Fußball. Als sie uns sahen und verstanden, dass wir offensichtlich etwas suchten, kam ein Junge zu uns und zeigte auf den Boden: »Grufta! Grufta! Nazi!«

Mein Vater hatte mich vor Jahren gewarnt: »Du wirst enttäuscht sein.« Tatsächlich tat es weh, zu sehen, wie heruntergekommen die Gegend um Schönbrunn herum war. Das war einmal eine blühende Landschaft mit Ausflugslokalen und einem regen Treiben. Jetzt wirkten die Dörfer ärmlich, teils verwahrlost. Trotz allem fühle ich mich dort wohl. Die Sehnsucht nach der Weite der schlesischen Landschaft verlässt mich nie. Ich erinnere mich dort an meine Mutter und daran, wie meine Familie einmal gelebt hat. Egal, wie viel sich verändert hat, die Luft in Schlesien bleibt immer dieselbe: Es duftet nach Heimat.

Vogelsang war unser Untergang

»Gibt's kein höheres Übel doch als den Verlust der Heimat.« *Euripides,* Medea

Kann man von Heimatverlust sprechen, wenn jemand nur ein Dorf weitergezogen ist? Man muss, wenn der Umzug, wie im Falle des 550 Seelen-Dorfes Wollseifen, erzwungen ist und eine intakte Dorfgemeinschaft zerreißt, um sie in alle Winde zu zerstreuen.

Wollseifen war ein Dorf mit langer Geschichte, erwähnt wurde es erstmals im zwölften Jahrhundert. Es lag idyllisch tief in der Naturlandschaft der Eifel. Bis die Nationalsozialisten 1934 begannen, in unmittelbarer Nähe eine NSDAP-Ordensburg zu bauen, die zunächst als NS-Schulungszentrum genutzt, mit Kriegsausbruch aber an die Wehrmacht übergeben wurde. Damit geriet auch Wollseifen gegen Kriegsende unter Beschuss und die Einwohner mussten nach dem Krieg ihr Dorf wieder aufbauen. Doch was dann folgte, hatte niemand erwartet: Die Briten erklärten im August 1946 die Ordensburg zu ihrem Truppenübungsplatz – und Wollseifen zum Ziel für die Schießübungen der Artillerie. Die Bürger mussten ihr Dorf innerhalb von drei Wochen verlassen und sich irgendwo anders eine Bleibe suchen. Unterstützung bekamen sie dabei nicht. Während die Vertriebenen eine starke Lobby hatten – weil sie in so großer Zahl nach Westen gekommen waren – standen die Einwohner von Wollseifen ziemlich allein da. Sie seien evakuiert, nicht vertrieben worden, argumentierten erst die Besatzungsmächte, dann die erste deutsche Bundesregierung. Vielleicht hatte man Sorge, den Belgiern, die 1950 das Militärsperrgebiet von den Briten übernahmen, zu nahe zu treten. Vielleicht waren auch die finanziellen Belastungen nach dem Krieg anderweitig zu groß. Vermutlich empfand man die Umsiedlung im eigenen Land auch als nicht dramatisch genug.

Innerhalb kurzer Zeit wurde Wollseifen von der Artillerie ausgelöscht und damit jegliche Hoffnung auf Rückkehr zerstört. Heute erinnern nur noch die Ruinen der St. Rochus-Kirche und des alten Schulhauses sowie ein unbeschädigtes Trafohäuschen an das einstige Dorf. Statt der Familienhäuser baute das belgische Militär steinerne Kulissen für den Häuserkampf.

Den Wollseifenern aber wurde erst 1949 eine Art Flüchtlingsstatus zuerkannt, ab 1955 begann die Bundesvermögensverwaltung die Grundstücke aufzukaufen und damit zumindest eine gewisse finanzielle Kompensation zu zahlen. Zu der Zeit war das Dorf von der belgischen Artillerie bereits völlig zerschossen und die Grundstückspreise ließen sich kaum noch reell einschätzen. Viele Bewohner fühlten sich betrogen.

Christel ist eine von denen, die ihr Leben lang in der Nähe Wollseifens geblieben ist. 1935 wurde sie dort geboren, heute lebt sie wenige Kilometer entfernt in Kall. »Ich bin dafür bestimmt, in der Eifel zu leben«, sagt sie lächelnd. Die resolute 80-Jährige hilft aktiv dabei, das Andenken an ihren Heimatort zu erhalten. Seit das Gelände für Besucher zugänglich ist, bietet sie Führungen durch das Dorf an oder erzählt auf Seminaren von ihren Erinnerungen.

≫CHRISTEL: Wir Wollseifener verloren unsere Heimat im doppelten Sinne. Die nach dem Zweiten Weltkrieg aus den Ostgebieten Vertriebenen durften zumindest über das Unrecht sprechen, das ihnen widerfahren war. Wir dagegen wurden nicht nur enteignet und unser Dorf dem Erdboden gleichgemacht – zusätzlich war unser Schicksal über Jahrzehnte ein Tabu. Noch vor wenigen Jahren wurde ein Artikel, den ich über meinen Geburtsort geschrieben hatte, nach längerer Diskussion mit dem Redakteur als zu radikal abgelehnt. Fast 70 Jahre nach dem Krieg war es offenbar immer noch nicht akzeptiert, vom Verlust unserer Heimat durch die Besatzungsmächte zu erzählen.

Meine Familie stammte schon seit Generationen aus Wollseifen. Als 1934 die Nationalsozialisten etwa vier Kilometer entfernt begannen, die riesige Ordensburg Vogelsang zu bauen, waren meine Verwandten, wie die meisten Wollseifener, überhaupt nicht begeistert. Mir klingt es noch in den Ohren, wie vor allem die älteren Leute warnten: »Vogelsang wird unser Untergang sein!« Wir Kinder verstanden ihre Sorgen nicht. Bis zum Kriegsausbruch war das Gelände frei zugänglich und wir liefen gern durch den Wald dorthin. Es gab ein schönes

Café und ein Lazarett, wo auch die Kranken aus unserem Ort kuriert wurden.

Meine Kindheit war trotz des Krieges sehr idyllisch. Unsere Eltern hatten ein Kolonialwarengeschäft und etwas Landwirtschaft. Im Geschäft gab es alles zu kaufen, was man im Dorf so brauchte. Unsere wirtschaftliche Lage war gut. Es gab viele Wochenendhäuser unten an der Wollseifener Bucht. Die Touristen kamen mit Rucksäcken und kauften gleich für mehrere Tage bei uns ein. Manchmal kamen Handelsvertreter zu uns und fragten meine Eltern: »Meine Güte, wie viele Mädels haben sie denn?« Dann witzelte mein Vater: »Acht Stück. Und jede hat auch noch einen Bruder.« Ich war die Jüngste und meine älteste Schwester war 14 Jahre älter als ich. Weil er neun Kinder hatte, wurde mein Vater nicht zum Militär eingezogen.

Ich hatte eine sehr freie Kindheit. Ich musste nie mitarbeiten und kümmerte mich nur um das Vieh. Meine Geschwister halfen teilweise schon meinen Eltern und alle waren sehr beschäftigt. Ich aber streunte meistens durch Wollseifen und die Umgebung. Im Dorf kannte ich jeden und war überall willkommen. Alle Geschwister und Verwandten meiner Eltern lebten bei uns im Ort. Besonders schöne Erinnerungen habe ich an meine Großeltern mütterlicherseits. Wir Kinder saßen oft bei meinem Großvater am Schmiedefeuer. Im Gebälg, wo die Pferde beschlagen wurden, hatte er uns ein paar Bretter eingehangen, und wir konnten dort schaukeln. Das ganze Dorf war eine große Gemeinschaft. Oft war ich stundenlang weg, ohne dass es jemandem auffiel.

Gegen Kriegsende, Februar und März, wurden wir nach Bad Münstereifel evakuiert, weil die Bombardierungen zu heftig wurden. Nicht nur Vogelsang, auch eine Bahnlinie durch unsere Gegend zogen die alliierten Bomber an. Als wir zurückkamen, waren viele Häuser in Wollseifen zerstört. Auch unsere Schule war völlig von der Artillerie zerschossen und die Lehrerin unterrichtete uns unter freiem Himmel, solange das Wetter gut war. Es gab keine Schulhefte und so suchten wir uns Papier zusammen – Tapete oder irgendwelche Fetzen, auf denen wir schreiben konnten. Die Erwachsenen taten alles, damit das Leben wieder möglichst schnell seinen normalen Lauf nahm. Wir bedienten uns dafür in der verwüsteten Ordensburg, wo Möbel und Geschirr auf der Straße herumlagen. Wir hatten noch Jahrzehnte später einen Küchenschrank von dort. Auch an dem Vieh, das die Wehrmacht zur eigenen Versorgung auf der Burg gehalten hatte, hatten die Amerikaner kein Interesse, es lief einfach frei herum. Wir fingen uns ein kleines Pferd.

Ende August 1946 kam von den Engländern der Befehl, das Dorf zu räumen. Sie erklärten es zum militärischen Übungsgelände. Die schreckliche Nachricht wurde sonntags nach der Messe vor der St. Rochus-Kirche verkündigt. Innerhalb von drei Wochen mussten alle Bewohner Wollseifen verlassen haben. Meine Eltern wollten das zunächst nicht glauben. Sie hielten es schlicht für unmöglich, dass in Friedenszeiten ein Ort einfach so zerstört wird. Aber wir hatten den Krieg verloren und eine deutsche Regierung gab es noch nicht, bei der wir uns hätten beschweren können. Wir mussten machen, was befohlen wurde. Das war halt so.

Niemand aus unserem Dorf wusste, wohin er gehen sollte. Wir hatten keinerlei Hilfe. Die Väter fuhren mit Fahrrädern oder Pferdewagen in die umliegenden Ortschaften, um Quartiere zu suchen. Herhahn, Dreiborn, Eppelzeit, Mossbach, Scheuren – wir Wollseifener schlüpften überall mit rein. Aber all diese Dörfer waren ebenfalls vom Krieg beschädigt und es gab kaum Wohnraum. Unser Vater kam abends völlig deprimiert nach Hause und klagte: »Uns will niemand haben, wir sind zu viele.« Eine Schwester, die Zweitälteste, hatte in diesem Jahr geheiratet und war aus dem Haus. Aber er musste noch für zehn Personen eine Bleibe finden. Nach langem Suchen fand er schließlich eine Unterkunft für uns in einer

Herhahner Gaststätte, nur etwa sechs Kilometer von Wollseifen entfernt.

Ich empfand unseren Umzug zunächst als ein Abenteuer. Aber als wir in unserer neuen Bleibe ankamen, waren wir alle erschrocken. Mein Vater hatte in den Tanzsaal Kojen gebaut, damit wir Schlafplätze hatten. Unten im Schankraum hatte er auf etwa zwei Drittel der Fläche unser Geschäft eingerichtet. Der ganze Kolonialwarenladen musste hier untergebracht werden. Das hintere Drittel des Raumes war Küche und Wohnbereich. Alles war provisorisch, aber zumindest hatten wir so eine eigene Wohnung. Eine andere Familie kam in einem Klassenzimmer in Herhahn unter und für die Zeit, solange sie dort wohnten, wurden alle Schüler in einem Raum unterrichtet. Auch das Vieh nahmen wir mit und brachten es bei unterschiedlichen Nachbarn unter. Aber wir hatten kein Land mehr, um die Tiere zu versorgen, deshalb musste ich täglich mit ihnen raus. Nach Schulschluss lag für mich schon der Butterbrotbeutel bereit. Gemeinsam mit den anderen Kindern aus Wollseifen trieb ich das Vieh zu einer großen Wiese, auf der im Krieg der Militärflugplatz gewesen war. Da machten wir zuerst unsere Hausaufgaben, dann konnten wir spielen. Wir ließen das Vieh einfach laufen, es gab keine Zäune. Eines Abends fand ich meine Kühe nicht mehr. Ich suchte überall, ich war ganz verzweifelt. Am Ende entdeckte ich sie in unserem alten Stall in Wollseifen. Sie waren einfach nach Hause gegangen.

Der Traum, nach Wollseifen zurückkehren zu können, war schnell zerplatzt. Bei ihren Übungen zerschossen die Engländer mit ihrer Artillerie schon innerhalb der ersten Jahre das ganze Dorf. Wir mussten das alles mit ansehen. 1947 beobachteten wir von Herhahn aus, wie der Dachstuhl in der Kirche ausbrannte. Meine Mutter ließ das nicht los. Unsere Nachbarn hatten auf dem Dachboden, oben in der Spitze, ein Fenster, von dem aus man genau auf unser Dorf schauen konnte. Ab und zu fragte sie, ob sie von dort einen Blick nach Wollseifen werfen dürfte. Sie blieb lange oben. Und wenn sie herunter kam, hatte sie ganz verweinte Augen.

Ich kann mich noch mit Grauen an die Panzergeräusche erinnern. Dieses Kettenrasseln. Die Panzer kamen aus den Feldern auf die Straße und die Straßen waren danach voller Matsch. Wenn es trockener wurde, gab es in der ganzen Gegend nur Staub, alles voller Staub. Die Fahrer waren meist junge Soldaten und sie fuhren viel zu schnell. Es gab oft Unfälle. Bei Übungen wurden die Straßen nach Einruhr gesperrt. Überall standen Schilder: »Es ist verboten, die Straße zu verlassen, wenn die rote Flagge weht.«

Heimat wurde Herhahn nie. Der Ort war klein, von 40 Familien waren plötzlich zehn aus Wollseifen. Man muss schon deutlich sagen: Die Herhahner freuten sich nicht, als wir kamen, sie empfanden uns als Belastung. Auch zu uns Kindern waren die Leute manchmal bösartig. Die finanzielle Situation war vor allem am Anfang miserabel, denn der Laden warf zu wenig Geld ab. Es gab bereits ein Geschäft im Ort, und wir waren Konkurrenz. Das nahmen uns einige Leute übel. Mein Vater nahm zusätzlich alle Tätigkeiten an, die irgendwie Geld einbrachten. Meine Eltern litten sehr unter der Beengtheit und der Unsicherheit. Das Schlimmste aber war die Ohnmacht. Mein Vater bekam darüber eine Gürtelrose und hatte furchtbare Schmerzen.

Vom Staat erhielten wir damals keinerlei Unterstützung. Um eine Entschädigung durchzusetzen, taten sich einige Wollseifener zu einem Gremium zusammen. Sie wandten sich an Kreis und Bund und baten um Hilfe, eine beständigere Perspektive aufbauen zu können. Sie versuchten auch, Kredite von den Sparkassen zu bekommen. Die Vertriebenen aus dem Osten hatten ja Starthilfen erhalten. Aber der Status der Wollseifener war komplizierter und anfangs weigerten sich sowohl die Sparkassen als auch der Bund, zu helfen. Als wir schließlich etwas

Geld bekamen, bezahlte mein Vater davon ein kleines Auto, einen Morris Minor. Er lud seine Waren ein, Stoffe und Lebensmittel, und fuhr damit übers Land. Als sich unsere Situation etwas stabilisiert hatte, kaufte mein Vater von einer Frau im Ort ein Stück Land und dort bauten wir 1950 endlich unser neues Geschäft.

1958 heiratete ich. Meinen Mann kannte ich, seit wir Kinder waren, er ging mit mir zur Schule. Als meine Eltern 1959 ins Pensionsalter kamen, zogen sie nach Kall. Das Geschäft übernahm ich zunächst. Aber als 1962 der Vater starb, wollte Mutter nicht allein in dem großen Haus wohnen. Ich hatte mittlerweile drei Kinder und das Geschäft. Das war viel Arbeit und ständig war ein Kind krank. Mein Mann war damals Vertreter und konnte überall wohnen. Also beschlossen wir, dass ich das Geschäft verpachte und wir alle nach Kall ziehen würden.

Leider hat meine Mutter nicht mehr erlebt, dass das belgische Militär im Jahr 2006 endlich aus Vogelsang abrückte. Für mich war das ein ungemein wichtiger Moment. Kurz nach der Öffnung Vogelsangs und Wollseifens im August 2006 hielten wir eine erste öffentliche Trauerfeier in Wollseifen ab. Seither versuche ich als Augenzeugin mit Vorträgen und bei Führungen, möglichst viel von meinen Erinnerungen weiterzugeben. Vom Dorf ist fast nichts mehr übrig, nur die Kirche konnte unser Verein wieder instand setzen und in der Ruine der alten Dorfschule soll ein Museum eingerichtet werden. Einmal im Jahr, im August, treffen sich alle Wollseifener von Nah und Fern zum Rochusfest. Die kleine Kirche ist dann überfüllt, die Gäste stehen auch draußen vor der Tür.

Wo ist Heimat? Das ist für mich eine wichtige Frage. Ich wohne jetzt seit 52 Jahren in Kall, mein Sohn lebt hier im Ort und meine Tochter nicht weit weg, ich habe Freunde und bin integriert. Aber richtig wohl fühle ich mich, wenn ich mit meiner Schulfreundin und meinen Cousinen im Wollseifener Dialekt plaudern kann. Die Werte, die mir in Wollseifen vermittelt wurden, haben mich mein Leben lang begleitet. Kall ist ein Ort für Zugezogene. Mir fehlt hier das Gemeinschaftsgefühl, das in Wollseifen so selbstverständlich war. Damals, als wir nach der Vertreibung das erste Mal in Herhahn zusammen abends am Tisch saßen, alles war verstaut und eingerichtet, da sagte mein Vater: »Wir sind da zu Hause, wo wir alle zusammen sind. Aber das ist nicht unsere Heimat. Die Heimat war drüben in Wollseifen.« Und das ist sie immer noch.

Wenn die Heimat zur Fremde wird

»Heimat entdeckt man erst in der Fremde«, sagte Siegfried Lenz einmal, selbst Vertriebener aus den Masuren im heutigen Polen. Fremde, das bedeutet für die Vertriebenen der Ort, an dem sie sich neu etablieren mussten. Für Lenz lag diese Fremde etwa 1000 Kilometer von seiner Heimat entfernt in Hamburg. Doch was passiert mit einem Menschen, wenn seine Heimat selbst zur Fremde wird? Wenn der Ort derselbe bleibt, aber sich so verändert, dass das Gefühl der Geborgenheit weicht? Etwa indem die Umwelt so nachhaltig zerstört wird, dass es schwierig ist, dort zu wohnen? Oder indem Industriegebiete entstehen, wo früher Felder waren? Oder indem das politische System abgelöst wird und sich der Alltag so elementar verändert, dass die Gewohnheiten und Abläufe, die das Heimatgefühl bestimmten, verloren gehen?

Im 20. Jahrhundert und insbesondere nach den beiden Weltkriegen wechselten ganze Landstriche mehrfach die Zugehörigkeit zu Staaten. In Büchern, Filmen und Artikeln wird viel über die Grenzverschiebungen im Osten Deutschlands reflektiert, aber es gab weitaus mehr Veränderungen: Seit 1918 gehört das einst österreichische Südtirol zu Italien; das Elsass wurde 1871 dem Deutschen Reich einverleibt, ging 1918 wieder an Frankreich, wurde 1940 erneut von den Deutschen besetzt und ist seit 1945 wieder ein Teil Frankreichs; 1920 wurden die »Ostkantone« um Eupen-Malmedy dem Deutschen Reich ab- und Belgien zugerechnet. Es gibt unzählige weitere Beispiele.

Die Bewohner dieser Regionen wurden zumeist nicht befragt, sondern mussten sich einfach an die neuen Verhältnisse anpassen oder das Land verlassen. Nicht nur für die

Flüchtlinge und Vertriebenen, auch für die Menschen, die dort wohnen blieben, bedeutete das vielfach einen gravierenden Bruch. Sie wurden zu Ausländern im eigenen Zuhause, wurden vielfach diskriminiert, oft verloren sie ihre Einkunftsmöglichkeiten oder wurden enteignet. Die neuen Machthaber brachten andere Traditionen mit und eine neue Geschichtsschreibung, die den historischen Anspruch betonten. Viele empfanden Ohnmacht und die mündete in Ablehnung. Dieses Missverhältnis kann Generationen überdauern: Noch heute fordert etwa in Südtirol die Partei Südtiroler Freiheit die Abspaltung von Italien, zu dem die Region seit 1918 gehört. Andernorts verschwammen die Differenzen im Laufe der Zeit. Aber überall dort, wo die Grenzen verschoben oder aufgehoben wurden, mussten die Menschen Heimat für sich neu definieren.

Lisa, die über ihre einst deutschsprachige Heimat im Riesengebirge erzählt, hat nicht nur erfahren, wie diese »tschechisiert« wurde, sie hat auch mehrere politische Systeme durchlebt. Nach dem Krieg wurde die Demokratie in der damaligen Tschechoslowakei nur kurz wiederbelebt, dann okkupierte 1948 die kommunistische Partei die Macht. Das veränderte nicht nur Lisas Leben grundlegend. Die Kommunisten brachen in ganz Mittelosteuropa mit sämtlichen alten Traditionen. Bei der Revolution in Russland 1917 hatten die Bolschewiken noch einen »neuen Menschen« schaffen wollen, einen Sowjetmenschen, und daher jede historische Kontinuität abgelehnt. Nach der Deformation des Sozialismus durch Stalin äußerte sich diese »Umerziehung« in der Tschechoslowakei nur noch durch Enteignungen, Bespitzelungen, Korruption.

Doch so stark sich der Alltag und damit die Heimat durch die sowjetische Besatzung auch veränderte – die Menschen gewöhnten sich daran. Und irgendwann wurde auch das kommunistische System zu einer Heimat, bot Sicherheit, strukturierte Abläufe und verlieh dadurch Geborgenheit. Die Nachkommen kannten die Verhältnisse nicht mehr anders, für sie

war der Ort, an dem sie aufwuchsen Heimat, unabhängig von
politischer Gesinnung.

Juliane wurde 1980 in der DDR geboren, nur etwa hundert
Kilometer Luftlinie von Spindlermühle im Riesengebirge entfernt. Ihre Familie war nicht konform mit dem politischen System, sie hatte eher eine Außenseiterrolle. Doch Juliane empfand ihre Kindheit als frei und schön. Dann kollabierte das
System und sie erlebte den Wandel zur kapitalistischen Bundesrepublik, die damit einhergehende Freude, aber auch Hilf-
losigkeit, aus der Perspektive eines Kindes. Sie wünscht sich
keineswegs die alten Zeiten zurück. Aber auch sie musste Heimat neu definieren.

Über Nacht verschwanden die Bilder
von Erich Honecker

»Ohne Heimat sein, heißt leiden.«
Fjodor Dostojewski

Die DDR spielt in Julianes Leben eine große Rolle. Sie
bestimmte die Kindheit – und sie bestimmt die Zukunftspläne
ihrer jungen Familie. Juliane ist in der Dritten Generation Ost
aktiv, einem Netzwerk von jungen Leuten, die als Kinder den
Umbruch 1989 erlebten und in zwei grundsätzlich unterschiedlichen politischen und wirtschaftlichen Systemen aufwuchsen.

Das Heimweh, das viele ehemalige DDR-Bürger einige Jahre
nach der Wiedervereinigung erfasste, löst in Westdeutschland
oft Stirnrunzeln aus. Es ging der Bundesrepublik doch so offensichtlich wirtschaftlich besser und es war der Wille des Volkes
selbst, den Sozialismus abzuschaffen. Die Enttäuschung der
Ostdeutschen wird von manchen als eine Art Undankbarkeit

und einen Mangel an Schuldbewusstsein wahrgenommen, wie Horst Stenger in einer Untersuchung zum Fremdheitsgefühl ostdeutscher Wissenschaftler in der Bundesrepublik festhält.[6] Dabei wird gern vergessen, dass nicht nur plötzlich der gesamte Wertekatalog der ostdeutschen Gesellschaft in Frage gestellt wurde – inklusive der Kinderbetreuung, die sich heute viele zurückwünschen würden. Schlimmer war der soziale Abstieg, die hohe Arbeitslosenquote – oft verschärft dadurch, dass westdeutsche Arbeitnehmer nachrückten. Diese elementare Erschütterung der Vertrautheit mit Alltagserfahrungen führte zu Fremdheitsgefühlen, auch im scheinbar unveränderten Heimatort, wie Stenger am Beispiel der Wissenschaftler aufzeigt: »Fremdheit umfasst nicht nur die Erfahrungen der Nichtzugehörigkeit und Unvertrautheit, sondern auch die Erfahrungen der Unverfügbarkeit beziehungsweise der Kontingenz des Gegebenen.«[7]

Heimat fragt nicht nach politischen Systemen. »Es war die schönste Zeit meines Lebens, denn ich war jung und ich war verliebt«, sagt Mischa im Film »Die Sonnenallee« über die 70er Jahre in der DDR. Aber Heimat braucht Sicherheit. Die rasant schnelle Abwicklung der DDR beraubte die Ostdeutschen vor allem dieser Verlässlichkeit. Obwohl sie an ihrem Wohnort blieben, ging für viele das Heimatgefühl verloren. Meist verbindet man dieses Heimweh, als »Ostalgie« belächelt, eher mit älteren Menschen, die ein ganzes Leben in der DDR verbracht haben. Das Netzwerk Dritte Generation Ost will darauf aufmerksam machen, dass dieser Heimatverlust auch und vielleicht gerade für diejenigen gilt, die durch die Wende unsanft aus ihrer Kindheit oder Jugend herausgerissen wurden.

Gemeinsam mit ihrem Mann Johannes bietet Juliane Biografieworkshops an, eine Art psychologische Spurensuche für ehemalige DDR-Bürger, die herausfinden wollen, wie die ostdeutsche Vergangenheit sie geprägt hat. Für ihre Arbeit wurde das Biografieteam der Dritten Generation Ost 2014 von der

Bundeszentrale für politische Bildung im Rahmen des Wettbewerbs »25 Jahre Mauerfall: Geschichte erinnern – Gegenwart
gestalten« ausgezeichnet. Diese Auszeichnung, aber vor allem
die enorme Resonanz bei den Teilnehmern, bestärkten Juliane
und Johannes darin, ihre Workshops in Zukunft weiter auszu-
bauen.

≫JULIANE: Ich bin davon überzeugt, dass man Heimat
braucht. Aber sie ist kompliziert. Heimat, das ist für mich die
Landschaft ganz im Osten Deutschlands, im Dreiländereck mit
Tschechien und Polen. Ich bin in der Oberlausitz aufgewachsen, in Seifhennersdorf, direkt an der tschechischen Grenze.
Heimat, das ist aber auch die DDR. Ich habe sehr ambivalente
Gefühle für Seifhennersdorf und für meine Vergangenheit. Ich
habe mich in meiner Kindheit oft sehr unwohl gefühlt. Und
trotzdem ist mir meine Heimat sehr wichtig.
　　Meine Familie war immer irgendwie anders. Meine Eltern
hatten bewusst entschieden, aus der DDR-Gesellschaft auszu-
steigen. Das fing mit den Berufen an: Mein Vater hatte den
Ofensetzerbetrieb von seinem Vater übernommen und war
selbständig. Die ganze Stadt ist voller Umgebindehäuser und
in diese baute mein Vater Kachelöfen. Meine Mutter ist Architektin und arbeitete schon zu DDR-Zeiten selbständig. Sie
wollte wegen uns vier Kindern zu Hause bleiben, deshalb war
sie in meiner Kindheit Hausfrau und arbeitete nur eine Weile
nebenher als Architektin. Diese Außenseiterrolle übertrug
sich natürlich auch auf uns Kinder. Ich habe drei ältere Schwestern, sie sind zehn, neun und sieben Jahre älter als ich. Meine
Eltern wollten nicht, dass wir in die Pionierorganisation gingen. Das war natürlich krass, denn alle anderen Kinder waren
dabei.
　　Seifhennersdorf war klein, vor der Wende lebten 8000 Leute
dort. Es gab damals ein Kino, eine Diskothek, mehrere Schulen
und eine starke Textilindustrie, in der die meisten Bewohner

arbeiteten. Ich denke, es hat immer noch Stadtrecht, aber heute wohnen nur noch etwa 4000 Menschen da. Wir wohnten mit der ganzen Familie, auch den Großeltern und einer Tante, auf einem Hof. Weil meine Eltern nicht im System mitarbeiteten, war es für sie sehr schwer, an Wohnraum zu kommen. Deshalb hatten sie einfach oben auf die Ofensetzerwerkstatt eine Wohnung gebaut. Meine Eltern waren in der protestantischen Kirche aktiv und der größte Teil unseres Soziallebens fand in der Kirche statt. Ich denke, ihr Engagement dort war vor allem ein politisches Signal. Der Vater meines Vaters war sehr religiös, aber meine Eltern mochten besonders das Gemeinschaftliche an der Kirche. Es gab Gemeindenachmittage, Christenlehre, Flötenunterricht und Kurrende, also einen Kinderchor. Ich war ziemlich beschäftigt als Kind. Ich ging auch in den Kindergarten, aber ich fand ihn furchtbar. Wenn gemalt wurde, gab es Vorgaben. Einmal hatte ich die Wiese mit Zacken gemalt und die Kindergärtnerin stellte mich vor allen bloß, zeigte das Bild und lachte darüber. Wir mussten immer alle zusammen in den Schaukelbereich gehen und jedes Kind durfte genau fünf Minuten lang schaukeln. Alles war organisiert. Es gab Außenduschen. Das hätte toll sein können, wenn es im Sommer warm ist. Aber wir freuten uns nicht, dass wir im Wasser planschen durften, sondern bekamen den Befehl: »Alle müssen duschen!« Egal, ob man wollte oder nicht. Die Gruppe war wichtiger als der Einzelne. Ich war froh, als ich endlich in die Schule kam. Ich las furchtbar gern und war ganz begeistert vom Lernen.

Unsere Eltern sprachen nie mit uns über Politik. Ich weiß nicht, ob sie jemals überlegt haben auszureisen. Wir fuhren im Sommer 1989 noch nach Rumänien in den Urlaub. An der Grenze nach Ungarn standen wahnsinnig lange Autoschlangen, wir mussten dort sogar übernachten, weil so viele DDR-Bürger über Ungarn ausreisten. Wir aber fuhren einfach in den Urlaub und wieder zurück. Nach unserer Rückkehr spitzte sich die Lage schnell zu. Ich vermute, dass auch meine Eltern auf die Protestveranstaltungen gingen, aber uns Kinder hielten sie aus dem politischen Geschehen weitgehend raus. Ich kann mich nur an eine Demonstration auf dem Sportplatz erinnern, auf der ich zusammen mit meiner Mutter war. Ich verstand absolut nicht, dass uns große Veränderungen bevorstanden.

Zwei, drei Monate später fiel die Mauer. Ich war sieben Jahre alt. Ich weiß noch, dass ich vor dem Fernseher saß und die jubelnde Menge in Berlin sah. Dann ging alles sehr schnell. Praktisch über Nacht waren in der Schule die Bilder von Erich Honecker von den Wänden verschwunden. Die Schulbücher wurden eingesammelt und es gab eine Weile gar keine mehr. Ich habe die Anfangszeit sehr chaotisch in Erinnerung, wir hatten ständig früher schulfrei. Erst nach Wochen hatten die Lehrer ein neues Unterrichtskonzept erarbeitet, und es kam wieder eine gewisse Regelmäßigkeit in unseren Schulablauf. Es gab keine Appelle mehr, keinen Tafeldienst und der morgendliche Gruß »Seid bereit!« fiel weg. Trotzdem war Disziplin immer noch sehr wichtig, denn die Lehrer und auch die Kinder blieben ja die gleichen. Wir mussten beispielsweise immer noch aufstehen, wenn der Lehrer reinkam.

Ich mochte die Veränderungen in der Schule, aber sie machten mir auch ein wenig Angst. Sehr schnell wurde klar, dass die Eltern von vielen Klassenkameraden arbeitslos wurden und sich umorientieren mussten. Nur wenige fanden im Ort einen anderen Job, viele hangelten sich von einer Arbeitsbeschaffungsmaßnahme zur nächsten. Einige Väter gingen im Westen arbeiten. Ich war unheimlich froh, dass meine Eltern weniger betroffen waren. Aber auch bei uns war plötzlich alles anders. Ich fing an, zu Hause im Haushalt zu helfen, zu spülen, die Wäsche zu waschen. Meine Eltern waren anderweitig beschäftigt. Sie mussten erst einmal verstehen, in was für einem System sie jetzt lebten. Im Betrieb meines Vaters war plötzlich alles anders, angefangen bei der Steuererklärung. Ständig standen fremde Leute bei uns im Hof und wollten ihm Versicherungen verkaufen. Niemand wusste, welche Versicherungen man wirklich brauchte. Es herrschte eine unglaubliche Orientierungslosigkeit. Ich habe diese Unsicherheit als Kind sehr stark empfunden. Nach der Wende änderten sich die sozialen Beziehungen dramatisch. Es kam so etwas Reserviertes hinein. Vorher konnte man einfach bei den Nachbarn vorbeigehen, klopfen und dann war man halt da. Als meine Mutter noch den Haushalt machte, waren ständig Besucher bei uns, es wurde Kaffee getrunken und geplaudert. Nach der Wende kamen Telefone in die Häuser. Da ging das plötzlich nicht mehr, jetzt musste man sich fragen, ob dem anderen ein Besuch passte. Alle fühlten sich existentiell bedroht und nahmen sich nicht mehr die Zeit zum Plaudern. Auch die Kirchengemeinde brach auseinander. Der Zusammenhalt, den wir hatten, solange das System uns bedrohte, fiel weg. Auf einmal waren auch unter uns Kindern soziale Unterschiede ein Thema. Vorher ging es den Fabrikarbeitern sehr gut, jetzt spielte der Bildungsstand eine Rolle. Ich erinnere mich, dass einige Leute in unserem Umfeld Depressionen bekamen, weil sie ihre Jobs und teilweise ganze Existenzen verloren. Ich hatte den Eindruck, wir hörten ständig von Leuten, die an Krebs gestorben waren.

Meine Eltern dagegen waren Wendegewinner. Meine Mutter nutzte den Umbruch, um wieder arbeiten zu gehen. Schon bald machte sie sich als Architektin selbständig und war darin sehr erfolgreich. Und auch die Arbeit meines Vaters florierte. Meine Eltern waren begeistert von der neuen Reisefreiheit. Sie waren so interessiert an Architektur und jetzt konnten sie sich endlich alles anschauen, was sie bisher nur aus Büchern kannten. Schon 1990 fuhren wir mit unserem Wartburg nach Norwegen, obwohl wir eigentlich überhaupt kein Geld hatten. Meine Schwestern und ich haben diese Begeisterung für das Reisen geerbt. Wir haben alle vier viel von der Welt gesehen und auch eine Weile im Ausland gewohnt. Ich selbst habe in einem Kibbuz in Israel und auf Biobauernhöfen in Irland gearbeitet und ein Semester in Russland studiert.

Es war klar, dass ich sofort nach dem Abitur aus Seifhennersdorf weggehen würde. Das stand auch für meine Klassenkameraden fest. Ich denke, das hängt auch mit der DDR-Vergangenheit zusammen, beziehungsweise mit der Zeit der Transformation. Es blieb fast niemand dort. Es gab in der ganzen Region, zumindest gefühlt, überhaupt keine Chancen für uns. Ich war froh, als ich mit 18 Jahren endlich weg konnte.

Letztlich zog es uns aber wieder zurück in die Heimat. Meine Schwestern leben alle drei wieder in oder in der Nähe von Seifhennersdorf. Ich selbst kehrte zwar nicht nach Seifhennersdorf zurück, aber ich lebe nur etwa hundert Kilometer entfernt in der Sächsischen Schweiz. Da fühlt es sich so ähnlich an wie in der Oberlausitz. Als unser Sohn Jaron vor einem Jahr geboren wurde, beschlossen mein Mann Johannes und ich wieder aufs Land zu ziehen. Er kommt aus Berlin Pankow, aber sein Vater stammt ursprünglich aus einem kleinen Dorf in der Sächsischen Schweiz. Dort hat er ein Haus geerbt, in dem wir jetzt leben. Die Sächsische Schweiz gibt mir die Möglichkeit, wieder so zu leben, wie ich es mag. Der Ort ist viel kleiner als Seifhennersdorf, hat nur 800 Einwohner, aber das Zusammenleben ist ähnlich ländlich. Für mich hat Heimat viel mit der Erde zu tun. Ich habe auch in Potsdam etwas außerhalb gewohnt und es war grün um unser Haus herum. Aber in Potsdam ist der Boden sehr sandig und dadurch wachsen andere Bäume. In der Oberlausitz und in der Sächsischen Schweiz dagegen ist die Erde fett und lehmig. Es riecht ganz anders, nach fruchtbarem Wachstum. Es ist bergiger dort, einfach uriger. Ich finde, auch die Leute sind anders.

Es ist für mich wichtig, dass Johannes ebenfalls aus der DDR kommt. Auch wenn es mir in der DDR nicht gut ging, gehört sie zu meiner Vergangenheit. Ostdeutschland ist meine Heimat, und der Sozialismus ist nun einmal Teil dessen

Geschichte. Johannes und ich haben zusätzlich beide einen kirchlichen Hintergrund. So haben wir ähnliche Erfahrungen und Werte.

Unsere Beziehung speist sich auch aus der emotionalen Arbeit. Wir sind in einem Co-Counselling-Netzwerk aktiv, in dem sich Leute gegenseitig coachen und unterstützen, auch schmerzhafte Erfahrungen aus der frühen Kindheit zu verarbeiten. Wir suchen nach neuen Wegen, mit diesem Schmerz umzugehen. Das machen wir privat, für uns. Aber die Werkzeuge, die wir aus dieser Arbeit gewonnen haben, nutzen wir auch für die Biografiearbeit innerhalb des Netzwerkes Dritte Generation.

Das erste Treffen der Dritten Generation Ost 2010 war für uns ein unglaubliches Erlebnis. Wir hatten bereits als Co-Counselling-Gruppe angefangen, uns mit unserer DDR-Vergangenheit auseinander zu setzen. Aber jetzt waren wir plötzlich eine riesige Gruppe von Leuten, die alle ähnliche Erfahrungen gemacht haben. Ich fühlte mich sofort zu Hause. Am letzten Tag ging es darum, zukünftige Projektideen zu entwerfen. Da stellten wir unser Projekt vor. Das Interesse war immens. Also riefen wir die Biografiearbeit ins Leben.

Für die Workshopteilnehmer ist die Biografiearbeit oft eine überwältigende Befreiung. Meistens konnten sie sich vorher mit niemandem über ihre DDR-Vergangenheit unterhalten. Dadurch, dass die Gruppe ihnen zuhört und viele Teilnehmer ähnliche Erfahrungen gemacht haben, bekommen sie plötzlich Zugang zu Erinnerungen, die sie vorher nicht mehr hatten. Ein häufiges Thema ist ein gewisser Groll gegenüber der Generation unserer Eltern. Wir wissen oft gar nicht, was unsere Eltern auf sich genommen haben und mit welchen Problemen sie konfrontiert waren, aber wir machen ihnen Vorwürfe, denn wir hatten mit ihren Fehlern zu leben. In der Wendezeit waren sie nur mit sich selbst beschäftigt. Niemand führte uns ins Leben ein, stärkte uns den Rücken, wie ich das von meinen westdeutschen Freunden immer höre. Die Werte unserer Eltern waren alle hinfällig und materiell gab es auch keine Ressourcen. Sie konnten uns nicht bestärken. Im Gegenteil: Uns, der jungen Generation, wird gesagt, wir sollen uns um unsere Eltern kümmern, weil die es nicht einfach haben. Das höre ich in den Workshops immer wieder. Wir haben es natürlich auch wirklich besser, denn wir leben nicht mehr in einem Regime, in dem man Angst haben muss. Aber das führt zu einer seltsamen Forderungshaltung. Wenn ostdeutsche Eltern in der Wendezeit Fehler gemacht haben und jetzt auf einem Schuldenberg sitzen, bitten sie ihre Kinder um Hilfe. Westdeutsche Eltern haben bessere Zeiten erlebt und sie machen sich Sorgen, dass ihre Kinder von sozialem Abstieg oder Arbeitslosigkeit bedroht sind. Darüber würden meine Eltern nie nachdenken. Auch als Wendegewinner sind sie *de facto* überfordert. Sie lassen sich auch jetzt über den Tisch ziehen. Immer noch.

Das ist für Westdeutsche vermutlich schwer zu verstehen. Deshalb ist es wichtig, dass wir bei den Workshops nur Ostdeutsche sind. Sonst muss man sich immer erklären und findet sich plötzlich in einer Art Verteidigungsposition wieder. Ich trauere nicht der DDR hinterher, ich bin sehr froh, dass es sie nicht mehr gibt. Aber sie ist trotzdem ein wichtiger Teil von mir und es ist notwendig, sich damit auseinanderzusetzen. Dieser Teil der Heimat ist vielleicht nicht immer schön, aber er hat uns sehr geprägt.

Das Riesengebirge war ein Staat im Staate

> »Der Mensch hat immer eine Heimat und
> wär es nur der Ort, wo er gestern war und heute nicht
> mehr ist. Entfernung macht Heimat,
> Verlust Besitz.« *Alexander von Villers*

Ganz oben auf dem Kamm des Riesengebirges schlängelt sich
ein Pfad. Er ist kaum befestigt, immer wieder muss die Berg-
wacht Teile nachbessern. Im Winter verschwindet er ganz und
gar und hohe Holzpfeiler ragen aus dem Schnee und zeigen,
wo es langgeht. Auf der einen Seite fällt das Gebirge steil ab, es
ist steiniger, wild und rau. Hier ist Schlesien. Auf der anderen
Seite sind die Hänge flacher, sanfter. Hier ist Böhmen. Dieser
scheinbar unspektakuläre Pfad hat eine sehr bewegte Geschichte:
Bis zum Ersten Weltkrieg bezeichnete er die Grenze zwischen
dem Deutschen und dem Habsburger Reich, auf beiden Seiten
lebten hauptsächlich Deutschsprachige. 1918 wurde die Erste
Tschechoslowakische Republik gegründet. Für die Menschen
in den Bergen veränderte sich das Leben kaum. Dann besetzten
die Nationalsozialisten erst die Tschechoslowakei und kurz
darauf Polen – die Grenze verschwand für sechs Jahre. Nach
dem Krieg wurde Schlesien dem sozialistischen Polen zugeteilt,
das »Sudetenland« gehörte wieder zur Tschechoslowakei. Die
war zunächst demokratisch, wurde 1948 aber ebenfalls von den
Kommunisten übernommen. Die wenigen Deutschen, die
nicht vertrieben wurden, lebten von nun an in einer tschechischen Gesellschaft. Das Benutzen der deutschen Sprache war
verpönt, teilweise sogar unter Strafe gestellt.

Lisa gehört zu den wenigen Deutschen, die geblieben sind.
Jeder in Špindlerův Mlýn kennt sie, sie hat viele Jahre in der
Gastronomie gearbeitet und besaß zuletzt einen Kiosk.
Špindlerův Mlýn ist ein Skiort, und die Fluktuation an Arbeits-
kräften ist enorm, die Hotelbesitzer sind meist reiche Prager

oder Ausländer. Es gibt nur noch wenige alteingesessene Familien und Lisa gehört zu ihnen. Sie wurde 1932 in einer Baude geboren und wuchs hoch oben in den Bergen auf. Ursprünglich waren die Bauden rein landwirtschaftliche Betriebe auf den Kämmen des Riesengebirges, jeweils eine Wanderstrecke voneinander entfernt. Es gab dort Vieh und Waldwirtschaft. Aber seit dem 19. Jahrhundert waren sie vor allen Dingen Touristenattraktionen und die Erlebach-Baude, Lisas Geburtshaus, wurde zu einer Pension mit Selbstversorgerbetrieb, die von ihren Eltern geführt wurde. Die Schneekoppe oben im Riesengebirge ist von beiden Seiten, der polnischen und der tschechischen, gut zu sehen und ist für sehr viele Vertriebene ein starkes Symbol für ihre Heimat. Lisa blieb in dieser Heimat und erlebte sie unter vier unterschiedlichen politischen Systemen.

》LISA: Heimat, das ist für mich das Riesengebirge, egal, unter welcher Flagge und unter welchem politischen System. Das Riesengebirge hat sich im Laufe meines Lebens extrem verändert, und ich habe nicht nur die schönen Seiten erlebt. Aber ich hätte es niemals übers Herz gebracht, fortzugehen.

Eine Baude ist nicht einfach nur ein Haus, sondern ein historischer Ort. Jede hat einen eigenen Namen, je nach Familie, die dort lebte. Die Baudenbesitzer waren alle gut betucht, jeder arbeitete hart, aber hatte dafür auch genug zu essen. Heute werden sie professionell von Hotelbesitzern betrieben, aber noch in meiner Jugend konnte man eine Baude nicht einfach kaufen, sie wurde von Generation zu Generation vererbt. Meine Familie kam auf ungewöhnlichem Wege in den Besitz der Erlebach-Baude. Karolina Erben war nach dem Ersten Weltkrieg die letzte Lebende der Erlebach-Dynastie. Ihr Mann war an den Gasen der damals üblichen Karbitlampen erstickt und ihr Sohn im Krieg gefallen. Ganz allein bewirtschaftete sie die Baude, obwohl das unmöglich war. Sie brauchte Hilfe.

Gleich unterhalb der Baude waren im Zollhaus Grenzsoldaten stationiert, darunter auch mein Vater. Es gab kaum Grenztouristen oben in den Bergen, die Soldaten waren eigentlich nur dort, um den Schmuggel zu verhindern. Und es wurde sehr viel geschmuggelt – Kaffee, Schnaps, künstlicher Zucker. Auch die Baudenbesitzerin Erben war eine begnadete Gelegenheitsschmugglerin. Später zeigte sie uns Kindern den Trick: Sie trug immer weite Röcke und innen unter den Unterröcken waren lauter kleine Taschen eingenäht. Darin brachte sie vor allem Schnaps von Schlesien nach Böhmen. Sie war sehr erfolgreich und hatte auf diese Weise eine Menge Geld verdient. Das wollte sie jetzt in die Baude investieren: das Gebäude restaurieren und noch Land dazukaufen.

Die Grenzsoldaten hatten nicht viel zu tun. Diese jungen, kräftigen Kerle langweilten sich, deshalb halfen sie im Sommer den Baudenbesitzern auf dem Feld oder auch am Haus. Mein Vater begann, mit Frau Erben zusammen zu wirtschaften. Er war Zimmermann und konnte eigentlich alles – hart auf dem Feld, aber auch am Haus arbeiten. So kam Frau Erben die Idee, meinen Vater zu adoptieren. Er nahm den Namen Erlebach an und war jetzt rechtmäßiger Erbe der Baude. Meine Mutter kam über ein Inserat dazu, mein Vater suchte damals eine Köchin. Es war eine gemischte Ehe, mein Vater war Tscheche, meine Mutter Deutsche. Ich wurde 1932 geboren. Wir waren drei Kinder, meine Schwester war zwei Jahre älter und mein Bruder fünf Jahre jünger als ich.

Wir nahmen uns mehr als Deutsche, denn als Tschechen wahr. Wie selbstverständlich sprachen wir beide Sprachen. Es gibt viele Fotos von meiner Schwester und mir in den klassischen Trachtenkleidern des Riesengebirges. Wir hatten sie von der Großmutter Karolina geschenkt bekommen, die auch selbst sehr oft Dirndl trug. Gemeinsam mit ihrer Freundin, einer anderen Baudenbesitzerin, organisierte sie Trachtenabende oder auch Umzüge, damit dieses Brauchtum nicht verloren ging. Wir Mädchen freuten uns darauf, uns zu diesen Gelegenheiten schön zu kleiden. Wir hatten jeweils eine weiße Haube mit hinten einer großen Schleife auf dem Kopf und Tücher um die Schulter. Besonders die Paraden in Spindlermühle machten uns Spaß.

Um uns herum waren alle Baudenbesitzer Deutsche. Es gab nicht viele Tschechen oben im Gebirge und die arbeiteten als Fuhrmänner oder Zimmermädchen. Der Schulunterricht lief auf Deutsch. Er fand in einem Raum in einer der Bauden statt, wir waren nur wenige Kinder. Ich ging gern zur Schule. Am schönsten war es, wenn unser Lehrer krank war und wir zum Unterricht in die Baude der Familie Spindler gehen mussten. Während des Krieges gab es eine sogenannte Kinderlandverschickung für Stadtkinder, zunächst als Erholung, dann, weil die Städte zunehmend bombardiert wurden. Die ganze Spindler-Baude war voll von Kindern und das Gebäude hatte eine eigene Schule für sie. Wir gingen oft sonntags zu Theateraufführungen oder anderen Veranstaltungen dorthin und obwohl wir nicht dazugehörten, bekamen wir immer ein Stück Kuchen und eine Tasse Kakao.

Vom Krieg bekamen wir sehr wenig mit. Der Baudenbetrieb lief einfach weiter, und mein Vater holte täglich unten im Tal Gäste ab. »Das Riesengebirge ist ein Staat im Staate«, sagte mein Vater immer. Es mangelte uns an nichts. Das verdankten wir vor allem einem Bekannten meines Vaters, einem jüdischen Großhändler. Als 1938 die Deutschen das Sudetenland besetzten, beschloss er, aus Hohenelbe fortzugehen. Vorher aber kam er mit seinem Lastwagen voller Waren hoch zu den Bauden. Er sagte zu meinem Vater: »Franta, schaff dir gute Vorräte an, es wird Krieg geben!« Und das tat mein Vater. Er kaufte einen riesigen Sack voller grüner Kaffeebohnen, die meine Mutter selbst röstete und mahlte, eine große Kiste mit schwarzem Tee, Schnaps, Wein und sogar Schokolade. Das Patronat darüber hatte die Großmutter, und sie teilte alles in kleinen Stücken zwischen uns Kindern auf. Natürlich verstanden auch wir, dass andernorts Krieg herrschte: Es gab ein Kriegsgefangenenlager oben bei uns in den Bergen, im Deutschen Zollhaus. Die russischen Gefangenen arbeiteten im Wald und bauten die Landstraße, die noch heute von der Spindler-Baude hinunter nach Schlesien führt. Zu Beginn hatten die Russen dort ein extrem hartes Leben, sie mussten hungernd arbeiten und der Kommandant war unmenschlich streng. Dann wechselte die Lagerführung und ein ehemaliger Frontsoldat übernahm das Kommando. Von da an wurde es etwas freier und wir Kinder durften Lebensmittel dorthin bringen. Wir gingen ganz selbstverständlich im Lager ein und aus. Sonntags gaben die Gefangenen Konzerte auf der Harmonika. Wir schenkten ihnen Brot und als Dankeschön bastelten sie uns kleine Ringe aus Pfennigen oder schnitzten aus Holz Vögelchen für uns. Auf die Idee, dass die Geschenke uns bei irgendeinem strammen Nazi verraten könnten, kam niemand. In allen Bauden gab es diese Vögelchen, sie hingen an den Lampen und standen auf den Fensterbänken.

Erst mit dem Kriegsende änderte sich unser Leben. Zunächst kamen die Flüchtlingsströme von Schlesien hoch, Mütter mit Kindern und alte Leute, völlig erschöpft. Mein Vater hatte immer einen riesigen Krug mit Most, selbstgemachtem Saft, bereit stehen und jeder konnte soviel trinken, wie er wollte. Unsere Baude wurde zu einer Art Erste-Hilfe-Station. Dann folgten die russischen Soldaten. Sie kamen ebenfalls über Schlesien die Straße zur Spindler-Baude hinauf und marschierten von da aus ins Sudentenland ein. Von oben konnten wir die endlose Schlange an Militär auf der Straße sehen. Wir hatten am Anfang große Angst, aber es stellte sich schnell heraus, dass wir von ihnen nichts zu befürchten hatten.

Zur Sicherheit schliefen wir nur noch im hinteren Teil des Hauses, die Gastwirtschaft war geschlossen, aber die sowjetischen Soldaten übernachteten dort. Morgens ging meine Großmutter im Vorderhaus nachsehen, ob alles in Ordnung war. Alle Betten waren benutzt, manchmal wurden ein paar Sachen geklaut, aber das machte nichts. Angst hatten wir nur um unser Pferd. Die Soldaten waren ständig auf der Suche nach Pferden, um damit weiterzuziehen. Wir brauchten unser Pferd selbst dringend oben in den Bergen. Wir versteckten es sorgsam im hinteren Gebäudetrakt und zum Glück wurde es nie gefunden. Schrecklich wurde es erst, als die Tschechen kamen. Sie waren grausam. Sie raubten, was sie finden konnten und erschossen jeden, der sich ihnen in den Weg stellte. Mindestens 31 Männer wurden allein in Spindlermühle ermordet. Wenn wir sie kommen sahen, versteckten wir Kinder und die Frauen uns und nur mein Vater, der ja selbst Tscheche war, ging ihnen entgegen. Sie brachen unseren Vorratskeller auf, fanden all den Schnaps und Wein, betranken sich maßlos und wurden noch unberechenbarer. Einer schlief im Sitzen vor unserem Haus ein, und wir trauten uns stundenlang nicht hinaus.

Eine Baude nach der anderen wurde verlassen. Als die Deutschen aus Schlesien durch das Riesengebirge gezogen waren, hatte noch niemand von uns an Flucht gedacht. Aber jetzt machten die tschechischen »Partisanen« ungemeinen Druck, damit wir auswanderten. Sie nahmen die Deutschen fest und steckten sie in Lager oder schickten sie sofort über die Grenze. Innerhalb kurzer Zeit verschwanden fast alle Baudenbesitzer. Und auch wir standen auf einer Liste. Mein Vater und wir Kinder hätten bleiben dürfen, die Frauen sollten gehen. Mein Vater sagte: »Wir bleiben alle zusammen!«

Wir rechneten jeden Tag damit, abgeholt zu werden. Meine Eltern packten die Koffer, auch jeweils einen für meine Geschwister und mich. Für den Fall, dass wir als Familie auseinander gerissen würden, schrieben sie in großen, deutlichen Buchstaben unsere Namen und die komplette Adresse darauf. Monatelang saßen wir auf gepackten Koffern und warteten auf den Ausreisebefehl. Alle Nachbarn waren bereits weg, nur ein paar alleinstehende Frauen blieben übrig. Die Bauden waren nicht lange leer. Sobald die Besitzer aus dem Haus waren, wurden von einem sogenannten Nationalen Kommando Tschechen eingewiesen. Aber wir hielten durch und erstaunlicherweise wurden wir nie abgeholt. Wir hatten Glück, weil mein Vater Tscheche war. Darüber, freiwillig unsere Heimat zu verlassen, wurde in meiner Familie niemals gesprochen.

Meine Eltern durften die Baude weiterhin bewirtschaften. Aber die Zustände oben in den Bergen veränderten sich grundlegend. Plötzlich wurde die Grenze von Polen streng bewacht. Es gab eine Zeit, da nahmen sie jeden fest, der ohne Pass dort herumlief, auch wenn er in der Nähe seiner eigenen Baude war. Alle Gefangenen wurden sofort zur Zwangsarbeit geschickt. Wir sagten dazu sarkastisch: »Der geht jetzt Warschau aufbauen.« Wenn mein Vater zum Einkaufen nach Hirschberg hinunterfuhr, musste er von einem Grenzer begleitet werden. Erst als ein Leutnant begann, regelmäßiger unser Restaurant zu besuchen, wurden wir für die Polen so etwas wie Freunde. Dabei hatte er sich einfach nur in meine Schwester verguckt.

1948 kamen in der Tschechoslowakei die Kommunisten an die Macht. Sie begannen, meinen Vater zu schikanieren. Er durfte die Erlebach-Baude zunächst behalten, aber die Steuern waren so immens hoch, dass er nach und nach den ganzen Hausrat verkaufen musste. Für meine Eltern war das unglaublich schmerzhaft. Sie waren es gewohnt, hart zu arbeiten, aber nun fühlten sie, dass sie gegen Windmühlen kämpften. Das war schrecklich mit anzusehen. Meine Schwester und ich wurden beide noch von meinem Vater in der Gastronomie ausgebildet. Aber als ich 1950 heiratete, ging ich mit meinem Mann hinunter nach Spindlermühle und kam auch nie mehr zurück. Ich konnte das Leben auf der Erlebach-Baude nicht mehr ertragen. Schließlich, als alles verkauft war, enteigneten die Kommunisten meine Eltern 1961 und überschrieben die Baude dem staatlichen Unternehmen Centrotex. Meine Eltern führten den

Betrieb weiter, aber von nun an für ein sehr schlechtes Gehalt. Sie blieben bis zu ihrem Tod auf der Erlebach-Baude.

Ich konnte dem Kommunismus nie etwas abgewinnen. Mein Mann eckte noch mehr an, er rebellierte gegen das System. Ich arbeitete in unterschiedlichen Hotels und zeitweilig auch wieder in einer Baude. Die meisten Hotels wurden abgehört. Wenn die Maler kamen und im ganzen Haus arbeiteten, dann warfen wir Angestellten uns bedeutungsvolle Blicke zu. Es gab ein ungeschriebenes Gesetz: Immer, wenn es etwas Wichtiges zu besprechen gab, gingen wir vor die Hoteltür. Trotzdem war es in Spindlermühle auch während der Sowjetzeit etwas freier. Es war wie immer: Das Riesengebirge war ein Staat im Staate.

Mit der Samtenen Revolution, der politischen Wende in der Tschechoslowakei 1989, schien plötzlich auch der Weg zurück auf die Erlebach-Baude wieder offen zu sein. Gemeinsam mit meinem Bruder versuchten wir, sie durch Restitution zurückzubekommen. Leider kamen wir gegen die mächtige Centrotex und ihre Anwälte nicht an. Ich kaufte stattdessen 1991 in Spindlermühle zunächst einen Kiosk mit Waren, einer Wechselstube und einer Unterkunftsvermittlung und mittlerweile hat mein Sohn daraus ein Kaufhaus aufgebaut.

Špindlerův Mlýn ist heute durch und durch Tschechisch. Die Deutschen kommen nur noch als Besucher. Ich selbst lese Bücher lieber auf Tschechisch, weil das leichter für mich ist. Bis vor einigen Jahren besuchte ich regelmäßig eine alte Freundin meiner Mutter. Wir tranken Kaffee und plauderten auf Deutsch. Seit sie gestorben ist, spreche ich nur noch selten in meiner Muttersprache. Auch die Bauden sind seither für mich wie verschlossen: Ich habe niemanden mehr, mit dem ich mich gemeinsam an die Zeit in den Bergen erinnern kann. Die meisten Menschen kennen so viel Schönheit, wie ich sie täglich sehen konnte, nur aus ihren Urlauben. Ob tschechisch oder deutsch – ich liebe meine Heimat.

Patchwork-Heimat

Ob wir sie mit einem bestimmten Geruch, mit Landschaftsbildern, mit Mutters leckerem Essen oder dem ersten Kuss verbinden – meist siedeln wir die Heimat an einem bestimmten Ort an. Der Plural des Wortes kommt uns ungewohnt, regelrecht falsch vor. Instinktiv reduziert man einen Menschen auf eine einzige Heimat. Es herrsche in Deutschland die hegemoniale Vorstellung, dass Migration zu Entwurzelung führen müsse, analysiert die Ethnologin Beate Binder.[8] Es müsse den gebürtigen Polen Lukas Podolski regelrecht »zerreißen«, wenn er mit der deutschen Nationalmannschaft gegen Polen spielt. Wir erwarten unbewusst von entwurzelten Menschen, dass sie schmerzhafte Sehnsucht nach ihrem Herkunftsland haben. Dahinter steckt die Vorstellung, dass Heimat unersetzlich ist. Aber ist sie das wirklich? Wie ergeht es eigentlich denjenigen, die sich nicht auf einen Wohnort festlegen lassen möchten, sondern gerade diese »Zerrissenheit« zu ihrer Heimat erklären, das Reisen und Pendeln zu ihrem Lebensstil erkoren haben?

»Von einer ursprünglichen Heimat des Menschen ist nur metaphorisch zu sprechen, denn der Mensch ist ein Nomade, ein Sammler und Jäger, sei es in den Wäldern der Voreiszeit oder den Städten der Zwischeneiszeit«, sagte Vilém Flusser 1985 in seiner Vortragsreihe »Heimat und Heimatlosigkeit.«[9] Der Philosoph und Kommunikationswissenschaftler hatte selbst ein bewegtes Leben: Als 19-Jähriger floh der jüdische Student vor den Nationalsozialisten zunächst nach London, später gemeinsam mit der Familie seiner Frau nach Brasilien. Seine Eltern, Schwester und Großeltern wurden in Konzentrationslagern ermordet. Aufgrund von Konflikten mit der brasilianischen Militärregierung kehrte er 1972 nach Europa zurück, zunächst nach Südtirol, dann ging er bis zum Ende seines Lebens nach Frankreich. Der Mensch sei nicht auf eine Heimat beschränkt, er kann sich neue Heimaten schaffen, so Flusser. Er selbst empfand die Erfahrung des Exils als einschneidenden Sicherheitsverlust. Gleichzeitig arbeitete er aktiv an einer neuen Verwurzelung in Brasilien, indem er versuchte, sich bei dem Aufbau einer »menschenwürdigen, vorurteilsfreien« Gesellschaft in dem von Umbrüchen geprägten Land einzubringen. »Wer aus der Heimat vertrieben wird (oder den Mut aufbringt, von dort zu fliehen), der leidet. Die geheimnisvollen Fäden, die ihn an Dinge und Menschen binden, werden zerschnitten. Aber mit der Zeit erkennt er, dass ihn diese Fäden nicht nur verbunden, sondern angebunden haben, dass er nun frei ist, neue zwischenmenschliche Fäden zu spinnen und für diese Verbindungen die Verantwortung zu übernehmen.«[10]

Auch Harry, Manuela und Ric wurden aus ihrem Kindheitsparadies gerissen, wenn auch aus wesentlich harmloseren Gründen. Und auch sie haben sich neue Verbindlichkeiten geschaffen. Eine lokal zuzuordnende Heimat konnten sie nicht mehr finden. Stattdessen haben sie sich eine Patchworkheimat gebastelt, bestehend aus mehreren Elementen. Sie sind ganz unterschiedliche Charaktere: Ric ist ein spürbar verletzlicher, aber auch sehr kontaktfreudiger schwuler Mann; Manuela ist energiegeladen, sportlich und weltgewandt; Harry ist sehr verbindlich, ein echter Netzwerker, der gern Menschen zusammenbringt und immer hilfreiche Ideen auch für andere hat. Zwei Dinge aber verbinden alle drei miteinander: Ein starker Drang nach Freiheit und Unabhängigkeit gepaart mit der Fähigkeit, auf Menschen zuzugehen und sich überall ein stabiles, soziales Netz zu schaffen. Wahrscheinlich ist es besonders dieser Kommunikationsfähigkeit zu verdanken, dass Harry, Manuela und Ric keine Sesshaftigkeit brauchen, um sich beheimatet zu fühlen. Nachdem in seiner Wahlheimat Brasilien die neuen, demokratischen und sozialen Bestrebungen in einer

Militärdiktatur erstickten, beschloss Vilém Flusser für sich selbst, dass es überhaupt nicht wichtig sei, eine Heimat zu haben, sondern bevorzugte die Freiheit des Heimatlosen. Nicht die Heimat sei wichtig, sondern nur die Wohnung, als Schutzraum für Gewohntes und Basis, um sich in neue Abenteuer zu begeben. Wo diese Wohnung liege, sei letztlich egal. »Der Mensch ist wie die Ratte – kosmopolitisch«, sagt dazu wenig schmeichelhaft Flusser: »Er kann überall wohnen: unter den Pariser Brücken, in Zigeunerkarawanen, in den Hütten der Paulistaner Favelas und sogar in Auschwitz.«[11]

Heimat ist eine Evolution in kleinen Schritten

»Heimat war lange Zeit ein gebieterischer Singular, inzwischen ist sie zum Plural geworden.«
Hermann Bausinger

Auch wenn er nie angegriffen, politisch drangsaliert oder von Rassisten bedroht wurde – Antisemitismus prägte Harrys gesamtes Leben. Wie soll man als Jude ein Land als Heimat empfinden, wenn es in der Vergangenheit aktiv daran beteiligt war, das jüdische Volk auszurotten?

Harry wurde kurz nach dem Zweiten Weltkrieg in der Tschechoslowakei geboren, beide Eltern hatten das Konzentrationslager Auschwitz überlebt. Harrys Vater war Rabbiner und betreute die – deutlich geschrumpften – Gemeinden in Nordböhmen. Etwa 71 000 der 82 000 Juden aus Böhmen und Mähren wurden während des Holocausts ermordet und auch nach dem Krieg sahen sich die Zurückgekehrten einem latenten, phasenweise auch offenen Antisemitismus ausgesetzt, etwa indem ihnen von den Behörden Hindernisse in den Weg gelegt wurden, den von den Nationalsozialisten enteigneten Besitz zurückzuerhalten. Endgültig manifestierte sich der Antisemitismus in der Nachkriegstschechoslowakei 1952 in einem stalinistischen Schauprozess: Der Stellvertretende Ministerpräsident Rudolf Slánský wurde des Hochverrats angeklagt, vermutlich, weil Präsident Klement Gottwald eine politische Gefahr in ihm sah. Elf der vierzehn Angeklagten waren Juden, zehn wurden zum Tode verurteilt. Auch Harrys Vater wurde in der aufgepeitschten Stimmung 1957 verhaftet und zu zwei Jahren Gefängnis verurteilt, weil er als Rabbiner Gelder der israelischen Botschaft an hilfsbedürftige Holocaustüberlebende verteilt hatte, obwohl diese laut Gesetz keinen Anspruch auf soziale Hilfe hatten.

Statt in seine Wahlheimat Israel zu ziehen, kam Harry nach seiner Auswanderung aus der Tschechoslowakei unfreiwillig ausgerechnet nach Deutschland, wo er sich bei jedem neuen Bekannten mittleren Alters fragen musste, welche Rolle er oder sie wohl im Zweiten Weltkrieg gespielt hatte. Kann Deutschland heutzutage für Juden überhaupt wieder eine Heimat sein? Ja, finden der Historiker Michael Wolffsohn[12] oder der frühere Direktor des Jüdischen Museums, Michael Blumenthal.[13] Auch Harry hatte zeitweilig dieses Gefühl.

Letztlich aber ließen die Erfahrungen als Jude in Europa Harry zu einem »Nomaden« werden. Heute pendelt er als freier Mensch zwischen seinen Heimaten Tschechien und Deutschland. Und hat die Option Israel immer im Hinterkopf.

》HARRY: Ich habe das Gefühl, das Leben liegt hinter mir. Ich bin jetzt 68 Jahre alt und meine Perspektiven werden immer beschränkter. Wie viele Jahre bleiben mir noch, und was mache ich damit? Als Rentner muss ich kein Geld mehr verdienen, plötzlich habe ich wieder Zeit, die ich sinnvoll nutzen möchte. Andere Menschen machen Kreuzfahrten, kaufen sich ein Haus auf Mallorca oder engagieren sich ehrenamtlich. Mir ist vor allem geistige Nahrung wichtig. Die finde ich in meinen Reisen. Ich genieße ausgiebig die Freiheit, die ich nun persönlich habe und die ich auch politisch in Europa durch das Schengener Abkommen fühle. In dieser Lebensphase ist Heimat für mich unbedeutend. Eine Heimat als solche brauche ich nicht. Ich bin Europäer.

In meinem Geburtsland, der Tschechoslowakei, war Heimat den Menschen sehr wichtig: Je kleiner ein Land ist, umso patriotischer ist es. Aber ich konnte mir als Kind nicht vorstellen, was die Menschen damit verbanden. Diese Verwurzelung, von der geschwärmt wurde, kannte ich nicht. Ich zog mit meinen Eltern mehrmals in andere Städte und fühlte mich nirgends wirklich gebunden. Heimat war für mich da, wo meine Eltern waren.

Der erste Umzug fiel mir noch schwer. Ich war gerade zwölf Jahre alt, als mein Vater in Karlsbad eine neue Stelle als Rabbiner fand. Ich verließ Děčín nur sehr ungern. Ich hatte dort Freunde in der Schule und in der Nachbarschaft enge Bindungen. Dieser Verlust bedeutete dann doch einen riesigen Bruch in meinem Leben, den ich so stark nie wieder empfand. Wir lebten zweieinhalb Jahre lang in Karlsbad. Das war viel zu kurz, um Wurzeln zu schlagen. Im Nachhinein fühlt sich diese Zeit an, als seien wir nur mit dem Zug vorbeigefahren. Prag wiederum, wo ich meine Jugend verbrachte bis ich 17 Jahre alt war, prägte mich entscheidend. Aber auch da fühlte ich mich nicht gebunden, als ich 1963 die Möglichkeit bekam, aus der Tschechoslowakei auszuwandern.

Als Jugendlicher wurde mir diese Heimatlosigkeit erst wirklich bewusst. In der Tschechoslowakei war der Antisemitismus groß, und wir konnten uns als Familie des Rabbiners nicht verstecken. Als ich neun Jahre alt war, wurde mein Vater verhaftet, weil er in seinen Gemeinden Gelder an hilfsbedürftige KZ-Überlebende weitergab, die die israelische Botschaft im Westen gesammelt hatte. Der politische Druck war immens, das verstand ich schon als Kind. So lange ich denken kann, stand für meine Familie fest, dass wir nicht unter dem sozialistischen Regime leben wollten und die Tschechoslowakei verlassen, sobald sich die Gelegenheit ergeben würde.

Meine Kindheit und Jugend hindurch war ich überzeugter Zionist. Ich träumte davon, mir in Israel endlich eine eigene Heimat aufzubauen, so wie meine Freunde sie in Prag sahen. Als ich 1964 die Möglichkeit bekam, auszuwandern, stand für mich sofort fest, dass ich in Israel leben würde. Meine Eltern mussten noch einige Monate auf die Ausreise warten und so reiste ich ganz allein mit dem Zug nach Wien und von dort aus nach Israel. In der Nähe von Tel Aviv, wo mein Onkel lebte, kam ich auf ein Internat mit vielen anderen Immigrantenkindern aus aller Herren Länder, aus Marokko, Argentinien, USA, Ungarn, Deutschland. In einem Einführungskurs, der in Israel Ulpan genannt wird, wurden wir auf Hebräisch unterrichtet und auf die weiterführende Schule vorbereitet. Ich lernte die Sprache schnell, denn ich war hochmotiviert, eine Beziehung zu meinem neuen Heimatland aufzubauen. Ich las Bücher auf Hebräisch, ging abends auf Veranstaltungen über die Geschichte und Literatur des Landes. Ich fühlte mich sehr wohl.

Meine Eltern waren kurz nach mir ausgereist, ebenfalls über Wien. Ich wartete in Israel auf sie, aber irgendwann begriff ich, dass sie wohl nicht kommen würden. Mein Vater fühlte sich zu alt für die Hitze dort, und er hatte beruflich in Deutschland bessere Chancen: Er sprach perfekt Deutsch und es gab nicht genug Rabbiner. Nach zwei Jahren besuchte ich meine Eltern in Aachen und sie drängten mich, in Deutschland zu bleiben. Sie fanden, dass ich in Israel keine gute berufliche Perspektive gehabt hätte und auch ich sah ein, dass ich es allein dort schwer haben würde. In Deutschland dagegen hatten meine Eltern bereits Kontakte geknüpft und mir den Weg geebnet, eine Ausbildung zum Fotografen – meinem Traumberuf – zu machen. Also verließ ich Israel, wenn auch sehr widerwillig und zog in das mir so verhasste Feindesland.

Der Umzug nach Deutschland bedeutete für mich ein paar Schritte rückwärts im Labyrinth des Lebens. Da ich in Israel auf mich selbst gestellt war, hatte ich dort ein viel freieres Leben gehabt. Ich musste ganz von vorn anfangen, die Sprache lernen, mir eine berufliche Perspektive aufbauen. Das fiel mir in Deutschland schwerer als in Israel, weil meine Einstellung eine andere war: Der Gedanke, dass Deutschland mir einmal Heimat werden könnte, kam für mich nicht in Frage.

Und doch sorgte der Alltag dafür, dass ich mich nach und nach in Deutschland einfand, ich lernte die Sprache, fand Aufträge als Fotograf. Schließlich lernte ich meine Frau kennen, und wir heirateten und bekamen zwei Töchter. Da, wo die Familie war, war jetzt für mich Zuhause. Wenn ich auf Dienstreisen war und auf dem Heimweg von Weitem den Kölner Dom sah, freute ich mich. Vermutlich hätte ich damals, solange meine Eltern lebten und meine Töchter noch bei uns wohnten, gesagt, Köln ist meine Heimat.

Dann wurden die Kinder erwachsen, gingen aus dem Haus und das warme Gefühl verschwand. Die Heimat brach damit weg. Mit der Pensionierung wurde noch deutlicher, dass Köln zwar ein Zuhause ist, dass ich hier aber nicht wirklich verwurzelt bin. Es war, als sei ein Kapitel abgeschlossen. Ich hatte keine enge Verbindung zu meinen Kollegen. Ich habe viele Freunde, aber das überall auf der Welt.

Mit zunehmendem Alter spürte ich, wie wichtig mir Prag ist. Die Kultur, die Geschichte, die Literatur – das alles hat mich geprägt. Immerhin verbrachte ich dort die wichtigsten Jahre meines Lebens, meine Pubertät und die letzten drei Jahre am Gymnasium, an dem ich mich sehr wohl fühlte. Der Kontakt zu meinen Mitschülern brach nie ab, wir sind immer untereinander informiert, wie es dem einzelnen geht. Alle fünf Jahre findet ein Treffen der gesamten Klasse statt, mit fünf Leuten bin ich enger befreundet, und wir treffen uns oft, wenn ich da bin.

Ich fühle mich in Prag wohler als in Köln, weil ich dort viel kreativer bin. Prag ist nicht nur einfach schön, es produziert eine Vibration, da liegt etwas in der Luft. Um in Köln bestehen zu können, muss ich öfter in Prag meine Batterien aufladen. Trotzdem ist es keine Option für mich, komplett mein Leben in Deutschland aufzugeben, denn es gibt auch einiges, das mich in Tschechien sehr stört, etwa die Korruption und die ewigen Skandale in der Politik. Meine Lösung: Ich lebe seit meiner Pensionierung halb hier und halb dort. Man entwickelt ja immer so eine Art persönliche Infrastruktur, ein Netz, im Beruf und im Privatleben. Dieses Netz muss man pflegen, wenn man es verliert, verliert man ein Stück Heimat. Ich pflege es in beiden Städten. Ich engagiere mich in beiden jüdischen Gemeinden und habe dadurch viele Kontakte. Wenn ich in Köln bin, besuche ich Freunde, gehe zum Stammtisch der Tschechen, spiele Volleyball im Verein. Genauso treffe ich aber auch Freunde in Prag, spiele da ebenfalls im Verein und bin dort aktiv an der Organisation der Künstlergruppe Unfocused beteiligt. Das sind für mich zwei gleichwertige Aufenthaltsorte. Wenn ich komme, falle ich in meine jeweiligen Strukturen und mache einfach da weiter, wo ich beim Abschied aufgehört habe.

Das Pendeln zwischen Köln und Prag macht mich einerseits zufrieden, andererseits fühle ich mich dadurch in den vergangenen Jahren erst recht gespalten. Ich lebe nicht da, wo ich ursprünglich leben wollte, in Israel, ich habe aber auch keine Alternative gefunden.

Israel bleibt für mich, wie für alle Juden, weltweit die »jüdische Option«, der Ort, an den wir gehen können, wenn es einmal unmöglich sein sollte, in Europa zu leben. Ich habe sowohl in meinem Bekanntenkreis als auch auf der Arbeit immer klar dazu gestanden, dass ich Jude und sehr proisraelisch bin. Ich fühle mich in Tschechien unter anderem wohl, weil es Israel unterstützt. Die Tschechoslowakei war während des Prager

Frühlings ebenso von außen bedroht, sozusagen umzingelt. Dadurch verstehen die Tschechen die Ängste der Israelis. Das ist mir als Jude wichtig.

Obwohl ich Israel in dem Sinne als meine eigentliche Heimat empfinde, habe ich nicht mehr den Wunsch, dort zu leben. Es ist mir zu heiß, und die imposante kulturelle Entwicklung findet eigentlich nur in den Städten statt. Zudem hat es sich in den letzten Jahren stark verändert, durch die vielen Einwanderer, aber auch durch die Konflikte mit der Außenwelt. Wäre ich damals dort geblieben, hätte ich mehrere Kriege erlebt und wer weiß, wie ich dann heute darüber denken würde. Viele Israelis gehen ins Ausland, nach New York oder Kanada, weil sie die Atmosphäre dort nicht mehr aushalten. Ich jedenfalls bekomme nach ein paar Wochen immer Heimweh nach Europa.

Die Gespaltenheit, was meine Solidarität angeht, beobachte ich selbst immer bei den Fußballweltmeisterschaften: Ich lebe schon seit meinem 17. Lebensjahr im Ausland. Dennoch halte ich bei der Fußballweltmeisterschaft ganz klar zu Tschechien, sogar, wenn es gegen Deutschland spielt. Alle Tschechen, die ich kenne, halten das so. Aber was, wenn Tschechien gegen Israel spielen würde? Dann würde ich zu Israel halten, einfach, weil es die schwächere Mannschaft hat.

Die Frage ist doch: Braucht man überhaupt eine Heimat? Man kann sich mit etwas identifizieren, kann eine Gegend mögen, kann über die Grenze hinweg politisch mit jemandem einverstanden sein. Aber man sollte das nicht überbewerten. Heimat ist meistens idealisiert. Da, wo jemand weggegangen ist, leben doch längst neue Leute und haben sich dort selbst ihre Heimat aufgebaut, eine neue Heimat. Insofern habe ich eigentlich immer wieder eine neue Heimat gefunden. Ich identifiziere mich mit meinen Sportclubs, meinen Freundschaften oder den jüdischen Gemeinden.

Es gab Zeiten, da habe ich Leute beneidet, die fest irgendwo verwurzelt waren. Heute denke ich, man muss versuchen, sich da zu Hause zu fühlen, wo man sich gerade aufhält, sich aktiv einleben. Wir sind in der modernen Welt nicht mehr örtlich gebunden. Man passt sich einfach an seine Umgebung an, so wie die Natur auch immer neue Wege findet, zu überleben. Heimat, das ist eine Art Evolution in kleinen Schritten.

Es gibt nun einmal keinen idealen Ort für mich

»Man muss Heimat haben, um sie nicht nötig
zu haben.« *Jean Améry*

Braungebrannt erscheint Manuela zur Verabredung im Café in der Altstadt des Schweizer Städtchens Zug. Sie ist gerade von einer Reise nach Lateinamerika zurückgekommen, die sie als Naturexpertin begleitete. Aus ihrer Heimat. Sie wurde in Venezuela als Tochter von zwei Deutschen geboren. Heimat ist für Manuela aber nicht nur das temperamentvolle Südamerika, sondern auch die beschauliche Schweiz und dann irgendwie auch Spanien, wo sie länger arbeitete. Und schließlich spielt auch das Land, das ihr den Pass gab, Deutschland, eine gewisse Rolle.

Heimat, dieser urdeutsche Begriff, scheint vorauszusetzen, dass alle Deutschen sie in Deutschland finden. Doch was ist mit Deutschen, die im Ausland geboren werden und vielleicht sogar dort aufwachsen? Viele Deutsche träumen davon auszuwandern, aus ganz unterschiedlichen Gründen – wegen der besseren Arbeitsbedingungen oder Gehälter, aus Abenteuerlust oder auch einfach wegen des angenehmeren Klimas. Rund 140 000 Menschen verwirklichen sich jährlich laut der Organisation für wirtschaftliche Zusammenarbeit und Entwicklung (OECD) diesen Traum.[14]

Doch die meisten kehren nach einer Weile wieder zurück. Vielleicht sind sie enttäuscht von dem Leben im Ausland, fühlen sich dort isoliert, sind von der Mentalität irritiert oder das Klima erweist sich doch als zu anstrengend. Vielleicht endet auch einfach der Arbeitsvertrag, das Stipendium oder das Studium. Die Liebe, beziehungsweise die im Ausland gegründete Familie, kann ein starker Anker in der Wahlheimat sein, eine erfolgreiche Karriere ist es meist nur vorübergehend. Die Statistiken der OECD zeigen: Wenn die Wirtschaft in Deutschland stark ist, kommen die meisten Deutschen wieder heim.[15] Das bestätigt die Dagebliebenen in ihrer Heimatliebe: In Deutschland lebt es sich offenbar am besten.

Manuelas Eltern hatten nach dem Zweiten Weltkrieg den Traum vom Auswandern wahr gemacht, waren aber wegen ihrer Tochter nach Europa zurückgekehrt. Als junges Mädchen kam Manuela mit ihrer Familie in die Schweiz. Sie empfand diesen Umzug als Entwurzelung und sucht seither nach Heimat. Im Café in Zug mit Blick auf die Vogelvoliere und den Zuger See resümiert sie diese Suche und lehnt sich zufrieden zurück: Der Weg war lang und unkonventionell, aber inzwischen hat sie sich ein tragfestes Heimatnetz aufgebaut.

»MANUELA: Diffus suchte ich mein Leben lang nach Heimat, nach Erdung. Mich faszinieren Menschen, die irgendwo aufgewachsen und dort verwurzelt sind. Sie strahlen eine bodenständige Ruhe aus, die mir fremd ist. Ich kann nie langfristig vorausdenken und habe keine Vorstellung davon, wo ich im Alter leben möchte. Das Gefühl des Verwurzeltseins existiert für mich ausschließlich im Jetzt. Mein ganzes Leben lang war ich dadurch etwas hin und her gerissen, es war eine Gratwanderung. Ich konnte nie richtig sesshaft werden, hatte immer nach einer Weile das Gefühl, mir neue Wege suchen zu müssen. Laut meinem Pass bin ich Deutsche. Ich fühle mich in der deutschen Sprache geborgen, meine Eltern sprachen Hochdeutsch mit mir. Ich las schon als Kind viel und verehre die Romantiker mit ihren wunderbaren Gedichten, unter anderem Eichendorff, wie er das Rauschen der Wälder beschreibt. Aber so vertraut mir die Sprache ist – Deutschland ist mir irgendwie fremd. Ich habe nie in Deutschland gewohnt und vermisse das Land auch nicht.

Meine Eltern, beide Deutsche, lernten sich in Venezuela kennen. Die ersten vier Jahre meines Lebens verbrachten wir dort, dann wurde mein Vater beruflich nach Bolivien versetzt. Mit sechs Jahren kam ich dort auf eine deutsche Grundschule. Das war wohl ungefähr der Zeitpunkt, als meine Eltern begannen, darüber nachzudenken, dass für mich die Perspektiven in Europa besser waren. Die höhere Ausbildung in Bolivien war begrenzt gut und die politische Sicherheit nicht gewährleistet. Schließlich begann mein Vater in Europa nach Arbeit zu suchen und nach etwa einem halben Jahr bekam er ein Angebot, das ihm zusagte. Ich war fast zehn Jahre alt, als wir in die Schweiz kamen und hatte zu dieser Zeit bereits dreimal das Land gewechselt.

Damals empfand ich Bolivien als Heimat. Ich hatte Schulfreunde dort, ein ganzes Kinderleben. An dem Tag, als wir das Land verließen, begann ich zu weinen und es gelang meinen Eltern nicht, mich zu beruhigen. Der Abschied war so schmerzhaft, dass ich ihn über viele Jahre nicht verwinden konnte. Sobald ich lateinamerikanische Musik mit diesen typischen Klängen der Quena, der Andenflöte, hörte, konnte ich die Tränen nicht zurückhalten. Während der Schulzeit und im Studium suchte ich immer Kontakt zu Südamerikanern. Ich dachte, wenn ich Anschluss fände, könnte ich vielleicht eines Tages dorthin zurückkehren. Vieles an Europa war mir vertraut. Meine Eltern hielten auch in Lateinamerika einen Teil unserer deutschen Tradition aufrecht, wir feierten Weihnachten mit einem Tannenbaum und Ostern mit bemalten Eiern. Nur die dazu passenden Jahreszeiten kannte ich nicht. In Bolivien auf 4000 Meter Höhe fühlt man sie praktisch alle an einem Tag: Nachts ist es kalt, wie im Winter, am Morgen geht der Reif weg und es wird Frühling, mittags ist es extrem heiß und abends beginnt der Herbst. In der Schweiz mochte ich den Herbst, wenn das Obst reif ist und meine Schulfreundin mich zu sich nach Hause einlud, um Herbstschmuck zu basteln. Besonders schön fand ich auch den Frühling, die Zeit, in der ganz Zug in Kirschblüten steht. Der Kanton ist berühmt für seine Kirschtorte und den Kirschschnaps.

Ich suchte nach Heimat und versuchte, mich anzupassen. Ich mochte das Verwurzelte, Bodenständige an der Schweiz. In der Schule sangen wir die traditionellen Volkslieder. Ich wollte so gern ein Teil der Schweiz werden, dass ich sogar meine zweite Muttersprache, Spanisch, zeitweilig vergaß. In Lateinamerika hatte ich außerhalb des Hauses immer Spanisch und zu Hause nur Deutsch gesprochen. Meine Mutter wollte sich in der Schweiz umgekehrt mit mir auf Spanisch unterhalten, aber ich weigerte mich, das kam mir künstlich vor. So verlor ich die Sprache beinahe vollständig und musste sie später mühsam wieder aufpolieren. Das Schulspanisch, das ich jetzt sprach, war härter und schneller als das weiche, ruhige lateinamerikanische Spanisch.

So sehr ich mein Leben in der Schweiz mochte, ich wurde nie richtig heimisch. Sie war mir zu eng. Heutzutage leben viel mehr Ausländer hier und die Atmosphäre ist inzwischen freier. Damals fühlte ich mich ständig von Konventionen zurückgehalten. Man geht nicht unangemeldet bei den Nachbarn vorbei, wie ich es aus Bolivien kannte, und in der Bahn verstummen die Gespräche und es ist still. Mich stießen die langen Gesichter ab, die man auch heute noch oft sieht. Die meisten Leute, die in Zug leben sind wohlhabend, es geht ihnen gut. Umso weniger verstand ich, dass vielen von ihnen jede Leichtigkeit abging und sie sich oft mit irgendwelchen Pseudoproblemen beluden. Ich wollte mich ausleben, spontaner sein. Ich ver-

misste die lebensfrohe Mentalität der Südamerikaner. Lateinamerika ist Seelenheimat für mich. Ich lese am liebsten die
Literatur und schaue mir die Filme von dort an. Der überwie-
gende Teil meiner Musik kommt aus Lateinamerika, und ich
tanze für mein Leben gern Zumba, weil es so fröhlich ist. Ich
bin glücklich, wenn ich tanze, ich spüre in dem Moment kör-
perlich, wie ich geerdet werde. Was sind dagegen die eher stei-
fen, europäischen Tänze, wo man die Hüften nicht bewegt?

Nach dem Abitur beschloss ich gemeinsam mit einer Freundin, zusammen ein Jahr lang durch Lateinamerika zu reisen
und zu jobben. Unter anderem arbeitete ich eine Weile in Venezuela, doch verbanden mich kaum noch Erinnerungen mit
diesem Land, die Bindung war aufgelöst. Ganz anders in Bolivien. Hier traf ich alte Bekannte, knüpfte an Erinnerungen an,
es war ein sehr emotionaler Besuch. Mein Vater verstand, wie
wichtig diese Abnabelung für mich war und kam während meines Aufenthaltes ebenfalls dorthin. Ich genoss das Jahr in vol-
len Zügen. Und doch stand danach für mich fest: Ich kann und
will nicht in Lateinamerika leben. Ich fand auch meine berufliche Perspektive in Europa überzeugender und beschloss, in
Zürich Biologie mit dem Schwerpunkt Verhaltensforschung
und Vögel zu studieren.

Es war befreiend diese Sehnsucht nach Südamerika mit der
Realität abzugleichen, so wie eine Buchseite, die ich endlich
umblättern konnte. Jetzt war die Zeit reif daran zu arbeiten, von
Europa aus eine Brücke nach Lateinamerika zu schlagen, um
es in Zukunft in mein Leben zu integrieren, ohne dort fest zu
leben. Intuitiv schlug ich diesen Weg ein, als ich noch während
des Studiums eines Tages allen Mut zusammennahm und einfach bei einem Reiseunternehmen vorbeiging, um mich vor-
zustellen. Es bot Touren an, die auf Natur spezialisiert sind.
Schon nach dem zweiten Jahr, das ich für dieses Unternehmen
arbeitete, fuhr ich das erste Mal als Reiseleiterin nach Costa
Rica. Es folgten bis heute unzählige weitere Touren nach Gala-

pagos, Brasilien, Ecuador, Argentinien und so weiter. Für mich sind sie essentiell. So, wie man ein bestimmtes Nahrungsmittel braucht, nähren diese Reisen meine Seele.

Mein Hauptwohnsitz war zu dieser Zeit noch in Zürich und Zug. Ich schrieb an meiner Doktorarbeit und zwischendurch leitete ich Vogelkurse und hielt Vorträge. 1992 bot sich mir die Möglichkeit in Extremadura (Spanien), in der Nähe des Nationalparks Monfragüe, ein Naturschutzzentrum für eine spanische Naturschutzorganisation zu leiten. Ich hatte gewisse Vorbehalte, aber Extremadura ist ein Mekka für Vogelliebhaber und die Landschaft ist von wunderbarer Ursprünglichkeit. Ich stand ein Jahr vor Abschluss meiner Dissertation und empfand es als einen Sprung vorwärts, dass ich jetzt meine Begeisterung für Natur mit der spanischen Sprache kombinieren konnte und das in Europa.

De facto war Spanien erst einmal etwas erschreckend. Die südamerikanische Heimat, die ich gesucht hatte, konnte ich dort nicht finden. Ja, die Landschaft und die Vogelwelt sind großartig, aber die Leute wirkten eher hart und verschlossen, genau das Gegenteil von dem, was ich von Bolivien gewohnt war. Nur langsam erarbeitete ich mir den Zugang zu Land und Menschen. Die Jahre in Spanien waren nicht einfach, aber mit den Kindern aus den Dörfern erreichten wir viel im Bereich Umweltbildung, realisierten internationale Workshops und tolle Projekte. Aber die Arbeit war mit viel Stress verbunden, denn Teamarbeit in Spanien ist kompliziert, weil die Kollegen sehr rau miteinander umgehen. Ich musste mich daran sehr gewöhnen.

Ich war in meinem Leben immer darauf angewiesen, auf andere Menschen zuzugehen, einerseits, weil ich mehrfach umzog, aber auch, weil das zu meinem Beruf als Biologin und Reiseleiterin gehörte. Auch in Spanien bemühte ich mich, den Menschen mit sehr viel Respekt zu begegnen, alle Beteiligten mit einzubeziehen. Die ersten Ausstellungen organisierte ich zusammen mit Frauen aus dem Dorf. Auf persönlicher Ebene war ich dadurch schnell gut verankert. Im Laufe der Jahre erkannte ich, dass die Menschen gerade in diesem sehr ländlichen Teil Spaniens in sich gekehrt, aber keineswegs abweisend sind. Als ich das einmal verstand, schloss ich enge Freundschaften, die bis heute halten und die Basis für meine regelmäßigen Besuche dort sind. Wenn ich heute privat nach Spanien fahre, geht es »in mein Dorf«, wie ich es nenne, ein 600-Einwohner-Ort. Das hat für mich etwas Heimatliches, gerade weil es so klein ist: Man kennt sich, grüßt sich. Ich tauche dort in die Dorfgemeinschaft ein.

Trotzdem war nach acht Jahren die Zeit reif zu gehen. Ich hatte meinen zukünftigen Mann, einen Holländer, kennengelernt und entschloss mich, zu ihm nach Holland zu ziehen. Ich habe meine Nachfolgerin eingearbeitet und konnte mich dann sehr positiv von dieser Arbeitsstelle lösen. Von Holland aus nahm ich die Arbeit als Leiterin für Naturstudienreisen bei dem Schweizer Unternehmen wieder auf. Von nun an deckte ich meine beiden Bezugspunkte mit den Reisen ab – Spanien und Südamerika.

Nach 14 Jahren in Holland brach ich wieder auf. Mein Vater starb 2012 und hinterließ mir unser Haus am Zugersee. Es ist wunderbar gelegen, dank der Aussicht auf den See, die mich entspannt wie kaum etwas anderes. Seit meiner Jugend war das mein Rückzugsrefugium. Ich nahm mir Zeit, alle Gegenstände meines Vaters zu sortieren, gab Bücher teilweise in Bibliotheken, verschenkte einiges und schmiss vieles weg. Dann konnte ich auch in Holland für mich auf gute Weise aufräumen, mein Mann und ich ließen uns scheiden. In das Haus meines Vaters zu ziehen, gab mir ein wohltuendes, beruhigendes Gefühl. Für meine aktuelle Lebensphase bedeutet das die beste Lösung. Es ist schön, meine Freunde in der Nähe zu wissen und sie zum Abendessen einladen zu können. Ich freue mich jeden Morgen, wenn ich nach dem Aufwachen den wunderbaren Ausblick genießen kann.

Trotzdem kann ich nicht sagen, dass die Schweiz nun meine einzige Heimat ist. Sie ist es nur in Kombination damit, dass ich regelmäßig Lateinamerika und Spanien besuchen kann. Wenn ich einmal längere Zeit am Stück in Zug bleibe, gehe ich regelmäßig zu meiner fröhlichen Zumbalehrerin aus Kolumbien. Das ist jedes Mal wie eine kleine Befreiung, ein freudiges Austoben. Zug ist ein Kompromiss, aber es gibt nun einmal keinen idealen Ort für mich, an dem ich den Eindruck hätte, alles zu haben, was ich brauche. Ich musste einen großen Umweg gehen, um trotzdem so etwas wie Heimat zu finden. Für mich liegt sie eben nicht an einem einzigen Ort, sondern in meinem selbst gestrickten Netz aus mehreren Heimaten.

Ich kann jederzeit meinen Koffer packen und weiterziehen

»Gute Koffer, die jede Misshandlung erdulden, sind wichtiger als Heimat.« *Joachim Riedl*

Ein sonniger Maitag, 15 Uhr, im Stadtpark Berlin-Steglitz. Ric kommt jeden Tag hierher und macht einen Spaziergang durch das bunte Blumenmeer. Seit der Tumoroperation vor wenigen Monaten hat er das Bedürfnis, sich immer wieder zu vergewissern, dass die Natur sich selbst heilen kann. Der 52-Jährige hat seinen Kampf gegen den Krebs offenbar gewonnen. Er ist braungebrannt und durchtrainiert. Auf den ersten und zweiten Blick könnte man meinen, Ric ruhe gelassen in sich selbst. Doch wenn der Latino beginnt, über seine Heimat zu reflektieren, wird deutlich, welche innere Zerrissenheit ihn umtreibt. Er grübelt: Hatte er je eine Heimat? Braucht er überhaupt eine Heimat? Was hindert ihn daran, Wurzeln zu schlagen?

Heimat bedeutet vor allem ein Gefühl der Zugehörigkeit.

Die Londoner Soziologieprofessorin Floya Anthias definiert »belonging«, also Zugehörigkeit, als das Teilen von Werten, Netzwerken und Praktiken. Und das bedeutet zugleich eine kollektive Grenzziehung – gegenüber denjenigen, die den sozialen Codes nicht folgen. Es gibt diejenigen, die dazugehören und diejenigen, die nicht in das von der Gruppe gezeichnete Heimatbild passen. Am einfachsten ist das bei Zugezogenen zu beobachten, die bei allem Integrationswillen die Codes (noch) nicht beherrschen. Aber auch jemand, der aus der Norm seines Herkunftsortes herausfällt, sich bewusst oder unbewusst den Anforderungen des Kollektivs nicht beugt, obwohl er sich ihrer bewusst ist, kann von der Gemeinschaft abgelehnt werden.[16]

Ric ist ein solcher Outsider. Ric ist schwul. Seine Familie lebt in San Diego. Beide Eltern sind Latinos, die Mutter ist zudem überzeugte Zeugin Jehovas. Indem ihr Sohn seine Sexualität offen auslebte, verstieß er elementar gegen die Normen und Werte nicht nur seiner Familie, sondern auch des Umfelds, in dem die Familie lebte. Schon als junger Mann verließ er deshalb sein Zuhause. Ein ganz normaler Konflikt zwischen Eltern und Sohn? Vielleicht. Aber für Ric ging damit der schmerzhafte Verlust seiner Heimat Hand in Hand. Er hatte keine Wahl. Nicht er verließ seine Heimat, sondern seine Heimat verschloss sich vor ihm.

≫RIC: Als ich von meinen deutschen Freunden das erste Mal das Wort Heimat hörte, fragte ich sie: Was genau ist das denn? Alle sagten mir: Man kann das nicht wirklich übersetzen! Ich schloss daraus, dass Heimat ein speziell deutsches Konzept ist. Aber bedeutet das etwa, dass für uns Nichtdeutsche Heimat eine geringere Rolle spielt? Wir sagen in Amerika: »Zuhause ist da, wo dein Herz ist.« Die Deutschen sagen, Heimat ist mehr als ein Zuhause. Was also ist es, ein geografischer, ein spiritueller, ein emotionaler, ein historischer Ort? Sind es die Möbel, dein Bett? Ist es dein Garten? Oder deine Art zu kochen? Ich bin Schauspieler und Tänzer. Ich denke viel über meinen Körper nach, diese Schale um ihn herum, die meine Haut ist. Ich glaube, Heimat ist für mich nur diese kleine Art Muschel und das Leben, das sie trägt.

Die Zeit, die andere Leute mit Heimat verbinden, Kindheit und Jugend zu Hause bei der Familie, war für mich nicht schön. Wenn ich Fotografien von mir selbst als Kind anschaue, erschrecke ich, wie unglücklich ich darauf aussehe. Ich war sehr schüchtern und einsam. Ich fühlte, dass ich anders war, als die anderen Kinder. Vergeblich suche ich in meinem Gedächtnis nach besseren Zeiten, an die ich mich erinnern könnte. Glücklich war ich eigentlich nur, wenn ich tanzte oder schauspielerte.

Schon als Kind empfand ich eine tiefe Liebe zum Theater. Meine Mutter liebte Musicals, wir hatten als Familie viele zusammen gesehen. Deshalb war sie zunächst begeistert, dass ich Schauspieler werden wollte. Zumindest, solange ich im sicheren Rahmen der Familie davon träumte und mit meinen Schwestern und Freunden Theaterstücke in unserem Garten aufführte. Aber in dem Moment, als ich anfing, wirklich Schauspiel zu studieren, begann ich gleichzeitig, mich von meiner Familie zu entfernen.

Ich wurde in Kalifornien, in San Diego geboren. Mein Vater war Amerikaner mexikanischer Herkunft, geboren in Arizona. Die Gemeinde, in der er aufwuchs, war durch und durch mexikanisch und sehr konservativ. Seine Familie war eine der ärmsten in der ganzen Stadt. Die amerikanischen Bewohner dieser kleinen Bergwerksstadt waren voller Vorurteile gegenüber den Mexikanern. Mein Vater war dadurch tief verletzt und hatte eine Wut in sich, einen bitteren Groll gegenüber den Nordamerikanern. Er hatte die amerikanische Staatsbürgerschaft, konnte sich aber nicht mit der Mehrheitskultur identifizieren, weil diese ihn ablehnte. Sein ganzes Leben lang kämpfte er damit, sich selbst zu akzeptieren. Er sah sich als Mexikaner und als »echten Mann«: »Du musst Leiden und Schmerzen klaglos ertragen können! Du musst für deine Familie sorgen! Du musst dich männlich zeigen!«

Er war Geologe und suchte nach Bodenschätzen wie Ölquellen oder Gold, unter anderem einige Jahre lang im kolumbianischen Urwald. Er war begeistert von Kolumbien, vor allem, weil er dort als Mexikaner überhaupt nicht auffiel. Ich glaube, deshalb verliebte er sich in eine Kolumbianerin aus Medellin, meine Mutter. Sie verstand nie, warum mein Vater so viele Vorbehalte gegenüber den weißen Amerikanern hatte. Ihre Familie war auch sehr, sehr arm. Aber dadurch hatten ihre Probleme in der Jugend eher etwas mit Klassenzugehörigkeit zu tun – du trägst die falsche Kleidung, du hast nicht die richtige Ausbildung. Von Rassismus war sie nicht betroffen. Sie war glücklich, durch ihn in Amerika leben zu können.

Meine Mutter war sehr konservativ katholisch erzogen worden, hatte aber bereits als junge Frau große Zweifel an dieser Religion. Ich war etwa zehn Jahre alt, als sie zu den Zeugen Jehovas konvertierte und damit meine Schwestern und ich ebenfalls. Von da an war mein ganzer Alltag von dieser Religionsgemeinschaft geprägt. Mein ganzes Umfeld, alle meine Freunde und meine Familie, waren Zeugen Jehovas. Nur meinem Vater gelang es, sich zu entziehen.

Ich war etwa 13 Jahre alt, als ich begann, Tanz- und Schauspielunterricht in einem Kindertheater vor Ort zu nehmen und Jugendliche kennenzulernen, die nichts mit den Zeugen Jehovas zu tun hatten. Meine Mutter wurde misstrauisch, und ich musste ihr hoch und heilig versprechen, dass ich nicht zulassen würde, dass das Theater mein religiöses Leben verändere. Ich log sie nicht bewusst an, aber tief innerlich glaubte ich schon in diesem Moment nicht mehr an mein Versprechen. Ich suchte nach Wegen, aus dieser repressiven Gemeinschaft auszubrechen.

Irgendwann in der Pubertät begann ich zu begreifen, dass ich schwul bin. Das bedeutete einen doppelten Konflikt für mich. Meine konservative Familie würde mich niemals verstehen. Vor allem aber würden meine Schwestern und meine Mutter den Kontakt zu mir abbrechen müssen, wenn ich als getaufter Zeuge Jehovas eine Sünde begehen würde – indem ich Sex mit einem Mann hätte. Deshalb entschied ich mich, die Zeugen Jehovas zu verlassen, kurz bevor ich getauft wurde. Auch wenn ich den wahren Grund damals nicht erklärte, verstand meine Familie, dass ich dabei war, meinen eigenen Weg zu gehen.

Erst als ich mit meinem besten Freund zusammen nach Los Angeles zog, um an der Südkalifornischen Universität Schauspiel zu studieren fing ich an, mich gegenüber einzelnen Leuten zu outen. Mein Freund war ebenfalls schwul, meine erste große Liebe, aber wir waren nie ein Paar. Dennoch war unsere harmlose Wohngemeinschaft schuld, dass es zum Eklat mit meiner Mutter kam. Irgendwie hatte sie herausgefunden, dass er homosexuell war und forderte: »Halt dich fern von ihm, er ist pervers!« Wir stritten uns heftig. Und in diesem Wortgefecht warf ich ihr dann an den Kopf: »Übrigens, ich bin auch schwul!« Sie war völlig schockiert, einfach sprachlos.

Schwul zu sein, bedeutete für meine Familie pervers zu sein. Ich hätte ebenso gut als Prostituierter arbeiten oder Sex mit Hunden oder Kindern haben können. Meine Eltern konnten das überhaupt nicht akzeptieren. Das bekam ich furchtbar zu spüren, als ich nach einem Jahr in Los Angeles nicht das Geld hatte, weiterhin die Universität zu besuchen und vorübergehend, etwa ein halbes Jahr, wieder zu Hause wohnen musste. Ich hatte es als ungemein befreiend empfunden, mich gegenüber anderen zu outen – und jetzt schickte meine Familie mich zu einem Psychologen, damit er mich vom Schwulsein heilte.

Die schweren Kämpfe mit meiner Familie zogen sich über viele qualvolle Jahre hin. Es gab eine Phase in meinem Leben, da dachte ich, ich müsste einfach vollständig und für immer die Beziehung zu meinen Eltern abbrechen. Damals schloss ich mit dem Thema Heimat ab. Ich beschloss, alle Sachen, die ich noch im Haus meiner Eltern hatte, wegzuwerfen. Es war ein psychisch und sogar physisch schwieriger Akt, ich fühlte mich bleiern schwer. Aber ich schwor mir: »Nein, halte nicht an der Vergangenheit fest! Von jetzt an willst du dich nur an der Zukunft orientieren!« Das halte ich bis heute so: Ich kann alles leichten Herzens zurücklassen, auch Beziehungen zu Freunden oder Kollegen.

Ja, ich suchte nach einer Heimat. Durch all diese Ängste und die schwierige Beziehung zu meiner Familie trage ich dauernd eine diffuse Traurigkeit mit mir herum und eine tiefe Einsamkeit. Ich war immer ein schüchterner, isolierter Mensch, aber gleichzeitig sehne ich mich danach, mich mit einer Gemeinschaft zu verbinden. Als Künstler und Theatermensch habe ich mir immer eine Art »Familie« gewünscht. Minneapolis war in dem Sinne meine künstlerische Heimat. Ich war Ende 20 als ich dorthin zu einem Ensemble eingeladen wurde. Ich konnte eine Menge meiner Ideen verwirklichen und entwickelte meine eigene künstlerische Stimme. Außerdem bewegte ich mich frei in der Schwulenszene der Stadt. Ich fand in Minneapolis meine Identität: als Künstler, als schwuler Mann und als Latino. Seither suchte ich eigentlich mein Leben lang wieder ein solches Umfeld, fand es aber nie mehr.

Vielleicht war es ein Fehler, nach New York zu gehen. Ein Regisseur hatte mir dort eine Stelle als Schauspieler in einem Ensemble angeboten. New York ist eine interessante, inspirierende Stadt. Zunächst lief alles toll, ich fand Freunde und das neue Umfeld war sehr anregend. Als mein Engagement auslief, beschloss ich, dennoch zu bleiben. Das war völlig naiv. In New York reicht es nicht, ein guter Schauspieler zu sein. Man muss mehrere Fähigkeiten haben, um zu überleben. Ich konnte nicht einmal eine Wohnung bezahlen und schlief abwechselnd bei Freunden. Ich war verzweifelt, durchforstete ständig die Zeitungen nach Jobs und irgendeinem billigen Zimmer, machte im Schwulen- und Lesbencenter Aushänge, fragte alle Bekannten. Einmal landete ich sogar in einer Unterkunft am Chelsea Hotel, wo die Säufer und Obdachlosen leben, in kleinen Containern mit Hängeschlössern an der Tür. Ich war über mich selbst entsetzt: »Bin ich wirklich so tief gefallen?« Mühsam rappelte ich mich auf, trainierte mir zusätzliche Fähigkeiten an und begann, Schauspiel zu unterrichten.

In dieser Zeit traf ich Martin. Er studierte Theologie und verbrachte ein Auslandsjahr in New York. Wir wurden ein Paar. Das war kompliziert. Immer trug er als katholischer Geistlicher diesen Konflikt mit sich, dass er eigentlich keine Beziehung haben durfte. Ich wurde sein großes Geheimnis, viele Jahre lang. Am Anfang war mir das egal. Er gab mir sehr viel Unterstützung. Er war als Freund immer für mich da, und wir wuchsen unglaublich eng zusammen. Das war das erste Mal, dass die Schauspielerei mir nicht mehr das Wichtigste war. Martin ist der Mann meines Lebens. Ich hatte wirklich das Gefühl, in ihm endlich eine Heimat gefunden zu haben.

Wegen Martin kam ich nach Deutschland und wuchs durch ihn in die deutsche Kultur hinein. Meine ersten Besuche waren wunderbar, ich traf nur wohlwollende Menschen. Martin stellte mich seinen Freunden vor und sie nahmen mich sofort an. Ich hatte niemals den Eindruck, ich wäre ein Fremder oder würde abgelehnt. Alle Menschen, die ich traf, öffneten ihre Herzen für mich, die meisten sprachen Englisch mit mir, obwohl ich das nicht erwartete. Natürlich sehe ich mittlerweile, dass es alle Arten von Menschen in Deutschland gibt. Aber dieses Grundgefühl, dass die Deutschen so nett zu mir waren, habe ich immer behalten.

Aber am Ende entschloss Martin sich gegen unsere Liebe und für ein Leben mit der Kirche. Wir wohnten noch zusammen, als er mir sagte, er würde doch Priester werden. Offiziell war unsere Beziehung damit vorbei, aber im Grunde war ich weiterhin sein heimlicher Geliebter und nur ein ganz enger, eingeweihter Kreis durfte von mir wissen, drei Jahre lang. Das nagte furchtbar an meinem Selbstwertgefühl. Vor zwei Jahren habe ich es endlich geschafft, diese Beziehung zu beenden.

Damit habe ich auch diese Heimat wieder verloren. Eigentlich hatte ich in Deutschland nichts mehr zu suchen, aber ich wollte mir erst einmal darüber klar werden, was ich als Nächstes tun will. Berlin und Deutschland sind nicht perfekt, aber im Moment ist es für mich sinnvoll, hier zu sein. Ende November vergangenen Jahres, einen knappen Monat, nachdem mein Vater gestorben war, diagnostizierten die Ärzte bei mir Krebs. Dadurch brauchte ich plötzlich mehr Sicherheiten, gute Ärzte in meiner Nähe, eine Wohnung, in der ich mir selbst etwas Kochen kann. Ich bin in Amerika nicht krankenversichert. Ich habe mich dort immer ganz selbstverständlich zu Hause gefühlt – aber gerade in dieser Notsituation konnte ich nicht auf dieses Zuhause zählen.

Es ist paradox: Ich glaube, ich suche eigentlich mein Leben lang nach einer Heimat. Aber gleichzeitig kann ich überall leben, habe keinen Plan und brauche nicht viel. Ich wohne in einem sehr kleinen, spärlich eingerichteten Raum, besitze nur wenige Bücher und fast alle Dokumente sind in meinem Laptop abgespeichert. Nur von ein paar Kleinigkeiten, die mir Martin gab, kann ich mich nicht trennen. Ein paar kleine Delfine aus Glas, weil ich den Ozean so liebe, ein Blechherz, das er einmal auf der Straße fand. Für andere ist das Müll, aber für uns bedeutet es etwas. Wenn ich mich in Berlin einmal nicht mehr wohl fühle, kann ich jederzeit meinen Koffer packen und weiterziehen. Mit meiner ganzen Habe zog ich von Berlin-Kreuzberg nach Berlin-Steglitz auf dem Gepäckträger meines Fahrrads um. Ich habe vor vielen Dingen Angst, aber nicht davor, ganz von vorn anzufangen.

Heimat
IST DA, WO EINEN
DIE NACHBARN GRÜSSEN

Zur Willkommenskultur in Deutschland

Fast täglich berichtet das Fernsehen von menschlichen Tragödien, und das Leid der Flüchtlinge veranlasst viele Bürger zu helfen. Es könnte der Beginn einer neuen Willkommenskultur sein.

Timman ma\' Tamr, Batata Mahschi bi-Dadschdsch oder Ka\'k Tamr wa Fustuq Halabi – gegen eine Spende können Neugierige diverse irakische Gerichte probieren und währenddessen erklären Gian und ihre Freundinnen gern, wofür ihr Hilfswerk Hawar! (Hilfe!) die gesammelten Gelder nutzen wird. Die entspannte Trödelmarktatmosphäre am »Tag des guten Lebens« im wohlsituierten Kölner Stadtteil Sülz scheint zu gefrieren, als Gian von ihrem Besuch bei vom Islamischen Staat missbrauchten yezidischen Frauen in Düsseldorf erzählt oder von der Unterdrückung der Minderheiten wie Christen, Yeziden, Schabak oder Kakai durch den irakischen Staat, die sie zur Flucht nach Europa zwingt. Hawar! wurde gegründet, um irakischen Flüchtlingen zu helfen, sich in Deutschland zu orientieren.

Gian ist selbst Yezidin aus dem Irak. Die 24-Jährige erinnert sich noch sehr gut an das einfache Leben auf dem Dorf, das die achtköpfige Familie aus Sicherheitsgründen nur selten verließ. Sie war etwas über zehn Jahre alt, als ihre Familie nach Deutschland floh. Die ersten Monate waren für die sehr traditionell geprägte Familie schwierig. Ihre Mutter war froh, dass die Töchter nun Zugang zu Bildung hatten. Der Vater aber tat sich zunächst schwer mit der Emanzipation seiner Kinder. »Wir mussten den Spagat schaffen zwischen unserer eigenen und der modernen, freizügigen Kultur des Westens«, erinnert sich Gian. Sie war sehr dankbar, dass sie dabei der Verein Kölner Appell gegen Rassismus unterstützte. Freiwillige halfen den Kindern bei den Hausaufgaben, unternahmen Ausflüge mit ihnen, berieten die Eltern bei Behördengängen. Auch ihre Lehrerin stand Gian tatkräftig zur Seite. »Ich werde diesen Menschen nicht vergessen, dass sie sich so selbstlos für uns eingesetzt haben«, sagt die junge Frau: »Das hat uns ungemein dabei geholfen, uns in Deutschland zu integrieren.«

Gian spricht mittlerweile Deutsch als sei es ihre Muttersprache, hat einen international gemischten Freundeskreis und studiert Wirtschaftswissenschaften und Politik auf Lehramt.

Nun, wo sie etabliert ist, will sie ihre guten Erfahrungen an ihre neu ankommenden Landsleute weitergeben. Seit der neunten Schulklasse engagiert sie sich im Kölner Appell. Als der Islamische Staat 2014 eine neue Flüchtlingswelle aus dem Irak auslöste, gründete sie unter dem Dach des Kölner Appells die Organisation Hawar! und ist seither deren Geschäftsführerin. Das verlangt sehr viel Einsatz von ihr – dieses Wochenende sammelt sie in Sülz Spenden, nächste Woche begleitet sie eine irakische Familie bei einer Wohnungsbesichtigung und mit einer anderen geht sie zusammen zum Ausländeramt. Trotz des Zeitaufwands macht ihr die selbstgewählte Aufgabe sichtlich Spaß.

Susanne Rabe-Rahman, Leiterin des Fachdienstes für Migration und Integration der Caritas Köln, hat ihre Freude an Geschichten wie dieser von Gian. Sie bestätigen ihre Erfahrung, dass es einen deutlichen Unterschied bei der Integration der Flüchtlinge macht, wie sie anfänglich aufgenommen wurden. Sie sagt: »Es ist eine gute Investition, den Neuankömmlingen positive Erfahrungen zu vermitteln.« Wer Hilfe erfahren hat, als er sie brauchte, sei stärker motiviert, sich später selbst zu engagieren. Ihr fallen viele Beispiele ein: der arabische Schneider, der jetzt in der Kleiderkammer hilft oder der Computerspezialist, der eine arbeitslose Migrantin dabei unterstützte, sich online zu bewerben. Entscheidend sei, dass man sich verlässliche soziale Netzwerke aufbaue. »Alle, nicht nur die Flüchtlinge, machen die Erfahrung: Wenn man gute Kontakte in der Nachbarschaft hat, unterstützt man sich gern gegenseitig.«

Dieser gute Kontakt ist leider keineswegs selbstverständlich, viele Deutsche lehnen Flüchtlinge ab. Rechtsradikale und »unreflektierte Rechtsgesonnene«, wie Rabe-Rahman sie nennt, demonstrieren gegen den Zuzug von Ausländern und bereits mehrfach setzten Extremisten Asylantenheime in Brand. Gibt es bereits zu viele Flüchtlinge in Deutschland oder sollten die Grenzen viel weiter geöffnet werden? Ist es richtig, sogenannte Wirtschaftsflüchtlinge abzuschieben, auch wenn in ihrem Heimatland die Not so groß ist, dass sie ihr Leben riskiert haben, um nach Europa zu kommen? Soll die EU mehr Geld in die Sicherung der Außengrenze investieren oder lieber in die Rettung von Bootsflüchtlingen auf dem Meer? Was soll mit den politischen Flüchtlingen geschehen, wenn sich die Situation in ihrem Land wieder beruhigt hat? Darf man Familien »abschieben«, auch wenn die Kinder so viele Jahre in Deutschland verbracht haben, dass sie es als Heimat sehen? Und wie soll man mit denjenigen umgehen, die Deutschland gerade nicht als Heimat sehen, sondern nur als sicheren Hafen, den sie vielleicht sogar kulturell und politisch ablehnen? Die deutsche Gesellschaft ist in diesen Fragen zutiefst gespalten.

Befeuert wird die Diskussion durch die täglich wachsende Flüchtlingszahl und den Kommunen, die kaum mit dem Bau von Unterkünften nachkommen. Der Krieg in Syrien, die Terroraktionen des Islamischen Staates im Irak, die menschenfeindliche Diktatur in Eritrea, der Terror der islamistischen Gruppierung Boko Haram in Nigeria – es gibt viele und ständig neue Gründe für Menschen weltweit, sich auf die Flucht zu begeben. Das sichere, wohlhabende Europa ist dabei ein begehrtes Ziel. Die Zahlen sind nicht konstant, sondern steigen je nach Krise. Im Jahr 2015 wurde gleich zu Beginn des Jahres die Zahl der zu erwartenden Flüchtlinge von 300 000 auf 550 000, später auf 750 000 korrigiert. In den ersten drei Monaten des Jahres 2015 zählte das Bundesamt für Migration mehr als doppelt so viele Flüchtlinge wie im Vorjahr.

In Köln wurde im Februar 2015 deutlich, dass etwa 6000 Notunterkünfte fehlten. Trotz eiliger Beschlüsse und Baubeziehungsweise Umbaumaßnahmen blieb die Situation unbefriedigend. Die Menschen schlafen teilweise auf Feldbetten und in riesigen Hallen, wie einer alten Turnhalle oder einem leerstehenden Praktikermarkt. Für die Migranten ist der Anblick oft maßlos enttäuschend, weiß Susanne Rabe-Rahman zu berichten: »Ihre Ankunft im reichen Deutschland haben sich die meisten anders vorgestellt.« Sie vermutet, dass der kleine Schock durchaus politisch gewollt ist: »Die Flüchtlingspolitik ist da sehr ambivalent. Einerseits wollen wir die Menschen auffangen, andererseits sollen sie es nicht zu gemütlich haben, damit sie willig sind, wieder zurückzukehren, wenn ihr Asylgesuch abgelehnt wird.«

Dass Immigranten vielfach nicht nur für einen begrenzten Zeitraum kommen, sondern sich im Zufluchtsland eine Zukunft aufbauen wollen, diese Erfahrung machten deutsche Politiker in den 70er Jahren. Während des »Wirtschaftswunders« nach dem Zweiten Weltkrieg war der Mangel an Arbeitskräften so groß, dass aus Italien, Griechenland und der Türkei sogenannte Gastarbeiter angeworben wurden. Als die Ölpreiskrise zu einer Rezession führte, beendete man das Anwerben. Doch die erhoffte Abwanderung der Zugewanderten blieb aus. Längst war für deren Kinder Deutschland zur Heimat geworden. Seither wurde Neuankömmlingen der Zugang zum Arbeitsmarkt erschwert – bis vor Kurzem durften Asylantragsteller erst Jobs suchen, wenn ihr Antrag angenommen war. Wessen Duldung für Jahre immer nur verlängert wurde, der war damit für Jahre arbeitslos.

Um sich beheimaten zu können, muss man sich engagieren dürfen. Diese Erkenntnis ist längst Konsens unter den Parteien aller *couleur*. Die zwangsverordnete Arbeitslosigkeit führt zu weiterer Ausgrenzung und dient gern als Argument, wenn Asylsuchende als »Sozialschmarotzer« verunglimpft werden. Deshalb wird an der Gesetzgebung gefeilt: Seit November 2014 darf ein Flüchtling nach drei Monaten eine Stelle annehmen – allerdings nur, wenn sie nicht von einem Deutschen, einem EU-Bürger oder einem anerkannten Flüchtling besetzt werden kann. Erst nach 15 Monaten fällt diese Einschränkung weg. Hat er eine Ausbildung in seinem Heimatland gemacht, wird diese in der Regel nicht anerkannt oder die Papiere müssen aufwendig übersetzt und beglaubigt werden. »Die meisten Flüchtlinge sind hoch motiviert und wollen am liebsten sofort arbeiten. Aber Deutschland ist formalistisch und bürokratisch, alles kostet sehr viel Zeit«, kritisiert Rabe-Rahman.

Auch große Wirtschaftsunternehmen klagen darüber. Daimler etwa forderte im Juni 2015, dass der Zugang zur Arbeit erleichtert werden müsse. Gerade der vermeintliche »Weckruf« des Autokonzerns zeigt aber auch wieder das Paradoxon der Flüchtlingspolitik. Kritiker sehen darin einen Versuch, möglichst billige Arbeitskräfte zu finden und womöglich den Mindestlohn zu unterwandern. Auch Rabe-Rahman warnt: »Wer gleich auf den Arbeitsmarkt geschickt wird, kann sich nur eine Beschäftigung suchen, bei der er weder die deutsche Sprache noch eine Ausbildung braucht – es bleiben die Jobs, die niemand machen will«. Gerade bei jungen Leuten sei aber wichtig, dass sie die Sprache lernen und eine Berufsausbildung machen können, denn nur so könnten sie in der deutschen Gesellschaft mithalten und auf Dauer unabhängig von sozialen Leistungen leben.

Je jünger ein Immigrant ist, umso größer die Hoffnung, dass er sich integrieren und vielleicht in Deutschland eine zweite Heimat finden wird. Während der Wertekatalog der Erwachsenen bereits in der Heimat geprägt wurde, sind Jugendliche noch formbar. Werden sie von der Mehrheitsgesellschaft abgelehnt und sehen keine berufliche Perspektive, können sich schnell ethnische Gruppen bilden, die sich von den deutschen Werten abwenden. Gern weisen Flüchtlingsgegner auf die Kriminalitätsrate und religiösen Fanatismus unter jugendlichen Ausländern hin. Die wichtigste Aufgabe der Willkommensinitiativen sieht Rabe-Rahman deshalb darin, Zugang zu den ethnischen Gruppen zu halten, kein Vakuum zuzulassen, in das die Werber der extremistischen Gruppen vorstoßen können.

Rund zwei Jahre haben die Mitarbeiter des Trägers Auf Achse Zeit, um minderjährige unbegleitete Flüchtlinge »fit« für den deutschen Alltag zu machen, ihnen die demokratischen Grundwerte und die wichtigsten Verhaltenskodexe zu vermitteln. Die meisten sind 16 Jahre alt, wenn sie ankommen. Wer es mit 18 noch nicht geschafft hat, in eine eigene Wohnung zu ziehen, muss ins Asylantenheim – ein deutlicher Rückschritt.

Aus den Notunterkünften werden sie möglichst schnell auf »Verselbständigungsheime« verteilt, in denen sie mit anderen Jugendlichen in kleinen Wohneinheiten zusammen leben. Von Anfang an werden sie an allen Prozessen, die das Wohnheim betreffen, beteiligt. Jede Woche finden Versammlungen statt, auf denen Probleme oder Verbesserungsvorschläge diskutiert werden. Cordula Götz, Regionalleiterin von Auf Achse in Köln, erinnert sich an einen jungen Mann, der über all die Diskussionen klagte – das Leben sei viel einfacher gewesen, als der Vater ihm noch eine Ohrfeige gab, wenn er etwas falsch machte. Die Betreuer dagegen überlassen möglichst viele Entscheidungen den Jugendlichen selbst. Fehlverhalten strafen sie mit der Kürzung von Benutzungszeiten für das Internet – dem wichtigsten Kommunikationsmittel der Flüchtlinge.

Die Betreuer sind eine strenge Ersatzfamilie, die so viel Freiheit wie möglich und so viel Lenkung wie nötig gibt. Die Jugendlichen erfahren schnell, wo sie günstig Lebensmittel und Kleidung einkaufen können, dass sie im Herbst für warme Winterkleidung sorgen müssen oder welche Rolle die Frau in der deutschen Gesellschaft spielt. In den meisten Herkunftsländern sorgen Frauen für den Haushalt – und die Jugendlichen erwarten dementsprechend, dass die weiblichen Betreuerinnen die Toiletten putzen. Es ist ein schwieriger Lernprozess, dass sie selbst diese »schmutzige« Arbeit erledigen müssen. Gern wird sie an diejenigen abgetreten, die in der Heimhierarchie am niedrigsten angesehen sind. Auch hier steuern die Betreuer energisch gegen. Nur wer begreift, welche Hierarchien in Deutschland funktionieren – und welche eben nicht – ist auf Augenhöhe mit den Deutschen und kann sich integrieren. Götz ist überzeugt: »Unsere Aufgabe ist hoch politisch!«

Sie hält nichts von »Sozialromantik«, es helfe allen Seiten mehr, wenn die Realität nicht verkannt würde. Deutschland ist ein Einwanderungsland und damit sind eben auch Probleme verbunden. Hinter fast jedem Flüchtling stehen ein oder meist mehrere Schleuser, ein hervorragend organisiertes Netz wie bei einem Staffellauf. Das Leid anderer ist ein sehr einträgliches Geschäft, der Markt ist hart umkämpft. Und natürlich gibt es unter den Flüchtlingen auch solche, die überhaupt nicht integrationswillig sind. Manche Jugendliche kommen bereits hoch delinquent in Deutschland an, weiß Götz aus Erfahrung. Auf Achse hat immer wieder auch mit regelrechten »Straßenkindern« zu tun, die seit Jahren durch Europa tingeln und gelernt haben, zu überleben – mit Kioskeinbrüchen, Überfällen und Drogenhandel. Sie sagt: »Nicht alle Menschen, die hierher kommen, sind gut und nicht alle haben dieselbe Definition wie ich von gut.«

Aber die meisten jugendlichen Flüchtlinge, mit denen sie es zu tun hat, sind voller Tatendrang und Ehrgeiz. Das fällt vor allem im Zusammenleben mit den deutschen Jugendlichen in den Einrichtungen von Auf Achse auf. »Die wissen oft überhaupt nicht zu schätzen, welche Möglichkeiten ihnen in Deutschland geboten werden«, sagt die ausgebildete Soziologin. Die Flüchtlinge aber kommen ja gerade wegen dieser Möglichkeiten. Die Hoffnungen ihrer Familie begleiten und motivieren sie. Sie haben ein volles Tagesprogramm, morgens gehen sie zu einem Integrationskurs, mittags besuchen sie einen zusätzlichen Sprachkurs, nachmittags arbeiten sie vielleicht noch in einer Praktikumsstelle. Götz ist überzeugt: »Diese Leute werden die Gesellschaft mittragen.«

Sich wirklich integrieren, vielleicht sogar eine Heimat in Deutschland finden, können sie jedoch nur, wenn es ihnen gelingt, sich auch ein soziales Umfeld zu schaffen, in dem sie respektiert und angenommen werden. Integration kann nur teilweise von den Flüchtlingen geleistet und überhaupt nicht vom Staat verordnet werden. »Heimat ist da, wo einen die Nachbarn grüßen«, sagt Susanne Rabe-Rahman.

Mit Handschlag begrüßen sich die Besucher des Asyl-Cafés, einer ehrenamtlichen Initiative in Hürth, einer kleinen Stadt bei Köln. Die Sonne strahlt, deshalb treffen sich heute alle im Park. Etwa 20 Leute sind gekommen, ein bunter Haufen aus aller Herren Länder sitzt auf Liegematten, knabbert Kekse und Nüsse, trinkt Kaffee und Cola. Es wird viel gelacht, die Kinder spielen Federball, Fußball, Rugby. Die meisten lernen gerade erst Deutsch, deshalb helfen ehrenamtliche Coaches und Übersetzer aus möglichst vielen Sprachen bei der Kommunikation. Alle nennen sich nur beim Vornamen – das macht es einfacher.

Zögerlich kommen ein paar Dunkelhäutige näher, Eritreer, wie sich herausstellt. Schüchtern stehen sie herum, bis Michaela sie auf Englisch anspricht und damit tatsächlich Erfolg hat. Schnell findet sich ein Eritreer in der Gruppe, der seit einigen Monaten in Michaelas Deutschkurs ist und die Neuankömmlinge vorstellen kann. Kurz darauf sitzen sie mit im Kreis, als ob sie schon ewig dazugehörten. Walid, ein Syrer, hat zwei Briefe von deutschen Ämtern mitgebracht, die er noch nicht verstehen kann. Geduldig wartet er darauf, dass ihm jemand bei der Übersetzung hilft. Leider ist Khalid der einzige andere Syrer, und der ist auch gerade erst in Deutschland angekommen und spricht nur ein wenig Englisch. Shakir, der quirlige junge Kurde aus dem Irak, ist das Bindeglied zu den anderen. Er spricht sehr gut Deutsch und versteht ein bisschen das syrische Arabisch. Er lacht gern und viel, ruft »Habibi« (Schätzchen), wenn er einen der jungen Männer anspricht, lehnt sich vertraut auf Walids Bein, als seien sie alte Freunde. Radebrechend versuchen alle, Khalid zu helfen, das Anmeldeformular für den ehrenamtlichen Deutschunterricht auszufüllen.

Khalid würde am liebsten auf der Stelle beginnen, Deutsch zu lernen und ist enttäuscht, dass er warten muss, bis in zwei Wochen ein neuer Anfängerkurs beginnt. Vier Lehrer mit jeweils einem Helfer organisieren die Kurse, vier oder sechs Stunden pro Woche, unentgeltlich. Der Staat bezahlt erst Deutschkurse, wenn das Asylgesuch anerkannt ist, was dauern kann. Das zermürbt die Menschen, egal, ob sie am Ende anerkannt oder abgeschoben werden. Michaela weist auf Khalid: »Jetzt ist er energiegeladen und motiviert. Wenn die Menschen monatelang tatenlos warten mussten, fehlt ihnen dieser Elan.« Das Leben in den Flüchtlingsunterkünften ist eintönig, bis auf das gemeinsame Mittagessen gibt es keine Termine.

Der Deutschkurs und das Asyl-Café sind daher für viele ein Fixpunkt, auf den sie sich freuen. Hier fragt niemand, ob ihr Asylantrag berechtigt ist oder nicht, das diskreditierende Wort »Wirtschaftsflüchtling« stößt nur auf Verwunderung. Diese politischen Entscheidungen muss das Amt treffen. Die ehrenamtlichen Helfer aber strecken jedem eine hilfreiche Hand entgegen und die respektvoll-fröhliche Atmosphäre, die sie im Asyl-Café geschaffen haben, ist ihr Lohn. Denn nicht nur wer wohlwollend aufgenommen wird, auch derjenige, der hilft, erfährt dadurch ein Stück Heimat, ist Susanne Rabe-Rahman überzeugt: »Viele Menschen in Deutschland fühlen sich isoliert und suchen nach etwas, wo sie sich gemeinsam mit anderen engagieren können. Die Flüchtlingshilfe fördert auch die eigene Nachbarschaftlichkeit und damit das Gefühl von Heimat.« Gian würde dem völlig zustimmen. »Diese deutsche Kultur des Miteinanders ist für mich Nächstenliebe«, sagt sie. Im Irak würde die Diskriminierung der Minderheiten dafür sorgen, dass jeder nur für sich kämpfe. Die junge Irakerin will mit ihrer Hilfsorganisation Hawar! weit mehr erreichen, als nur in einer akuten Notsituation zu helfen. Sie will ihren Landsleuten zeigen, wie viel man ehrenamtlich zusammen erreichen kann: »Solange die Menschen miteinander und nicht gegeneinander leben, kann überall Heimat entstehen.«

VON DER SUCHE NACH
Heimat

Nicht jeder, der nach Deutschland kommt, sucht hier eine neue Heimat. Manch einer mag den Rückfahrschein im Gepäck haben: Wird der Job langweilig, scheitert die neue Beziehung oder ist sie gerade so gut, dass der Partner bereit ist mitzugehen, kann man jederzeit nach Hause zurückkehren. Vielen Migranten ist der Weg zurück allerdings verwehrt. Die Erwartungen an die neue Wahlheimat sind hoch, zeigen die Gespräche mit Flüchtlingen. Aber es ist nicht leicht, sich neu zu beheimaten. Oft misslingt es auch. Und manchmal gelingt es wiederum auf sehr ungewöhnliche Weise.

Auf der Flucht

»Wo Menschen ihrer Umgebung nicht sicher sind, weil sie ständig Irritationen ausgesetzt sind, wird Heimat zerstört«, resümierte einer der führenden Heimatforscher, der Kulturwissenschaftler Professor Hermann Bausinger.[17] Er zielte maßgeblich auf Umweltzerstörung und die Macht von Großinvestoren. Aber wie groß muss erst die Irritation für diejenigen sein, die ihr Leben riskieren, um ihre Heimat zu verlassen, die sich kriminellen Schleusern anvertrauen und in maroden Booten über das Meer nach Europa kommen? Was bedeutet Heimat, wenn sie gerade kein Gefühl von Geborgenheit gibt?

Etwa 60 Millionen Menschen befinden sich weltweit auf der Flucht, gab das Flüchtlingshilfswerk der Vereinten Nationen (UNHCR) im Juni 2015 bekannt, und die Zahlen wachsen weiterhin rasant. Die UNHCR ist alarmiert, nicht einmal nach dem Zweiten Weltkrieg wurden solche Massenwanderungen gezählt. Die Hauptlast tragen die Entwicklungsländer, denn die meisten Flüchtlinge bleiben im eigenen Land oder in Übergangslagern in den Nachbarländern und hoffen, dass sie bald in ihre Heimat zurückkehren können. Nur etwa 400 000 Flüchtlinge gelangen bis nach Europa. Wer es bis dorthin schafft, hat dort das Recht, menschenwürdig behandelt und geschützt zu werden. Niemand darf in sein Land abgeschoben werden, wenn dort sein Leben oder seine Freiheit bedroht ist. 147 Länder, darunter alle EU-Mitgliedsstaaten, haben die Genfer Flüchtlingskonvention unterschrieben, mit der bereits 1951, nach den Vertreibungserfahrungen des Zweiten Weltkrieges, versucht wurde, einen internationalen Konsens darüber zu erreichen, dass Flüchtlinge nicht ausgewiesen oder zurückgewiesen werden dürfen. Die Konvention stärkt die Rechte der Immigranten: Religionsfreiheit, Recht auf Bildung, Recht auf Arbeit, Bewegungsfreiheit. Und sie legt umgekehrt auch fest, dass Flüchtlinge die Gesetze und Bestimmungen des Gastlandes respektieren müssen. Vor allem aber legt die Konvention fest, wer eigentlich ein Flüchtling ist. Sie besagt, dass einer Person dann der Flüchtlingsstatus zusteht, wenn sie »aus der begründeten Furcht vor Verfolgung wegen ihrer Rasse, Religion, Nationalität, Zugehörigkeit zu einer bestimmten sozialen Gruppe oder wegen ihrer politischen Überzeugung sich außerhalb des Landes befindet, dessen Staatsangehörigkeit sie besitzt, und den Schutz dieses Landes nicht in Anspruch nehmen kann oder wegen dieser Befürchtungen nicht in Anspruch nehmen will«.[18] Diese Einschränkung spielt für die aufnehmenden Länder eine große Rolle, denn andere Migranten, die aus freien Stücken ihr Heimatland verlassen, etwa weil die wirtschaftliche Situation dort schlecht ist, können durchaus abgewiesen werden.

Ghana galt noch vor wenigen Jahren als Krisengebiet, heute wird es als »sicheres Herkunftsland« eingeschätzt und damit können die Bootsflüchtlinge, Menschen, die teilweise mehrere Jahre lang auf der Flucht waren, in ihre Heimat abgeschoben werden. Als im Frühjahr 2015 aus Albanien regelrechte Flüchtlingsströme nach Westen aufbrachen, forderten CDU und SPD gleichermaßen, es zu einem sicheren Herkunftsland zu erklären, um die Abschiebung zu vereinfachen und zu beschleunigen. 30 Prozent Arbeitslosigkeit, ständige Stromausfälle besonders im Winter, Wasserknappheit, Versorgungsprobleme der Landbevölkerung – all das sind keine ausreichenden Gründe, in der EU aufgenommen zu werden. Ein despektierlicher Unterton schwingt mit, wenn Albaner, Kosovaren oder Ghanaer »Wirtschaftsflüchtlinge« genannt werden.

Letztlich nämlich ringen die europäischen Staaten darum, möglichst wenig Flüchtlingen Zuflucht gewähren zu müssen. Über 507 Millionen Einwohner hat die Europäische Union, so dass 400 000 Flüchtlinge nur einen Bruchteil ausmachen und ohne Probleme versorgt werden können. Trotzdem machen sich überall in Europa Überfremdungsängste breit, mit denen populistische Politiker geschickt spielen. »Ängste vor angeblichen Massenbewegungen von Flüchtlingen in den Industrieländern sind stark übertrieben«, mahnte der UN-Hochkommissar für Flüchtlinge, António Guterres, bei der Präsentation des Berichts »UNHCR mid year trends 2015« in Genf.

Doch auch in Deutschland gibt es immer wieder Demonstrationen gegen den Zuzug von Ausländern, Übergriffe auf Flüchtlingsunterkünfte und auch tätliche Angriffe auf Ausländer. Über zwölf Millionen Deutsche wurden nach dem Zweiten Weltkrieg aus den ehemals deutschen Siedlungsgebieten vertrieben, viele der heutigen Flüchtlingsgegner haben also selbst Vorfahren, die darauf angewiesen waren, in Deutschland angenommen zu werden und sich ein menschenwürdiges Leben – eine neue Heimat – aufbauen zu können.

»Heimatlose sind Fremdlinge auf dieser Welt«, hielten die Landmannschaften 1950 in ihrer »Charta der deutschen Heimatvertriebenen« fest und leiteten daraus ein Recht auf Heimat ab. Bis heute wurde dieses Recht nie offiziell anerkannt, vermutlich unter anderem, weil revisionistische Forderungen nach einer Rückkehr in die – mittlerweile polnische oder tschechoslowakische – Heimat gefürchtet wurden. Der Menschenrechtler Alfred de Zaya argumentiert, dass das Heimatrecht erst die Voraussetzung für viele Menschenrechte ist – wie Versammlungsfreiheit, Meinungsfreiheit, Berufsfreiheit und viele mehr. Ohne Sesshaftigkeit gäbe es keine Staaten, keine Kultur, keine Architektur, keine Kunst.[19]

Inzwischen können die Vertriebenen und ihre Kinder und Enkel jederzeit ihre ehemalige Heimat in Schlesien, Ostpreußen oder dem sogenannten Sudetenland besuchen – zurückgekehrt ist jedoch nur ein winziger Bruchteil von ihnen, eine Handvoll Abenteuerlustiger. Fast alle haben längst ihre Heimat im heutigen Deutschland gefunden und die Kultur der Bundesrepublik entscheidend mitgeprägt. Ob uns dieser Erfolg auch mit den heutigen Flüchtlingen gelingt?

Ich habe Gott gesehen

»Für ein Schiff ohne Hafen ist kein Wind der richtige.«
Lucius Annaeus Seneca

Ich treffe Charles vor den verschlossenen Türen des Hürther Asyl-Cafés. Der Ghanaer und seine kleine Tochter sind zu spät, die Helfer und ihre Gäste haben das Gebäude verlassen, vermutlich sitzen sie alle gemeinsam im nahe gelegenen Park in der Sonne. Beleidigt verzieht die Kleine das Gesicht. Sie hatte sich auf Apfelsaft und Kekse gefreut, erklärt Charles lachend. Wenn der 45-Jährige lacht, blitzen die Augen in seinem rundlichen Gesicht belustigt. Charles ist ein fröhlicher Mensch und diese Fröhlichkeit, sein Gottvertrauen, weiterzugeben ist seine Mission. Er spricht nur Englisch, doch seine Tochter hat im Kindergarten bereits sehr gut Deutsch gelernt. Wenn der Papa von seiner Hoffnung spricht, den Deutschen den Weg zurück zum Glauben zu zeigen, verdreht sie die Augen und sagt altklug: »Ach, das schon wieder«, und Charles grinst belustigt.

Trotzdem besteht kein Zweifel daran, dass Charles seinen selbstgewählten Auftrag sehr ernst nimmt. Es wird schnell deutlich, dass ihm sein Glaube hilft, die Unsicherheit der vergangenen Jahre zu verkraften. Auch in Deutschland ist Charles noch nicht in Sicherheit.

Ghana wird als vorbildliche Demokratie in Afrika gesehen, auch die wirtschaftliche Lage wird als gut bewertet. Zwar leben immer noch 28 Prozent der Bevölkerung unter der Armutsgrenze von 1,25 US Dollar pro Tag, aber im Jahr 2005 waren es noch über 50 Prozent. Für Charles, der unter der von Ökonomen festgelegten Armutsgrenze lebte, bleibt unverständlich wieso Ghana als »sicheres Herkunftsland« gilt und Flüchtlinge nach deutscher Gesetzeslage zurückgeschickt werden können.

Er selbst und seine Familie müssen damit rechnen, zunächst nach Italien gesendet zu werden, wo sie als Bootsflüchtlinge erstmals europäischen Boden betraten. Charles hat es aufgegeben, sich darüber Sorgen zu machen. »Ich vertraue darauf, dass Gott mir hilft, die Aufenthaltsgenehmigung in Deutschland zu bekommen«, sagt er: »Und wenn Gott mich woanders hin schickt, werde ich weiterziehen.«

»CHARLES: Ich liebe Deutschland! Hier leben die Menschen in Frieden und Freiheit, und ich möchte, dass auch meine Kinder mit dieser Geisteshaltung aufwachsen: selbstbewusst, gebildet, tolerant, frei. In Ghana gibt es zwei Sorten von Menschen, Verbrecher und Sklaven. Die Politik wird von Kriminellen bestimmt. Sie bringen ihre eigenen Leute in die besten Positionen und greifen nur nach Geld. Manchmal habe ich das Gefühl, sie haben das ganze Land an ausländische Investoren verkauft und dabei selbst sehr gut verdient. Gleichzeitig aber sieht man überall auf den Straßen kleine Kinder, die schwere Lasten tragen und Waren am Straßenrand verkaufen, statt in die Schule zu gehen. Diese kleinen, schwachen Rücken werden schon so früh für das ganze Leben verbogen. Wenn man Hunger hat, kann man sich nicht entwickeln. Ich bin als Sklave groß geworden, aber meine Kinder sollen sich eine freie, glückliche Zukunft aufbauen können.

Heimat? Ich weiß mit diesem Wort nicht viel anzufangen. Was ist Ghana für eine Heimat, wenn man dort ständig Angst um sein Überleben haben muss? Es ist ein reiches Land, wir haben viele Bodenschätze wie Gold, Diamanten und vor allem Öl, wir produzieren Kakao, der weltweit verkauft wird. Unser Präsident John Dramani Mahama wird sogar von der Bundeskanzlerin Angela Merkel empfangen. Aber die normale Bevölkerung fühlt nichts vom Reichtum des Landes. Die Ghanaer leiden. Und nur deshalb trifft man sie überall in der Welt. Ich wäre nicht hier in Deutschland, wenn ich in Ghana hätte leben können. Ghana bedeutet mir nichts, ich habe kein Heimweh danach. Meine Kindheit war nicht schön, ich denke nicht gern daran zurück. Ich wuchs in einem Dorf im Osten des Landes auf. Mein Vater war sehr streng mit mir. Alles musste ich mir selbst hart erkämpfen. Erst als meine Mutter starb, begriff ich, warum: Er war nicht mein leiblicher Vater. Sie hatten geheiratet, als ich noch sehr klein war. Als sie starb, warf seine Familie mich aus dem Haus. Ich stand plötzlich vor dem Nichts und wusste nicht, wohin. Ohne Besitz und ohne die Unterstützung durch die Familie, kann man in Ghana kaum überleben.

Ich war ehrgeizig, brachte mir selbst Englisch bei und machte einen internationalen Führerschein für Lastwagen und Busse. Aber egal wie viel ich arbeitete, es reichte immer nur für ein Leben von der Hand in den Mund. Es war gar nicht daran zu denken, dass ich eine Familie hätte ernähren können. Ich hänge nicht an materiellen Dingen. Als religiöser Mensch glaube ich an ein Leben nach dem Tod und dort zählt weltlicher Reichtum nicht. Aber auch ich verdiene, ein glückliches Leben zu führen. Deshalb beschloss ich, das Land zu verlassen.

Nein, ich bin kein politischer Flüchtling. Ich ärgere mich darüber, dass ich in Deutschland ständig danach gefragt werde. Politische Flüchtlinge bekommen sofort eine Aufenthaltsgenehmigung, dabei bin ich überzeugt, dass sie dem Land viel mehr Probleme bringen werden, weil sie ihre Konflikte nach Deutschland tragen. Mit dem Geld, das sie vom Sozialamt erhalten, finanzieren sie den Widerstand in ihren Heimatländern oder sie bekämpfen sogar hier ihre Gegner. Nie sind sie zufrieden. Wir dagegen sind einfach dankbar, wenn wir etwas Geld verdienen können, genug zu Essen haben und unsere Kinder zur Schule gehen dürfen. Wieso schickt Europa Menschen zurück, die doch einfach nur überleben wollen?

Ich habe Gott gesehen. Ich verbrachte dreizehn Tage auf einem Boot zusammen mit 28 anderen Flüchtlingen im Mittelmeer. Unser Motor fiel aus, und wir trieben auf dem Wasser, bis uns die italienische Grenzpolizei aufgriff. Nach wenigen Tagen hatten wir keine Nahrung mehr, dann ging das Trinkwasser aus. Wir waren mit 29 Personen gestartet, fünf starben. Sie wurden einfach über Bord geworfen. Ich war wie in Trance, hatte keinerlei Hoffnung mehr. Wenn Gott nicht auf mich aufgepasst hätte, wäre auch ich gestorben. Seither vertraue ich fest darauf, dass er mir den Weg zeigen wird.

Heute bin ich ein glücklicher Mensch. In Italien lernte ich meine Frau, ebenfalls eine Ghanaerin, kennen. Für sie war es noch viel komplizierter, nach Europa zu kommen. Sie wurde gezwungen, ihre Schulden bei den Schleppern als Prostituierte abzuarbeiten. Das System in Italien ist völlig korrupt, sehr viele Leute verdienen an uns Flüchtlingen, und wir konnten auch der Polizei nicht vertrauen. Also flohen wir zusammen aus Sizilien nach Deutschland, in unser gelobtes Land.

Seit fast einem Jahr sind wir jetzt hier. Einen Monat lang lebten wir in einem Flüchtlingsheim in München mit vielen anderen zusammen, dann wurden wir von Stadt zu Stadt in unterschiedliche Asylantenheime geschickt. Jetzt haben wir ein winziges Appartment, unsere Kinder schlafen auf dem Flur, meine schwangere Frau und ich im einzigen richtigen Zimmer, das auch unser Wohnzimmer ist. Wir können keinerlei Pläne machen, solange wir nicht wissen, ob wir in Deutschland bleiben dürfen. Ich habe eine Sondergenehmigung, arbeiten zu gehen, aber ohne Beziehungen ist es für uns Ausländer fast unmöglich, einen Job zu finden. Ich kenne noch nicht viele Leute hier und niemanden, der mir bei der Suche helfen könnte. Mein Führerschein ist international gültig, doch ohne Sprachkenntnisse kann ich die meisten Fahrertätigkeiten nicht ausführen. Das Sozialamt finanziert mir einen Deutschkurs, aber ich mache kaum Fortschritte. Während des Unterrichts scheine ich alles zu begreifen, doch wenn ich nach Hause komme, habe ich alles Gelernte wieder vergessen. Ich befürchte, mein Kopf ist einfach von all dem Erlebten kaputt.

Die Unsicherheit ist anstrengend für meine Familie. Was sollen wir tun, wenn unser Asylantrag abgelehnt wird? Ich will nicht darüber nachdenken. Die Bibel sagt: Du sollst deinen Nächsten lieben. Ich bin euer Nächster und ich bitte euch um Hilfe. Wenn ihr mir die Tür nicht öffnet, muss ich wieder gehen. Wenn Gott mich woanders braucht, werden wir unseren Weg fortsetzen. Wenn er aber bestimmt, dass ich bleiben kann, werde ich bleiben und versuchen, mein Bestes für dieses Land zu geben.

Ich sehe meine Aufgabe darin, den Menschen in Deutschland spirituell zu helfen. Obwohl sie in Wohlstand leben, gibt es so viele Krankheiten und seelisches Leiden. Die Deutschen können nicht mehr an Wunder glauben. Ich dagegen habe erfahren, dass es diese Wunder gibt, dass Jesus uns erlösen kann. Wenn du an ihn glaubst, ihm fest vertraust, wird alles in Erfüllung gehen, so wie mein Traum in Erfüllung gegangen ist, Ghana zu verlassen, nach Europa zu kommen und eine Familie zu gründen. Ich möchte gern mit Kranken, Alten, Waisen arbeiten, möchte über die Liebe Gottes predigen. Auf diese Weise kann ich Deutschland etwas zurückgeben, wenn es mich aufnimmt.

Deutschland ist ein großartiges Land, es atmet den Geist des Friedens. Ich glaube, das ist eigentlich alles, was wir Menschen brauchen: Liebe und Frieden. Deutschland gibt mir das Gefühl von Sicherheit. In meiner Familie in Ghana herrschte ständig unterschwellig Angst, sogar in der eigenen Wohnung – Angst, sich nicht finanzieren zu können, Angst, sich gegen die Ungerechtigkeit aufzulehnen. Meine Kinder sind der Samen, den ich auf der Erde hinterlasse. Gerade weil mein Vater mich nicht liebte, möchte ich dafür umso besser für meine Kinder sorgen. Und wo könnte ich das besser, als in Deutschland? Für mich bedeutet Heimat nichts, aber ich bete, dass meinen Kindern Deutschland Heimat sein wird.

Sobald es geht, will ich zurück in meine Heimat

»Erst die Fremde lehrt uns, was wir an
der Heimat besitzen.« *Theodor Fontane*

Gut gekleidet, ebenmäßiges Gesicht, ein kleines Kinnbärtchen
und eine randlose Brille. Nasir sieht aus wie ein junger Banker.
Er gehört zu den Vorzeigeschülern der Hürther ehrenamtlichen Sprachschule für Flüchtlinge. Der 23-Jährige lernt zügig
und fast spielerisch Deutsch, jedes neue Wort greift er auf, fragt
nach, benutzt es im nächsten Satz. Wenn es im Alltag einmal
hakt, schaltet er um in fließendes Englisch. Es wäre kaum überraschend, würde er sich als Austauschstudent vorstellen. Aber
Nasir hat nicht einmal ein Abitur. Denn im Iran wird er als
Afghane sowieso nicht zur Universität zugelassen. Nasirs
Eltern flohen aus Afghanistan in den Iran, als Nasir neun
Monate alt war. Er kann sich nicht an sein Geburtsland erinnern. Doch im Zufluchtsland Iran fühlte er sich so wenig willkommen, dass er es niemals als seine Heimat bezeichnen
würde.

Schätzungsweise zwei Millionen Afghanen leben im Iran.
Seit Jahren kritisiert die Organisation Human Rights Watch,
dass ihre Menschenrechte dort massiv verletzt werden. Sie
bekommen keine Papiere, verrichten meist schwarz harte körperliche Arbeit für wenig Geld, leben in primitivsten Unterkünften. Die lebensfeindliche Situation in ihrem Land macht
sie für Diskriminierung und Ausbeutung anfällig. Afghanistan
ist seit dem Einmarsch der Russen im Dezember 1979 im
Grunde im dauerhaften Kriegszustand. 1989 zogen sich die
russischen Truppen zurück, aber das Land versank im Chaos.
Keine politische Gruppierung konnte sich durchsetzen, ab
1992 tobte ein Bürgerkrieg. In großen Teilen des Landes übernahmen die Taliban die Macht und errichteten einen funda-

mentalistischen Gottesstaat. 2001 entschieden die Amerikaner zu intervenieren, weil die Terrorgruppierung al Quaida nach dem Anschlag auf das World Trade Center am 11. September 2001 in Afghanistan Unterschlupf gefunden hatten. Seit 2014 ziehen sich die Truppen der NATO Schritt für Schritt aus dem Land zurück, aber die Situation ist keineswegs stabil. Die Zahl der getöteten Zivilisten stieg wieder sprungartig an, die meisten sind Kinder und Frauen. Die Vereinten Nationen rechnen damit, dass die Sicherheitslage für sie noch schlechter wird. Nasir hebt resigniert die Schulter: »Im Iran kann ich nicht leben. Aber in dieser Situation kann ich auch nicht nach Afghanistan.«

» NASIR: Ich kenne meine Heimat gar nicht. Ich war neun Monate alt, als meine Eltern mit mir aus Afghanistan in den Iran flohen. Sie sahen keine andere Möglichkeit, aber auch im Iran ging es uns nie gut. Es gibt dort keinerlei Rechte, keinerlei Perspektiven für Afghanen. Es ist seltsam – acht Jahre lang kämpften die Afghanen Seite an Seite mit den Iranern gegen den Irak, trotzdem geht es heute Irakern besser im Iran als uns. Ich ging neun Jahre lang zur Schule. Ich hätte gern weiter gelernt, aber ich konnte das Schulgeld nicht mehr bezahlen. Zu den Universitäten werden wir Afghanen eh nicht zugelassen. Sie geben uns keine Ausweispapiere, damit sie uns jederzeit aus dem Land deportieren können. Meine Eltern hatten zumindest einen afghanischen Pass – aber das hilft auch nicht. Ohne gültige Papiere konnte ich mir keine Arbeitsstelle suchen, nicht einmal eine SIM-Karte darf man ohne Personalausweis kaufen.

Mein Vater arbeitet schwarz auf dem Bau, sein Gehalt ist sehr gering. Wenn ihm etwas passiert oder er krank wird, bekommt er kein Geld. Wir machen uns große Sorgen um ihn, er ist jetzt 56 Jahre alt und wird diese harte, körperliche Arbeit nicht mehr lange leisten können. Es gibt keine Sozialhilfe wie in Deutschland und auch keine Versicherung. Egal, wie schlecht er sich fühlt, er muss immer dafür sorgen, dass er die Miete für das Haus und die Lebensmittel bezahlen kann. Wir sind acht Geschwister. Jetzt helfen meine Brüder und Schwestern ihm; aber als wir Kinder waren, litten wir oft Hunger. Es kommt öfter vor, dass seine Auftraggeber ihm einfach sein Gehalt nicht auszahlen. Sie haben immer irgendwelche Gründe dafür – er hätte nicht gut gearbeitet oder sei unzuverlässig. Auch wenn das überhaupt nicht stimmt, hat er keinerlei rechtliche Möglichkeiten, sich gegen diese Ungerechtigkeit zu wehren.

Meine Familie träumte immer davon, eines Tages nach Afghanistan zurückgehen zu können. Aber in unserem Land herrscht seit Dezember 1979, seit die Russen einmarschierten, fast ununterbrochen Krieg. Die Weltmächte erwecken gern den Eindruck, dass wir Afghanen selbst Schuld daran sind, dass eigentlich ein Bürgerkrieg zwischen den einzelnen Stämmen herrsche. Aber das stimmt nicht. Es ist ein reiches Land, wir haben Erdöl, Gas, Schmucksteine und Erze und vor einer Weile wurde Lithium entdeckt. Dadurch haben Russland und Amerika und auch einige arabische Länder Interesse an Afghanistan und haben in den Konflikten eine sehr unrühmliche Rolle gespielt.

Ich bin das vierte Kind meiner Eltern. Meine Mutter war schwanger mit mir und stand gerade in der Küche und war beim Spülen, als unweit vom Haus eine Granate explodierte. Durch das Küchenfenster hindurch wurde sie von einem Granatsplitter in den Bauch getroffen. Alle, auch die Ärzte, dachten, ich sei tot. Sie brachten meine Mutter nach Pakistan, um dort den Splitter heraus zu operieren. Aber dort fiel auf, dass ich noch lebte. So musste die Operation bis nach meiner Geburt verschoben werden. Als ich auf der Welt war, kehrte sie mit mir nach Afghanistan zurück, aber nur für neun Monate. Dann flohen meine Eltern mit uns vier Kindern nach Teheran.

In Afghanistan hat mein Vater als Lehrer gearbeitet, aber die Russen zerstörten sein Leben. Sein Cousin war ein Stammesfürst und hatte eine ganze bewaffnete Truppe hinter sich. Er bot meinem Vater mehrfach an, dass er mit ihnen kämpfen könnte. Aber der wollte keine Waffen in seinen Händen halten. Er ist und bleibt ein Intellektueller, auch wenn das Leben ihn daran gehindert hat, Professor zu werden. Unsere Bildung war ihm sehr wichtig, er hat uns immer ermahnt, so viel wie möglich zu lernen. Meine Brüder und ich konnten trotzdem nie im Iran Fuß fassen. Immerhin haben zwei meiner Schwestern gute Berufe: Die eine arbeitet als Stylistin für Brautpaare, sie richtet die Braut vor der Hochzeit stundenlang her. Das ist ein sehr angesehener und auch gut bezahlter Beruf. Die andere schreibt Drehbücher für das Fernsehen. Sie sind mit Iranern verheiratet und kamen dadurch an Ausweisdokumente.

Für junge, afghanische Männer dagegen gibt es überhaupt keine Perspektive im Iran. Deshalb unterstützte mich meine Familie mit allen Mitteln dabei, nach Deutschland zu fliehen. Sie alle hoffen, dass ich hier studieren kann. Ich bin noch jung, jetzt kann ich noch etwas aus meinem Leben machen. Soll ich etwa meine Zukunft als illegaler Bauarbeiter planen? Nein, ich will Architekt werden. Gute Architekten braucht man überall auf der Welt und vielleicht kann ich in diesem Beruf später auch in Afghanistan beim Wiederaufbau helfen. Ich möchte gern so viel Geld verdienen, dass ich meinen Vater unterstützen kann und er nicht mehr arbeiten muss. Ich selbst brauche nicht viel. Ich will einfach ein gesundes, frohes Leben führen ohne täglich Angst zu haben, dass ich morgen meine Wohnung nicht mehr bezahlen kann. Das war in Teheran nicht möglich.

Ich mag Deutschland sehr. Ich muss grinsen, wenn manche sagen, die Deutschen seien ausländerfeindlich. Die Iraner sind wirklich rassistisch. In Deutschland dagegen habe ich als Ausländer das gleiche Recht, wie die Deutschen. Ich werde Papiere bekommen, eine Arbeit suchen, an einem Deutschkurs teilnehmen können. Bisher bin ich nur respektvoll und sehr hilfsbereit aufgenommen worden. Es ist mir egal, wenn einzelne Leute vielleicht nicht nett zu uns sind. Ich vertraue auf das System hierzulande, dass es mich schützt. Ich kenne kein anderes Land, in dem die Menschenrechte so hoch geschätzt werden. Es ist großartig, hier zu leben.

Ich suche Sicherheit, Frieden und eine Perspektive in Deutschland – aber keine Heimat. Sobald es wieder möglich sein wird, nach Afghanistan zurückzugehen, werde ich meinen Koffer packen. Mein Name Nasir bedeutet: Der Helfer und Beschützer. Und ich möchte gern beim Wiederaufbau meines Landes helfen. Aus den Erzählungen meiner Eltern und unserer Landsleute weiß ich, wie reich unsere Kultur früher war, wie friedvoll die Menschen miteinander lebten. Auch wenn ich dort noch nie war, ist in meinem Herzen fest verankert: Afghanistan ist meine Heimat.

Ich will einfach nur in Frieden leben

»Ja, ich verachte meine Heimat, aber es gefällt mir
überhaupt nicht, wenn es ein Fremder tut.«
Alexander Sergejewitsch Puschkin

Khalid könnte ein Sunnyboy aus einem Hollywoodfilm sein. Der 21-jährige Syrer ist muskulös und selbstbewusst und wenn er lächelt, zeigt er ein strahlend weißes Gebiss. Er lacht oft, vor allem über sich selbst und die Fehler, die er noch im Deutschen macht. Auch Khalid nimmt am ehrenamtlichen Deutschunterricht in Hürth teil, obwohl alle anderen im Kurs viel weiter sind. Er ist erst wenige Wochen in Deutschland und bisher ist sein Vokabular sehr beschränkt. Tapfer folgt er trotzdem konzentriert dem anstrengenden Unterricht und wo immer es möglich ist, versucht er, ebenfalls eine Frage zu beantworten. Manchmal hilft ihm dabei sein Tischnachbar aus Eritrea. Und dann kichern beide wie fröhliche Schuljungen. Auch wenn er von seiner Heimat erzählt, strahlt Khalid oft und lächelt sogar noch, während er von Krieg und Tod in Syrien spricht. Nicht einmal, wenn er seinen Hass auf das Regime Baschar al-Assads bekundet, verschwindet diese scheinbare Leichtigkeit aus seinem Gesicht und man kann sich schwer vorstellen, dass Khalid überhaupt jemanden hassen kann. Dieser lebenshungrige junge Mann hat einen sehr eigenen Weg gefunden, den Schrecken des Erlebten nicht an sich heranzulassen.

Seine Heimat verlor Khalid schon vor Jahren: Anfang 2011 eskalierte der zunächst friedliche Protest im Rahmen des Arabischen Frühlings in Syrien zum bewaffneten Konflikt, der zunächst gerne als Bürgerkrieg tituliert wurde, obwohl schnell klar wurde, dass ausländische Interessensgruppen involviert waren und zahllose Söldner und ihre Waffen aus dem Ausland kamen. Ein Großteil der syrischen Zivilbevölkerung geriet dadurch zwischen zwei Fronten.

Schätzungen des Flüchtlingshilfswerks UNHCR zufolge haben über die Hälfte der Syrer ihr Zuhause verlassen, um in friedliche Regionen zu ziehen: 6,5 Millionen von ihnen innerhalb Syriens selbst, 3,96 Millionen in Nachbarstaaten und bisher etwa 105 000 in Deutschland. Aleppo wurde zum Symbol des Terrors gegen die Zivilbevölkerung. Aus Rache gegen die Rebellen, die 2012 große Teile der Stadt besetzten, ließ Assad die Stadt bombardieren. Es gibt Zeugnisse von Giftgasbomben ebenso wie von Fassbomben. Der Krieg gehört seither zum Alltag in Aleppo. Khalid versuchte als Lastwagenfahrer dennoch so etwas wie Normalität zu leben. Immer weniger war das möglich. Aleppo zählte im Jahr 2005 noch 2,3 Millionen Einwohner, seither ist über die Hälfte geflohen. Als sein Elternhaus zerstört und seine Eltern getötet wurden, beschloss auch Khalid zu gehen.

>>KHALID: Du fragst mich nach Heimat? Ich komme aus Aleppo. Das war einmal eine wunderschöne Stadt. Wir waren stolz darauf, dass bei uns Muslime und Christen, Kurden und Aramäer zusammenlebten. Aber seit 2012 herrscht dort Krieg, wir werden immer wieder beschossen. Mittlerweile ist die ganze Altstadt zerstört. Jeden Tag musste ich fürchten, erschossen zu werden. Was soll das für eine Heimat sein?

Ich vermisse meine Familie schrecklich. Hier, schau mal, diese Bilder in meinem Mobiltelefon gucke ich mir täglich an. Mein Vater und meine Mutter lachen auf der Hochzeit meiner Schwester zusammen in die Kamera. Das war ein wunderschönes Fest, ein paar Stunden lang fühlten wir uns, als ob Frieden herrschen würde. Kurz darauf starben meine Eltern und meine Schwester bei einem Luftangriff der Regierungstruppen. Die Bombe fiel direkt auf unser Haus.

Ich hasse das Regime von Baschar al-Assad. Es ist ihm völlig egal, wie viele Zivilisten sterben. Ich bin mir sicher, auch ich wäre früher oder später umgekommen, wenn ich dort geblieben wäre. Ich werde nie wieder nach Syrien zurückkehren. Hier, auf diesem Foto siehst du meinen Bruder mit seiner Familie. Sie leben noch in Aleppo. Das Baby, das er in den Armen hält, wurde erst geboren, nachdem ich Syrien verlassen hatte. Ich würde es so gern einmal kennenlernen. Seit ich geflohen bin, konnte ich nur einmal mit meinem Bruder telefonieren, damals schickte er mir auch dieses Bild. Seither ist die Leitung tot.

All die Kriegsjahre haben wir durchgehalten. Aber als unser Haus zerstört war, war ich auch noch obdachlos. Meine Geschwister unterstützten mich dabei, nach Europa zu kommen. Es gibt keine Besserung in Syrien, und ich will nicht mein ganzes Leben im Krieg verbringen. Einen Monat lang war ich unterwegs. Ich floh zunächst nach Libyen, und von dort kam ich mit einem Boot über das Meer. Wir saßen eng nebeneinander, auch Frauen mit Kindern waren an Bord, sogar Säuglinge.

Ich habe das mit meinem Telefon fotografiert, denn das würde mir sonst niemand glauben. Das Boot war uralt und kurz vor der Küste ging der Motor kaputt. Wir trieben im Wasser, bis wir von der italienischen Küstenwache aufgegriffen wurden. In Italien gibt es keine Arbeit, überhaupt keine Perspektiven. Deshalb machte ich mich sofort auf den Weg nach Deutschland.

Ich möchte so schnell wie möglich Deutsch lernen. Die Stadt bezahlt mir erst einen Kurs, wenn geklärt ist, ob ich eine Aufenthaltsgenehmigung bekommen werde. Ich will nicht so lange warten, sondern habe gefragt, ob ich an dem Kurs der ehrenamtlichen Lehrer teilnehmen darf. Die anderen Schüler sind schon länger hier und verstehen viel mehr, ich komme im Unterricht nicht richtig mit, aber ich will so viel wie möglich Deutsch hören. Ich fühle mich sehr wohl in Deutschland. Was für ein wunderbarer Frieden hier herrscht. Ich hoffe von Herzen, dass es meine Heimat wird.

Heimatlos

»›Ich bin‹ als Selbstdefinition der Identität bedarf des ›dorthin gehöre ich‹«, konstatierte die Kulturanthropologin Ina-Maria Greverus[20], die sich Anfang der 70er Jahre als eine der ersten Wissenschaftlerinnen für eine Rehabilitierung des Heimatbegriffs einsetzte. Werte, Traditionen, das Zugehörigkeitsgefühl zu den Landsleuten, Mitbürgern, Nachbarn, die Erinnerung an vertraute Landschaften und die Vorliebe für eine bestimmte Küche – all das reist mit, wenn Menschen ihre Heimat verlassen und ein neues Zuhause suchen. Fühlt sich der Migrant in seiner Wahlheimat wohl und hat einen neuen Ort der Zugehörigkeit gefunden, wird die Heimat oft idealisiert und mitunter zu einer Bildvorlage für nostalgische Abende oder fröhliche, sentimentale, vielleicht auch traurige Gespräche mit Gleichgesinnten.

Dmitrij, ein Russlanddeutscher, fühlt sich aber gerade nicht wohl in der deutschen Gesellschaft, in die er als junger Mann kam. Und auch Schahrsad empfand die Flucht zusammen mit ihrer Mutter und ihren Geschwistern nach Deutschland als eine Art Vertreibung aus dem Paradies ihrer Kindheit. Beide emigrierten nicht aus eigenen Stücken, sondern die Eltern hatten sich dafür entschieden, ihr Land zu verlassen. Drago, der Sinto aus dem ehemaligen Jugoslawien, kam als Erwachsener, aber auch er verließ seine Heimat unfreiwillig: In den ethnischen Kriegen im zerfallenden Jugoslawien gerieten die Sinti zwischen alle Fronten, es gab keinerlei Perspektive dort für ihn.

Alle drei empfanden Deutschland als ablehnend bis hin sogar zu feindselig. Bitter bemerkte Schahrsad, dass die Asylantragsteller in der sozialen Leiter noch weniger angesehen sind, als arbeitslose Deutsche. Drago verheimlicht bis heute vor seinen Kollegen, dass er nicht nur Kroate, sondern auch Sinto ist. Der Schock über die mehr oder weniger offene Ablehnung warf sowohl Dmitrij als auch Schahrsad aus der Bahn. Drago gelang es, sich anzupassen, aber um einen hohen Preis: das ständige Gefühl, nur noch ein halber Sinto zu sein.

»Hybride« nennt die Sozialwissenschaftlerin Naika Foroutan Migranten, die aufgrund der erlebten Ablehnung in der neuen Kultur nicht richtig Fuß fassen können, aber auch in der Kultur ihrer Herkunftsländer nicht mehr verankert sind. Foroutan zielt mit ihrem Forschungsprojekt »Heymat« (Hybride Europäisch-Muslimische Identitätsmodelle) vor allem auf muslimische Einwanderer. Doch die »Delokalisierung von Identität«, die sie konstatiert, gilt auch für Schahrsad, Drago und Dmitrij.[21]

Für alle drei gerieten mit dem Verlust der Heimat auch die anderen Anker ihrer Persönlichkeit ins Wanken. Schahrsad wurde rebellisch, schmiss die Schule, heiratete sehr früh gegen den Willen ihrer Mutter und musste hart kämpfen, um sich und ihren beiden Kindern ein zufriedenes Zuhause in Köln zu schaffen. Dmitrij ist auch nach 18 Jahren in Deutschland nicht angekommen, hat beruflich nicht Fuß fassen können und träumt davon, wieder nach Russland zurückzukehren. Grund für die falschen Entscheidungen, die er mehrfach traf, sind seines Erachtens die »falschen Freunde«. Drago wiederum hat eine Familie, auf die er stolz ist und einen guten Job – aber das Gefühl, seine Werte und Traditionen nicht mehr leben zu können. Bei jedem der drei Gesprächspartner geriet die Identität auf eigene Weise ins Straucheln.

Ein solcher Identitätsverlust kann schwerwiegende Auswirkungen haben: Migranten leiden fast doppelt so oft wie der Bevölkerungsdurchschnitt unter psychischen Erkrankungen. Grund können Einsamkeit, Heimweh, Sprachprobleme, Arbeitslosigkeit, schlechte Bildung und Wohnverhältnisse oder viele andere Folgen der Einwanderung ebenso wie Traumata aus dem Herkunftsland sein.[22] Trotzdem suchen sie oft keinen Arzt auf, oder erst wenn es zu spät ist. Besonders betroffen sind Einwanderer, die Probleme mit dem Spagat zwischen den zwei gegensätzlichen Kulturen haben, in denen sie leben, der Freiheit des modernen Westens und der traditionellen Verbundenheit ihres Heimatlandes. Auch Drago und Schahrsad leiden unter dem Bruch mit ihren Traditionen. Ist bei muslimischen Einwanderern die Gefahr von Depressionen größer, wird bei jungen Aussiedlern oft die hohe Suchtgefährdung thematisiert.[23] Vor Suchtproblemen scheint der sportbegeisterte Dmitrij jedenfalls gefeit. Zwar hat auch er eine Zeit lang zu viel getrunken und leichte Drogen konsumiert. Heute aber hat er eine Partnerin, ebenfalls Russlanddeutsche, die trockene Alkoholikerin ist. Sylvester haben sie mit drei Flaschen alkoholfreiem Sekt gefeiert.

Mein Leben wäre heute besser, wenn ich in Russland geblieben wäre

»Auf dem Auswandern ruht der Fluch ewiger Heimatlosigkeit.« *Carmen Silva*

So wütend ist Dmitrij über die deutsche »Lügenpresse«, dass er nach dem Interview extra noch einmal zurückkommt und Namen aufschreibt von »guten Journalisten«, die die Wahrheit über Putins Russland schreiben und darüber, wie der Westen den Krieg in der Ukraine verursacht hat. Dmitrij fühlt seine Heimat verunglimpft von den Deutschen, also eigentlich von seinen Landsleuten, denn Dmitrij ist doch selbst Deutscher, allerdings in Kasachstan aufgewachsen.

In Russland wurden sie jahrzehntelang als »Nazis« beschimpft und konnten ihre Traditionen nur gegen erheblichen Widerstand gegen das sozialistische Regime aufrechterhalten – in Deutschland dagegen wurde ihr Deutschsein aberkannt, sie wurden zu »Russen«, bestenfalls zu »Russlanddeutschen« erklärt, egal, ob sie tatsächlich aus Russland oder, wie Dmitrij, aus Kasachstan oder anderen ehemaligen Sowjetstaaten kamen. Ausschlaggebend war aus Sicht der »Deutschlanddeutschen«, dass kaum ein Aussiedler oder Spätaussiedler aus der kollabierenden Sowjetunion Deutsch als Muttersprache beherrschte, viele sprachen es überhaupt nicht. Das aber betrachten die meisten Deutschen als Voraussetzung, um sich als einer der ihren bezeichnen zu können.

Vergessen wird dabei oft, wie viel Ausgrenzung und zeitweilig sogar Verfolgung die Deutschen in den sozialistischen Ländern erlitten hatten. Die Kultur und Traditionen ihrer Siedlungen wurden von Stalin völlig zerschlagen, sie galten im Zweiten Weltkrieg als »Fünfte Kolonne«, die das Vaterland verraten hätte. Hunderttausende wurden verschleppt und umgesiedelt, die deutsche Sprache war verpönt und teilweise verboten, es gab Schwierigkeiten bei der Ausbildung oder Arbeitssuche. Damit war die Sowjetunion als Heimat untauglich geworden und als »Volksdeutsche« hofften viele, eine neue Heimat im Land ihrer Vorfahren zu finden.

Seit 1950 sollen 4,5 Millionen (Spät-)Aussiedler nach Deutschland gekommen sein. Besonders nach 1989 war der Zuwachs enorm, allein 1990 kamen 400 000 Menschen. Die Stiftung Schader gab im Jahr 2007 eine Untersuchung in Auftrag, die sich mit den Spätaussiedlern befasste.[24] Sie kam zu dem Ergebnis, dass meist die ältere Generation auf Auswanderung gedrängt hatte, weil sie im eigenen Land keine Perspektive mehr sah und vor allem ihren Kindern eine bessere Zukunft bieten wollte. Die Jugendlichen und Kinder aber sträubten sich vielfach, ihr Zuhause zu verlassen. Auch Dmitrij zögerte den Abschied hinaus, erst 1997 stimmte er der Ausreise zu.

Es wirkte für ihn wie eine Bestätigung, als die Integration in Deutschland kompliziert verlief. Wie so viele andere machte er die Erfahrung: Aufgrund der oft mangelhaften Sprachkenntnisse war der Zugang zum Arbeitsmarkt und zu Ausbildungsstellen enorm eingeschränkt, gleichzeitig wurden aufgrund der hohen Einwandererzahl die Gelder für Sprachkurse gekürzt. Vorhandene Abschlüsse wurden nicht anerkannt. Statt einer blühenden Zukunft erlebte eine große Zahl von jungen »Russlanddeutschen« den sozialen Abstieg. Statistisch gesehen sind sie überdurchschnittlich oft arbeitslos. Viele blieben bis heute »Aussiedler«, also Fremde. Als Heimat hat Deutschland für diese jungen Leute versagt.

Jungenhaft schelmisch erzählt Dmitrij von den Fehlern, die er gemacht hat, von illegalen Autofahrten und dem Drogenkonsum mit seinen Kumpels. Auch beim Thema Heimat scheint er zunächst unbeschwert. Erst im Laufe des Gesprächs werden seine Gesichtszüge nachdenklicher und im Lachen über die eigenen Unfähigkeiten klingt ein Reflektieren über die verpassten Chancen an.

»DMITRIJ: Wenn du im Kopf mit deinem Leben einverstanden bist, wenn du weißt, was du bereits geschafft hast und was dein nächstes Ziel ist – dann ist der Ort, an dem du lebst für dich Heimat geworden. Für meine Mutter und meine Schwestern ist das hier in Deutschland der Fall. Sie haben schöne Wohnungen, die ältere Schwester hat eine eigene Familie, die jüngere studiert Medizin. Alle drei sind zufrieden. Ich aber habe das in Deutschland nie gefühlt, ich träume eigentlich immer davon, nach Russland zurückzukehren.

Von Kind an war für mich klar, dass ich Deutscher bin. Meine Großeltern waren sehr stolz auf ihre deutsche Herkunft. In dem kasachischen Dorf in der Nähe der Bergbaustadt Lissakowsk, in dem ich geboren wurde, gab es sehr viele Deutsche und die alten Damen aus der Nachbarschaft kamen regelmäßig und beteten mit meiner Großmutter den Rosenkranz. Sie war katholisch und sehr religiös, überall im Haus hingen Kreuze und Ikonen. Es gab deutsche Bibeln im Dorf, die ein Priester in die Sowjetunion geschmuggelt hatte. Mein Großvater hielt viel von den »deutschen Tugenden« - Disziplin, Pünktlichkeit, Sauberkeit. Da mein Vater Russe war, durfte ich wählen, welche Nationalität in meinem Pass stehen sollte und selbstverständlich entschied ich mich für »deutsch«. Dabei war mir durchaus bewusst, dass ich dadurch Probleme bekommen konnte. Meine Mutter hatte zwei Schwestern und drei Brüder und alle konnten Geschichten erzählen, wie sie in ihrer Jugend diskriminiert worden waren, in der Schule oder später in der Ausbildung. Auch innerhalb meiner Familie gab es darüber einen riesigen Streit. Der Vater meines Vaters hatte im Krieg gegen die Deutschen gekämpft und fühlte immer noch tiefen Hass gegen sie. Er wurde furchtbar wütend, als mein Vater ihm meine Mutter vorstellte und weigerte sich lange, sie als Schwiegertochter zu akzeptieren. Aber für meine Eltern war es Liebe auf den ersten Blick, und sie ließen sich überhaupt nicht beirren. Sie heirateten und blieben bis zum Tod meines Vaters ein glückliches Paar. Wie sagt man so schön: Die Liebe siegt.

War Kasachstan meine Heimat? Ich weiß es nicht. Ich habe nur bis zu meinem sechsten Lebensjahr dort gewohnt, dann wurde mein Vater als Leutnant nach Kirow in Russland versetzt. Dort kam ich in die erste Schulklasse. Aber wir blieben nicht lange: Mein Vater war sehr unzufrieden mit den Strukturen beim Militär und beschloss, den Dienst zu quittieren. Von jetzt an arbeitete er als Schlosser in Jekaterinburg. Weil er nicht sofort eine Wohnung fand, lebten wir ein Jahr lang etwa anderthalb Stunden entfernt in seinem Geburtsort Kamensk-Uralski mit meinen Großeltern zusammen. Sie hatten eine winzige Einzimmerwohnung, und wir lebten dort zu sechst, meine älteste Schwester wohnte zum Glück schon in einem Studentenwohnheim in Jekaterinburg. Das Verhältnis zwischen meiner Mutter und ihren Schwiegereltern war auch zu dieser Zeit nicht sehr herzlich, und wir waren alle erleichtert, als mein Vater endlich von seinem Arbeitgeber eine Wohnung in Jekaterinburg gestellt bekam.

Über den Sozialismus machte ich mir als Kind keine Gedanken, aber auch ich spürte, dass Mangel an Waren herrschte. Wenn jemand aus der Familie irgendwo vor einem Geschäft eine Schlange sah, stellten wir uns sofort an. Alle waren daran gewöhnt, auf Vorrat zu kaufen. Seit Anfang der 8oer Jahre reisten mehr und mehr Deutsche aus unserem Dorf aus. Als ich 16 war, bekam mein Großvater eine Einladung von einer Cousine, die bereits in Deutschland lebte, sie doch einmal zu besuchen. Meine Großeltern reisten zusammen mit meiner Mutter, ihrer Schwester und meiner ältesten Schwester zu ihr und alle fünf kamen begeistert zurück. Mein Großvater rief die ganze Familie zusammen und fragte: »Was denkt ihr darüber, in die Heimat unserer Vorfahren auszuwandern?« Es bildeten sich zwei Lager: Einige waren dafür, andere waren dagegen. *De facto* verließ einer nach dem anderen Kasachstan und am Ende waren meine Eltern, meine Schwestern und ich die letzten, die nach Deutschland gingen. Das lag vor allem an mir. Ich fühlte mich in Russland wohl und konnte mir nicht vorstellen, wegzugehen. Ich hatte eine Freundin und beruflich lief es gut. Eine Zeitlang stellte ich als Vulkanisator Autodichtungen her, für eine italienische und eine deutsche Linie. Dann arbeitete ich ein Jahr lang mit meinem Vater zusammen und lernte das Handwerk des Schlossers. Schließlich fand ich einen Ausbildungsplatz als KFZ-Mechaniker. Drei Jahre sollte die Ausbildung dauern, doch schon im ersten Jahr bekam ich die Einberufung zum Militär und musste die Prüfungen extern absolvieren.

Meine Familie war zu dieser Zeit bereits entschlossen, auszuwandern. Meine Mutter wartete nur noch auf mich. Ich aber wollte zunächst die Militärzeit gut zu Ende bringen, das empfand ich als meine Pflicht. Mir schien, wenn ich einen sauberen Abschluss in Russland hätte, könnte ich mit einem besseren Gefühl nach Deutschland aufbrechen. Ich hätte als Spätaussiedler die Dienstzeit auf ein Jahr verkürzen können, aber das wollte ich nicht. Vielleicht spielte unbewusst eine Rolle, dass ich mir die Tür offen halten wollte, eines Tages zurückzukommen. Ich war Soldat an der Grenze zwischen Russland und Finnland. Wir mussten täglich von unserer Kaserne aus drei Kilometer in die eine Richtung und dann 15 Kilometer in die andere Richtung laufen. Es war furchtbar kalt dort oben im Norden, manchmal minus 43 Grad. Es kursierte ein Witz unter uns Soldaten: »In Karelien ist es zwei Monate lang kalt. Und den Rest des Jahres sehr kalt.« Trotzdem habe ich schöne Erinnerungen an diese Zeit: Du läufst fünf oder zehn Kilometer weit den Grenzstreifen ab, hast noch eine große Strecke vor dir, legst dich einen Moment auf den Rücken ins Gras und träumst davon, ein Picknick zu machen. An jedem Kiosk gab es Tschikuschka, einen Flachmann mit einem Viertel Liter Wodka. Ich war überzeugt: Eine Tschikuschka, ein Stück Brot und eine Zwiebel – mehr brauche ich nicht, um glücklich zu sein.

Als ich vom Militär zurück nach Jekaterinburg kam, drängten meine Eltern mich zu einer Entscheidung. Sie wollten ausreisen. Meine Mutter schärfte mir ein: »Du hast eine zweite Heimat in Deutschland und deine Perspektiven sind dort viel besser.« Sie hatte schlagende Argumente: Mit der Perestroika war die Situation für die Deutschen in Kasachstan sehr schnell unübersichtlich und gefährlich geworden. Niemand von unserer Familie wohnte mehr dort. Und auch in Jekaterinburg wurde das Leben härter. Nur die Kriminellen lebten gut, an jeder Ecke gab es Raubüberfälle, Korruption, Morde. Deutschland dagegen lockte mit Nike-Schuhen und original Levis-Jeans. Ich war 20 Jahre alt, das Leben lag vor mir. Ich stimmte zu. Die Ausreise der Russlanddeutschen war damals für einige Firmen ein lukratives Geschäft. Die Anreise zum Konsulat war bestens organisiert, wir wurden in speziellen Hotels in Moskau untergebracht, so lange die Ausreiseanträge bearbeitet wurden, jede Limonade kostete ein Mehrfaches von dem, was wir in einem Restaurant dafür bezahlt hätten. Als wir in Köln landeten, warteten bereits unsere Verwandten auf uns, aber wir mussten zunächst in ein Auffanglager, in dem alle Formalitäten abgewickelt wurden. Wir mussten einen Deutschtest bestehen, um zu belegen, dass wir zu Hause Deutsch gesprochen hätten. Tatsächlich hatten wir immer auf Russisch kommuniziert, nur mit meinen Großeltern sprach meine Mutter Deutsch. Ich war furchtbar nervös, dass ich mit meinem Schuldeutsch den Test nicht bestehen und zurückgeschickt werden würde. Es zahlte sich jetzt aus, dass in meinem Pass »Deutscher« stand, so wurde ich unter Paragraph Vier eingestuft. Damit legte die Behörde fest, wie deutsch sie uns einschätzte. Mein Vater erhielt Paragraph Acht und durfte nur wegen seiner Familie bleiben. Für uns war das schwer zu verdauen: In Russland waren wir die Deutschen, in Deutschland die Russen.

Auch meine beruflichen Träume waren schwer zu realisieren. Ich sprach kaum Deutsch – welche Arbeit hätte ich schon machen können? Erst einmal musste ich in einem Integrationskurs vernünftig die Sprache lernen. Neun Monate hielt ich durch, über die Hälfte des Kurses. Dann überredete mich ein Freund, mit ihm ein Auto zu kaufen und nach Kursk zu fahren. Ja, natürlich war das eine verrückte Idee. Ich hatte nicht einmal einen Führerschein und musste die Zollbeamten bestechen. Aber ich hatte schreckliches Heimweh und bereute es bereits, nicht in Russland geblieben zu sein.

Einen Monat lang war ich in Kursk, dann bekam ich Sehnsucht nach meiner Familie und beschloss, nach Deutschland zurückzukehren. Mein Deutsch war immer noch ziemlich schlecht. Meine Beraterin beim Arbeitsamt reagierte sehr nett, sie half mir, in einen anderen Integrationskurs einzusteigen. Leider bestand ich auch diesmal den Abschlusstest nicht und bekam nur eine Teilnahmebestätigung. Ich lerne am besten im Alltag. Ich spreche einfach Leute an und bitte immer darum, mich zu korrigieren. Wenn mich jemand verstehen möchte, dann wird er mich verstehen.

Ich habe seither immer gearbeitet, aber in unqualifizierten Jobs. Meine KFZ-Lehre wird hier nicht anerkannt. Ich hätte lernen, eine Ausbildung machen sollen, aber damals wollte ich vor allem Sicherheit, eine Festanstellung, bei der ich versichert bin. Bei meinem ersten Vorstellungsgespräch begleitete mich meine Tante und half mir sprachlich. Ich war sehr stolz, als ich die Stelle in einer Zeitarbeitsfirma bekam. Anderthalb Jahre lang arbeitete ich für einen Hersteller von Eistee, Kakao und anderen Getränken. Ich wurde umgeschult zum Gabelstaplerfahrer, Kommissionierer und Lagerarbeiter. Aber es blieb bei Gelegenheitsjobs. Eine Firma ging pleite, als ich gerade erst dort angefangen hatte, bei einer anderen wurde mir nach einem Jahr fristlos gekündigt. Die vergangenen zehn Jahre arbeitete ich in der Industriereinigung. Das war wegen der Schichtdienste gut bezahlt, und ich fuhr oft auf Montage und habe halb Europa gesehen. Ich habe mich dennoch entschlossen, mich um eine Ausbildung zu bemühen und habe beim Arbeitsamt einen Antrag gestellt, an einem handwerklich geprägten Orientierungskurs teilnehmen zu dürfen. Jetzt bin ich 38 Jahre alt – das ist vielleicht meine letzte Chance, doch noch einen Beruf zu erlernen. Ich bin überzeugt, mein Leben wäre heute besser, wenn ich in Russland geblieben wäre. Ich hätte mit Sicherheit eine feste Anstellung, wahrscheinlich als Automechaniker. Vermutlich hätte ich eine Familie gegründet, wäre verheiratet und hätte Kinder. Ich besuche manchmal Freunde in Jekaterinburg und bin überrascht, wie gut sie inzwischen leben. Es gab eine Zeit, da brachte ich Koffer voller Geschenke mit, billige Fotokameras oder Lebensmittel, vor allem Kaffee, denn es gab dort nichts zu kaufen. Heute geht es meinen Freunden besser als mir.

Ich stehe vollkommen hinter Wladimir Putins Politik. Er hat das Land aus dem Chaos geführt, und ich finde es schrecklich, wie verlogen die deutschen Medien über Russland berichten. Vor Kurzem las ich in russischen Zeitungen, dass es jetzt eine Art Fremdenlegion in Russland gibt, die beispielsweise auf der Krim eingesetzt wird. Vielleicht sollte ich mich für diese Legion bewerben? Ich habe mich beim Militär sehr wohl gefühlt, hätte eine sichere Rente, alle Versicherungen würden bezahlt und vielleicht wäre das eine Möglichkeit, mir in Russland wieder ein gutes Leben aufzubauen. Früher hat es mich getroffen, dass die Deutschen uns nicht als Deutsche sehen. Heute ist mir das egal. Ich bin kein Deutscher, sondern Russlanddeutscher.

Das Leben der Sinti kennen meine Kinder nur aus Erzählungen

»In der Fremde erfährt man, was die Heimat
wert ist.« *Ernst Wiechert*

Wenn Drago mit einer Frau, und sei sie Journalistin, einen Kaffee trinken geht, bezahlt er. Und dafür sollte sich die Frau nicht bedanken, denn das ist für den Sinto aus Ex-Jugoslawien selbstverständlich, und er mag es, wenn auch sein Gast sich dieser Sitte anpasst. Traditionen und Sitten sind Drago sehr wichtig. Er ist 50 Jahre alt, hat schwarzes, glattes Haar und einen kleinen Bauch. Wenn er einen Schnauzer und einen Hut trägt, sieht er aus wie ein Bilderbuchzigeuner. Und das will er manchmal, etwa, wenn er Konzerte mit seinem Ensemble gibt. Sinti-Swing nennt er seine Musik. Drago hat immer einen Scherz auf den Lippen und lacht gern meckernd und laut. Das Leben ist ein Kampf, glaubt Drago, aber einer, den man singend bewältigen sollte.

Nach Deutschland zu kommen, empfand Drago als die einzig logische Alternative, als er im auseinanderbrechenden Jugoslawien keine Perspektive mehr sah. Seit über 600 Jahren leben die Roma und Sinti in Deutschland, erstmals urkundlich erwähnt wurden sie im September 1407, als in Hildesheim eine Gruppe von »Tataren« bewirtet wurde und die Rechnung dafür bei der Stadtkämmerei einging.[25] Bleiberecht bekamen die »Cigäwnär« im Mittelalter nicht, schon damals wurden sie als »fahrendes Volk« gesehen, dem bis heute unterstellt wird, sie hätten keine Heimatgefühle.

Dabei betont die Psychologieprofessorin Karin Bott-Bodenhausen, dass die »Heimatlosigkeit« der Sinti und Roma im Mittelalter schlicht mit deren prekärer wirtschaftlicher Situation zusammenhing: »Sie mussten nach Auswegen suchen, um ihre Existenz, ihre kulturelle Identität und den Zusammenhalt der Gruppe trotz des auf ihnen lastenden Drucks zu wahren.«[26] Sie handelten mit Schmuck, Kurzwaren, Porzellan und Glas, boten Dienstleistungen wie Messerschleifen oder auch landwirtschaftliche Lohnarbeiten an, betätigten sich als Wahrsager oder Musiker, um die Menschen zu unterhalten. Nach wenigen Tagen war die Nachfrage gedeckt, der Clan musste weiterziehen.

Der Europarat schätzt, dass etwa 105 000 Sinti und Roma in Deutschland leben. Konkrete Zahlen gibt es nicht, weil die ethnische Zugehörigkeit etwa der Zuwanderer aus Bulgarien oder Rumänien in Deutschland nicht erfasst wird. Viele Deutsche haben massive Vorurteile gegenüber den »Armutsflüchtlingen«, die vermeintlich nur wegen der Sozialhilfen einwandern würden. Karin Bott-Bodenhausen dagegen kritisiert, dass sich die Majorität in Deutschland weigert, den Völkermord an Sinti und Roma im Zweiten Weltkrieg und dessen Folgen aufzuarbeiten. Sie fordert, Deutschland müsse den Sinti und Roma nicht nur ihr räumliches Recht auf Heimat gewähren, sondern auch das Recht, ihre Minderheitenkultur auszuüben. Davon könnten am Ende auch die Deutschen profitieren, denn ihre »spirituelle Heimat« liege in der Unabhängigkeit, oder, wie ein Sprichwort besagt: »Wo Zigeuner sind, ist Freiheit«.[27]

Für Drago hängt die Heimat eng mit Freiheit zusammen und die sieht er als unwiederbringlich verloren an. Allerdings macht er dafür weniger die deutschen Gesetze verantwortlich, als vielmehr den Wandel der Zeit. Seine Traditionen passen nicht in die modernen Gesellschaften, weder in die kroatische, noch in die deutsche, glaubt er. Die meisten Sinti haben sich längst angepasst. Dadurch hat Drago seine Heimat doppelt verloren: Den Ort seiner Kindheit, aber vor allem auch den Rückhalt in der Sinti-Gemeinschaft.

»DRAGO: Ich wollte nicht nach Deutschland kommen. Heimat hängt für mich sehr eng mit Traditionen zusammen. Ich empfand unsere Sinti-Siedlung aus fünf umgebauten Bussen, drei Kilometer von dem kroatischen Hafenstädtchen Šibenik entfernt, als Heimat. Sie waren auf einer großen Wiese am Waldrand im Kreis aufgestellt. Nur meine Familie lebte dort, meine Eltern, die Großeltern, eine Tante mit ihrem Mann, ein Onkel und seine Frau und insgesamt acht Kinder. Meine Eltern verdienten Geld als Messerschleifer oder reparierten Regenschirme, später kaufte mein Onkel ein Karussell und einen Tischkicker, dadurch hatten wir so eine Art Kirmes, zu der die Kinder aus unserem Ort kamen. Freiheit ist für einen Sinto das Wichtigste. Die Busse wurden eigentlich nie bewegt, aber trotzdem gaben sie uns das Gefühl, dass wir ungebunden waren. Wir fühlten uns in Wohnungen wie in Gefängnissen. Wir kannten ein paar Leute, die in Wohnungen in die Stadt gezogen waren und sie taten uns leid: »Das ist nur noch ein halber Sinto.«

Ich hatte eine unbeschwerte Kindheit. Solange ich zur Schule ging, musste ich nicht arbeiten. Ich half meinem Vater manchmal, aber die meiste Zeit streunte ich mit meinen Freunden durch die Gegend. Wir waren arm, aber glücklich. Unser Buslager gibt es schon lange nicht mehr, alle Geschwister leben längst in Šibenik oder in Deutschland. Und auch wir haben die Sinti-Mentalität verloren und sind nur noch »halbe Sinti«. Unser Lebensstandard hat sich enorm verbessert. Besonders in Deutschland gab es plötzlich viele neue Möglichkeiten, Geld zu verdienen und auch auszugeben. Doch der Konsum brachte einen riesigen Verlust mit sich: Wir hielten fest zusammen, solange wir arm waren, jetzt lebt jeder für sich allein.

Ich bin Josip Broz Tito dankbar, dass ich in Jugoslawien noch das Leben als Sinto kennenlernen konnte. Für mich war er ein großartiger Präsident, der die unterschiedlichen Völker zusammenhielt und jeglichen Rassismus verbot. Damals konnten meine Freunde und ich ohne Ängste im Wald schlafen, Fenster blieben über Nacht offen, niemand schloss seine Tür ab, wenn er das Haus verließ. Jeder hatte Arbeit, das Einkommen war bei allen ähnlich und das Geld reichte, um sich ein Haus zu bauen. Alle Kinder konnten zur Schule gehen, jeder hatte die gleichen Rechte. Natürlich gab es auch damals Vorurteile gegenüber den Sinti, aber wer offen gegen uns hetzte, wurde bestraft.

Wir führten ein Leben wie alle anderen Kroaten. Wir aßen und feierten zusammen mit unseren Nachbarn aus dem Dorf. Ich unterhielt mich mit meinen Freunden selbstverständlich auf Kroatisch, Romanes sprachen wir nur zu Hause. Jeden Sonntag ging ich in die Kirche, und das war für die vielen Katholiken ein Zeichen, dass wir anständige Leute waren. Wir Sinti sind sozusagen von der Wiege an gläubig und als Kleinkind wurden mir vor dem Einschlafen Geschichten aus der Bibel erzählt. Meine Vorväter hatten die Bibel nicht gelesen, aber sie kannten alle Überlieferungen, und in unserer Gemeinschaft wurden sie mündlich von Generation zu Generation weitergegeben. Der Glaube gehört zu unserem Volk, wie ansonsten nur zu den Juden.

Mit dem Abitur brach dieses Heimatgefüge auseinander. Ich wurde zur Armee eingezogen, und als ich zurückkam, hatte sich die Gesellschaft bereits verändert. Die Nationalisten wurden immer aggressiver, sie sangen offen auf der Straße faschistische Lieder. Dieser schreckliche Hass wuchs und wuchs, und wir Sinti hingen genau dazwischen. Ich fand keine feste Arbeit, jobbte hier und da, immer für kürzere Zeiträume. Abends spielte ich Musik in Bars und verdiente mir hauptsächlich damit mein Brot. Ich war 25 Jahre alt und begann, über eine Familie nachzudenken. Mehr und mehr schwand meine Hoffnung auf eine Zukunft in Jugoslawien. Dann kamen die Faschisten um Franjo Tuđman an die Macht. Da war klar, es war Zeit zu gehen.

In Deutschland wohnte bereits ein großer Teil meiner Familie. Seit über 700 Jahren leben Sinti hier, und wir fühlen uns als eine deutsche Volksgruppe. Meine Großeltern mütterlicherseits besaßen bis zum Krieg einen großen Hof bei Novi Sad, in einem Dorf der Banater Schwaben. Als der Krieg ausbrach, hielten die Nationalsozialisten meinen Großvater für einen Deutschen und zogen ihn zur Armee ein – schließlich sprach er Schwäbisch und in seinem Pass gab es auch keinen Vermerk. Er diente in der SS. Mein anderer Großvater, väterlicherseits, war dagegen gleich zu Beginn des Krieges in die Konzentrationslager verschleppt worden und überlebte Auschwitz. Es gab darüber in der Familie nie Streit. Jeder hatte so überlebt, wie er konnte.

Als ich das erste Mal nach Köln kam, fiel ich in ein riesiges Loch. Ich weinte vor Heimweh. Meine Familie versuchte alles, um mich aufzuheitern, aber ich konnte mich einfach nicht an dieses Leben in der Großstadt gewöhnen. Nach einigen Monaten gab ich auf und kehrte nach Šibenik zu meinen Eltern zurück. Aber dort fühlte ich mich auch nicht besser: Die Menschen hatten sich verändert und die Atmosphäre war eisig. Es war jetzt unvorstellbar, die Nachbarn zum Abendessen einzuladen, wir passten nicht mehr zusammen. Jeder kämpfte für sich. Und alle hatten Angst, dass die ethnischen Konflikte eskalieren würden. Das war nicht mehr mein Zuhause. Meine Heimat, das vereinte Jugoslawien, war einfach weg. Also ging ich endgültig nach Deutschland. Zunächst hatte ich große Schwierigkeiten, eine Aufenthaltsgenehmigung zu bekommen. Dann begann der Balkankrieg und Jugoslawien schaffte sich selbst ab. Ich war plötzlich staatenlos, und die Behörden konnten mich nicht mehr abschieben. Dann ging es auch privat bergauf: Ich lernte bei Bekannten meine Frau kennen, ebenfalls eine Sintiza, aber in Deutschland geboren. Es war Liebe auf den ersten Blick. Bei unserem dritten Zusammentreffen schwor ich ihr: »Ich heirate dich!« Sie lachte darüber, aber ich nahm an diesem Abend ihre Hand und ließ sie nicht mehr los. Inzwischen sind wir 24 Jahre lang zusammen und haben sechs Kinder.

Jetzt lebe ich das komfortable Leben eines »halben Sinto«. Aber ich kann mich nicht darüber freuen. Ich leide sehr darunter, dass unsere Traditionen verloren gehen und niemand darum kämpft. Früher war es üblich, eine große Familie zu haben. Heute werden wir auch von den anderen Sinti schräg angeschaut. Natürlich kann ich meinen Kindern nicht den Lebensstandard bieten, den kleinere Familien haben. Ich habe einen guten Job, ich arbeite Schicht bei einem Sicherheitsdienst und übernehme manchmal Zusatzschichten, die sehr gut bezahlt sind. Aber wenn ich die Wohnung, Strom und das Essen bezahlt habe, bleibt nicht mehr viel übrig. Die Lehrerin schimpft, weil ich die Schulbücher nicht kaufen kann, und die Mitschüler lachen meine Kinder aus, weil sie nicht mit auf die Klassenfahrten fahren können.

Das Leben der Sinti kennen meine Kinder nur aus Erzählungen. Ich versuche, ihnen unsere Kultur näher zu bringen, zeige ihnen, wie sie sich verhalten sollen, aber es gelingt mir hier in Deutschland nicht, sie so zu erziehen, wie ich das gern möchte. Immerhin sprechen wir innerhalb der Familie Romanes, darauf bestehe ich. Das ist die Muttersprache meiner Kinder. Und es besteht die Gefahr, dass sie sie verlieren, denn es gibt keine Sprachschulen dafür. Sie sehen auch, dass meine Frau und ich uns in unserer Freizeit für die Gemeinde der Sinti und Roma engagieren. Wir gehen auf Veranstaltungen, ich war einmal zu einer Sitzung mit dem Kölner Oberbürgermeister eingeladen oder ich helfe Roma, die neu in die Stadt kommen: Ich gehe mit ihnen auf die Ämter oder in die Schulen ihrer Kinder und übersetze Briefe für sie.

Ich habe viele Freunde verloren, weil sie mich altmodisch finden. Keiner kümmert sich mehr um die anderen, jeder ist sich selbst der Nächste. Ich bekomme Streit mit ihnen, weil ich versuche, nach dem alten Prinzip zu leben. Ich bin so erzogen, dass ein Händedruck mehr wert ist, als ein unterschriebener Vertrag. Ich würde lieber sterben, als mein Wort zu brechen. Viele Jahre lang dachte ich, es läge an der deutschen Gesellschaft, dass unsere Gemeinschaft auseinanderbricht. Viele Sinti wollen einfach nicht auffallen, weil sie sich auf den Ämtern oder in der Politik diskriminiert fühlen. Egal, ob man anständig lebt und arbeitet – wenn die Leute hören, dass man ein Sinto ist, denken viele automatisch, man klaut. Auch ich habe mich meinen Arbeitskollegen als Kroate vorgestellt. Ich höre doch, wie sie über Sinti und Roma sprechen!

Nach dem Krieg vergingen 20 Jahre, bis ich das erste Mal wieder nach Kroatien fahren konnte. Meine drei Söhne begleiteten mich. Nach all den Jahren stand ich plötzlich wieder da, in unserer Straße. Nichts hatte sich verändert, offenbar fehlte schlicht das Geld, die Häuser zu restaurieren. Es war, als hätte jemand die Zeit zurückgedreht. Ich war tief betroffen und glücklich. Aber ich verstand auch, dass es nicht Deutschland ist, das die alten Traditionen zerstört, sondern die moderne Gesellschaft – und die ist auch in Kroatien angekommen. Ich besuche von Zeit zu Zeit meine Familie dort, aber für mich und meine Kinder sind das Urlaube. Sie empfinden Kroatien als schönes, fremdes Land. Meine Heimat ist es nicht mehr. Für die Sinti ist zu Hause da, wo die Familie ist. Meine Familie lebt in Köln, und auch ich fühle mich hier wohl. Ich habe eine gute Arbeit und die meisten meiner Freunde sind Deutsche. Ich mag an Deutschland, dass es klare Regeln und ein starkes Gesetz gibt. Ich vertraue der Polizei und fühle mich sicher. Ich habe nie geglaubt, dass das möglich wäre, aber jetzt ist Deutschland eine Art Heimat. Es gibt keine andere.

Als Immigrant verliert man vollständig seine Identität und muss sich eine neue aufbauen

»Am Tage, da ich meinen Pass verlor, entdeckte ich mit achtundfünfzig Jahren, dass man mit seiner Heimat mehr verliert als einen Fleck umgrenzter Erde.«
Stefan Zweig

Schahrsad ist in der persischen Geschichtensammlung »1001 Nacht« die Ehefrau des persischen Königs Schahrayar. Sie erzählt ihm jede Nacht Märchen und unterbricht deren Handlung am Morgen. So lässt sie Schahrayar vergessen, dass er sich vorgenommen hat, jeden Tag neu zu heiraten und seine Ehefrauen am nächsten Morgen töten zu lassen. Tatsächlich hat Schahrsad, die 1991 nach Deutschland kam, das ausdrucksstarke Gesicht einer Königin: langes, dunkelbraunes Haar, glänzende braune Augen, schwungvoll geformte Lippen, fein gezeichnete Konturen. Und die 35-Jährige wuchs in Teheran auch auf wie eine persische Prinzessin. Sie bekam als Kind nur wenig davon mit, wie sehr in jenen Jahren viele Iraner unter der Islamisierung unter Ajatollah Chomeini litten. Wenn die Absetzung des Schahs 1979 zunächst noch Hoffnungen geweckt hatte, dass das Land liberaler, freier werden würde, wurden diese Erwartungen bitter enttäuscht. Auch Schahrsads Familie lehnte Chomeinis »Regentschaft der Geistlichkeit« ab.

Als die Eltern die Entscheidung trafen, dass Schahrsads Mutter mit den beiden Kindern aus dem Iran nach Deutschland fliehen würde, war sie zu jung, um die Folgen einschätzen zu können. Sie wurde ohnehin nicht gefragt. Die Konsequenzen spürte sie allerdings umso deutlicher: Der soziale Abstieg und die damit verbundenen Konflikte vor allem mit ihrer Mutter ließen sie in ein tiefes Loch fallen. Das Leben als Prinzessin war vorbei.

Schahrsad ist wie ihre mythologische Vorgängerin eine eloquente Geschichtenerzählerin, sie sprüht vor Energie, strahlt Selbstvertrauen aus und hat einen wachen, hellen Blick. Sie klagt nicht. Bisher hat sie sich noch aus jedem Tief wieder herausgearbeitet. Aber man ahnt: Mit ihrer Heimat verlor sie die Selbstverständlichkeit, die ihr Leben vermutlich auch weiterhin geprägt hätte. Beides fand sie nie wieder.

» SCHAHRSAD: Ich bin ein Revolutionskind, geboren im September 1978 in Teheran. Es war die Zeit der Massendemonstrationen gegen den Schah. Wegen der Unruhen hatte er verfügt, dass nach 21 Uhr niemand mehr aus dem Haus gehen durfte. Meine Mutter bekam ihre Wehen genau in der Sperrstunde. Sie musste bis morgens früh um fünf durchhalten, ehe sie ins Krankenhaus zur Entbindung gebracht werden konnte. Zur Zeit meiner Geburt fing der Aufstand erst richtig an. Knapp sechs Monate später musste der Schah aus dem Land fliehen und Ajatollah Chomeini übernahm die Macht. Damit wurde ich in meiner Familie immer aufgezogen: Die Revolution zieht sich durch mein ganzes Leben. Ich hatte viele harte Konflikte mit meiner Mutter und habe mich oft im Leben durchkämpfen müssen. Ich bin eine Rebellin.

Als Kind war Heimat überhaupt kein Thema für mich. Ich lebte glücklich in Teheran, vom Leben verwöhnt wie eine kleine Prinzessin. Ich fühlte mich geborgen und wäre niemals auf die Idee gekommen, dass sich mein Leben einmal ändern könnte. Beide Eltern arbeiteten, meine Mutter bei der Lufthansa und später in einem Reisebüro und mein Vater bei Grundig. Wir Kinder bekamen alles, was wir wollten. Wir waren viele Kinder in meiner Familie, und ich hatte immer jemanden zum Spielen. Ich liebte meinen Bruder Soheil, der viereinhalb Jahre jünger ist als ich, und unzählige Cousinen und Cousins wohnten in der Nähe. Jeden Freitag trafen sich alle Geschwister meiner Mutter mit ihren Familien, etwa hundert Leute, im Wochenendhaus meiner Großmutter. Mit der Familie meines Vaters gingen wir im Nordiran im Dschungel in Booten auf dem Fluss fischen und beobachteten nachts die Fledermäuse, hörten Schakale heulen oder sahen Schlangen. Das waren unvergessliche Erlebnisse.

Teheran war immer schon eine riesige Stadt, damals lebten dort offiziell etwa fünf Millionen Menschen. Es war unheimlich voll und egal, wie lange ich zurückdenke, es gab immer Stau. Von allen Ecken der Stadt aus sieht man das Elburs-Gebirge. Selbst wenn in den Straßen die Hitze flimmert, liegt dort oben auf dem Gipfel Schnee und man kann im Hochsommer Skifahren. Manchmal durften wir als Kinder nachts zum Spielplatz gehen. Die ganze Stadt vibrierte vor Leben, überall boten Straßenverkäufer Zuckerwatte, Luftballons oder gebratene Maiskolben an. Ich aß schon damals sehr gern und bis heute läuft mir das Wasser im Mund zusammen, wenn ich an die gebratenen Bohnen oder die Leberstückchen am Spieß denke.

Die Nachricht, dass meine Mutter mit uns nach Deutschland gehen würde, kam für uns Kinder überraschend. Noch zwei Tage vor der Flucht ahnte ich nichts. Ich war zwölf Jahre alt. Es war zu riskant, dass ich mich bei Nachbarn oder in der Schule verplappert hätte. Dabei begriff auch ich als Kind, wie autoritär das Regime war und dass die Hisbollah immer stärker wurde. Es gab jetzt eine selbst ernannte »Sittenpolizei« in Teheran, Männer, die mit drei Zentimeter dicken Eisenketten durch die Stadt zogen und sie auf alle Frauen schleuderten, die nicht »anständig verschleiert« waren. Immer mehr Frauen trugen schwarze Tschador, in denen man nur noch durch einen Schlitz die Augen sieht. Aber meine Mutter wollte weder sich noch mich verschleiern. Ich trug meine Haare immer offen. Einmal waren wir in einem Bus unterwegs, ich trug einen roten Overall mit kurzen Beinen. Ein Mann beschwerte sich lautstark bei meinem Vater: »Du kannst deine Tochter nicht so anziehen, das ist eine Sünde.« Mein Vater widersprach nicht, sondern stieg mit mir gleich an der nächsten Station aus.

Die Flucht 1989 kam mir zunächst vor wie ein großes Abenteuer. Mein Vater blieb in Teheran, als Alibi, damit nicht auffiel, dass wir nicht zurückkommen wollten. Die Ehe war eh zerrüttet und meine Eltern ließen sich etwa ein Jahr später scheiden. Wir erfuhren erst später, dass er deshalb große Probleme bekam, seine Arbeit und die Wohnung verlor. Wir fuhren mit dem Bus in die Türkei und mieteten dort ein Haus, als ob wir in den Urlaub führen. Wir lebten wie Touristen, gingen in den Zoo oder unternahmen andere Sachen. Ich lernte Türkisch und schaute jeden Tag Fernsehserien. Wir aßen Döner und all die anderen leckeren türkischen Gerichte. Ich fand das toll. Nur meine Mutter war verzweifelt, sie suchte jeden Tag nach einem Schlepper, der uns nach Europa bringen sollte.

Von dem Moment an, als sie den ersten Schlepper gefunden hatte, wurde unser Leben grässlich. Er wollte uns mit falschen Pässen über Griechenland nach Jugoslawien bringen, doch wir wurden an der Grenze aufgegriffen und wieder in die Türkei abgeschoben. Wir versuchten es ein zweites Mal, wiederum erfolglos, denn die Grenzer erkannten uns. Meine Mutter sah dort keine Chance mehr und überlegte sich eine andere Route:

über Bulgarien. Überall Ratten und schlecht gekleidete Prostituierte. Das ist meine Erinnerung an den Bahnhof in Sofia. Ich war entsetzt über die krasse Armut in der Stadt. Es gab nichts zu kaufen, bis auf Bier und gegrillte halbe Hähnchen. Meine Mutter musste unsere Lebensmittel rationieren, mein Bruder und ich bekamen eine kleine Flasche Fanta für den ganzen Tag und abends gingen wir zusammen essen. Ich habe die ganze Zeit gequengelt und geweint, weil wir nichts kaufen und nicht ausgehen konnten, weil das Essen so schlecht war. Heute bereue ich das, aber ich war verwöhnt, und die Ängste meiner Mutter verstand ich zu dieser Zeit noch nicht.

Endlich fand sie zwei Schlepper, eine schlanke, persische Frau, deren Strumpfhose zu groß war und ein Mann, der mir ebenfalls seltsam vorkam. Wir gingen mit diesem Paar zur Grenze zwischen Bulgarien und Jugoslawien. Wir hatten zwei Koffer mit unserem Gepäck, Kleidung, aber auch Fotoalben und Erinnerungsstücke. Die Frau sagte zu uns: »Alles ist abgesprochen, geht einfach durch und gebt uns so lange die Koffer.« Dann verschwanden sie über die Grenze. Wir wurden festgenommen, wieder in die Türkei abgeschoben und unsere Koffer waren weg.

Trotz all der Rückschläge gab meine Mutter nicht auf. Schließlich überquerten wir alle Grenzen jenseits der Kontrollstellen zu Fuß. Mit einem Auto wurden wir nahe an die grünen Grenzen herangefahren, dann rannten wir los und versuchten, dabei möglichst wenig Geräusche zu machen. Von Weitem hörten wir die Wachhunde bellen und zwischendurch mussten wir uns auf den Boden werfen, wenn in unserer Nähe Scheinwerfer leuchteten. Es war verschneit und frostig, als wir mitten in der Nacht die Grenze von Österreich nach Deutschland überquerten. Wir hetzten mit einer größeren Gruppe dem Schlepper hinterher – plötzlich waren alle weg. Ich konnte im Schnee keinen Pfad mehr erkennen, meine Mutter und ich wussten nicht, in welche Richtung wir laufen sollten. Mein Bruder war mit den anderen Flüchtlingen voraus. Mir schoss durch den Kopf, dass ich ihn wohl nie wiedersehen würde, denn er war erst sechseinhalb Jahre alt und hatte keinen Pass bei sich. Meine Mutter sank auf die Knie und begann zu weinen, ich nahm ihre Hand und betete. Es waren wahrscheinlich nur wenige Minuten, aber sie kamen mir vor wie eine Ewigkeit. Dann hörten wir das Geheimsignal unseres Schleppers, ein Wolfsgeheul und sahen ihn aus dem Wald auf uns zukommen. Böse zischte er uns irgendetwas zu. Ich verstand seine Sprache nicht, aber war mir sicher, dass er sagte: »Wenn ihr noch einmal zurückbleibt, helfe ich euch nicht mehr!«

Wir besaßen nur noch die Kleidung am Leib, als wir endlich 1991 in Köln ankamen und die war furchtbar dreckig. Ich werde nie das Gefühl vergessen, als ich mich bei Freunden meiner Mutter das erste Mal seit langer Zeit wieder waschen konnte. Nach ein paar Tagen stellten wir den Asylantrag. Wir waren sehr optimistisch: Jetzt würde unser Leben wieder in Ordnung kommen.

»Arschloch« war mein erstes deutsches Wort. Ich lernte es im Asylantenheim in einer ehemaligen Schule, wo wir ein Klassenzimmer mit einer indischen Familie teilten. Vier Schränke trennten unsere Wohnbereiche aber der Mann war so groß, dass er einfach darüber hinweg schauen konnte. Viele Heimbewohner, meist Jugoslawen, begannen schon am frühen Abend Alkohol zu trinken und nachts gab es regelmäßig Prügeleien. Wir hatten Angst vor den Nächten, vor allem weil wir keine Schlüssel für unsere Zimmer hatten. Meine Mutter schlief meist tagsüber.

Wir hatten ein gutes Leben in Teheran gehabt, jetzt standen wir plötzlich am unteren Ende der sozialen Leiter. Es gibt die arbeitenden und die nichtarbeitenden Menschen. Als Asylbewerber kommst du ganz zum Schluss. Ich habe Leute getroffen, die mir ins Gesicht gesagt haben: Schmarotzer! Nein, es war kein guter Start in Deutschland. Ich fand alles bescheuert. Der

Käse und das Brot schmeckten anders, das Wetter war schlechter, die Großstadt fehlte mir. Ich kam gerade in die Pubertät und das war eine sehr schlimme Phase. Ich vermisste meinen Vater und hasste meine Mutter dafür, dass sie mich nach Deutschland gebracht hatte. Ich dachte: »Sie macht sich hübsch für andere Männer und dazu hat sie kein Recht!« Heute begreife ich, dass sie mit ihren knapp 30 Jahren in der Blüte ihres Lebens stand und natürlich noch etwas vom Leben haben wollte. Stattdessen machte ich ihr das Leben zur Hölle.

Wie sollte ich in Deutschland Wurzeln schlagen? Acht Jahre lang hatten wir nur eine Duldung und lebten täglich mit der Angst, abgeschoben zu werden. Acht Jahre Zittern. Du hörst die Horrorgeschichten, wie Leute nachts in ihren Wohnungen abgeholt werden, nur ein paar Sachen packen dürfen und in ein Flugzeug gesetzt werden. Du kannst dich nicht wirklich binden, weder an Deutschland noch an Menschen, denn morgen kann alles vorbei sein. Der ständige Streit mit meiner Mutter eskalierte, als ich mich in den Sohn ihres neuen Partners verliebte. Ich war 15 Jahre alt und meine Mutter hatte panische Sorge um meine Jungfräulichkeit – obwohl ich die längst verloren hatte. Sie versuchte alles, um unsere Beziehung zu unterbinden, und wir stritten uns über Wochen wie verrückt. Schließlich bot sie mir an, mich zurück zu meinem Vater zu schicken. Ja, das wollte ich unbedingt. Ich trennte mich leichten Herzens von meinem Freund und flog nach Teheran.

Kurzzeitig hatte ich tatsächlich das Gefühl: Ich bin wieder in meiner Heimat. Ich genoss die Freiheit von meiner autoritären Mutter. Teheran ist eine Partystadt, und ich ging fast jeden Abend aus. Mein Vater erlaubte mir fast alles und aus Dankbarkeit achtete ich darauf, rechtzeitig nach Hause zu kommen, damit er sich keine Sorgen machte. Aber dann begannen die Tanten, mich erziehen zu wollen, und ich fühlte, dass ich doch nicht mehr in die dortige Gesellschaft passte. Ich brauche diese deutschen Strukturen. Ich mag die Klarheit und

Disziplin hier. Du musst etwas erledigen? Tu es sofort! Ich weiß, wie ich hier zu leben habe, nach den deutschen Normen, was ich erwarten kann. Ich schätze es sehr, dass die Menschenrechte in Deutschland nicht nur Gesetze sind, sondern die Menschen sie im Herzen haben. Nach einem Jahr kehrte ich zurück, diesmal gemeinsam mit meinem Vater.

Trotz dieser klaren Entscheidung gelang es mir nicht, in Deutschland Fuß zu fassen und die Konflikte mit meiner Mutter nahmen zu. Mit 16 wurde ich zum Direktor unseres Gymnasiums bestellt, weil ich zu viele Fehlstunden hatte. Ich erklärte trotzig, ich wolle die Schule abbrechen. Er warnte mich: »Ohne das zehnte Schuljahr wirst du ohne Abschluss dastehen. Du bist ein intelligentes Mädchen, das wäre schade.« »Können Sie mich zwingen, zu bleiben?« »Nein« »Dann: Auf Wiedersehen.« Ich zog zu meinem Freund. In den Augen meiner Mutter war er eine Null. Er hatte 80 000 Euro Schulden, war sieben Jahre älter als ich und unfähig, aus seinem Loch wieder herauszukommen. Die Insolvenz musste ich als 16-Jährige für ihn regeln. Ich heiratete ihn dennoch, aus lauter Trotz. Dann saß ich zu Hause und tat das, was meine Mutter immer so verabscheut hatte: Putzen, kochen, bügeln und die restliche Zeit vor dem Fernseher hängen. Immerhin wurde ich nicht schwanger.

Eines Tages saß ich wieder vor dem Fernseher und schaute bereits die dritte Talkshow. Plötzlich hatte ich einen Geistesblitz: Ich habe nichts – keine Perspektive, kein eigenes Geld, keine Ausbildung. Sollte das alles gewesen sein? Das war ein richtiger Schreck. Von da an nahm ich mein Leben wieder selbst in die Hand. Ich ging gleich am nächsten Tag zum Arbeitsamt und meldete mich für eine Fremdenprüfung an. Das heißt, ich lernte auf eigene Faust und holte das zehnte Schuljahr nach. Dann hatte ich endlich einen Schulabschluss und konnte mich um eine Ausbildung bewerben. Mein Mann versuchte, mich daran zu hindern, er wollte, dass ich zu Hause blieb. Aber ich fand einen Ausbildungsplatz in der Telekommunikation und suchte mir einen Nebenjob in einer Parfümerie, um mich finanzieren zu können. Sobald ich meine Ausbildung abgeschlossen hatte, holte mein Vater mich mit einem Auto in Stuttgart ab. Innerhalb eines Tages packten wir meine Sachen und fuhren zurück nach Coburg.

Ich zog nach Köln und arbeitete dort in der Telekommunikation, bis ich meinen zweiten Mann kennenlernte, einen marokkanischen Berber. Für ihn gab ich meinen Beruf auf, wir bauten gemeinsam ein Restaurant auf. Das lief eine Weile hervorragend, wir verdienten viel Geld. Ich bekam zwei Kinder, meinen Sohn Junas und meine Tochter Shirin. Irgendwann begann alles schief zu laufen. Mein Mann betrog mich und stahl Geld aus der Kasse. Am Ende stand ich ganz allein mit dem Restaurant und den beiden Kindern da. Und schließlich brannte das Restaurant auch noch wegen eines Kurzschlusses aus. Da ich unterversichert war, stand ich mit einem riesigen Berg Schulden da. Ich war kurz vor dem Nervenzusammenbruch. So musste ich wieder ganz von vorn anfangen. Jetzt arbeite ich als Pädagogin in der Nachmittagsbetreuung einer Schule. Es war ein harter Weg, aber ich fühle, dass ich wieder Boden unter den Füßen habe. Meine Kinder leben mit mir und es geht ihnen gut. Wahrscheinlich liegt es an ihnen, dass ich heute gelassener mit mir und mit meiner Familie sein kann.

Wir haben einen hohen Preis für unsere Flucht nach Deutschland bezahlt. Niemand von uns ist fähig, langfristige, intensive Beziehungen aufzubauen. Genau zu der Zeit, in der man sich das erste Mal bindet, Freundschaften knüpft, wurden mein Bruder und ich aus unserer Umgebung herausgerissen und sind dadurch bis heute einsam. Meine Mutter ist rastlos, sie zieht ständig um oder verändert ihre Wohnung. Sie hat noch eine Tochter aus einer zweiten Ehe, aber auch diese ist längst wieder geschieden. Früher dachte ich, mein Vater sei ein Schwächling. Er lebt allein und ist immer für mich da. Heute weiß ich: Wenn wir ihn nicht gehabt hätten, wäre unsere Familie in Deutschland ganz auseinander gebrochen.

Als Immigrant verliert man seine Identität und muss sich eine neue aufbauen. Wenn du nicht stark bist, funktioniert das nicht – meine Mutter war als Alleinerziehende nicht so stabil. Sie musste sich immerzu beweisen: Wir sind gut, wir sind bemüht, wir passen uns an. Ich sehe heutzutage bewusster, was sie alles für mich getan hat: All die Jahre arbeitete sie schwarz nebenbei, bei McDonalds, als Näherin, als Putzhilfe, damit ich auf dem Gymnasium nicht auffiel. Aus ihrer Sicht versuchte sie, das Beste für ihre Kinder zu tun. Auch ich versuche heute, das Beste für meine Kinder zu tun. Ich selbst werde in Deutschland immer eine Ausländerin bleiben. Aber ich tue alles dafür, dass es meinen Kindern einmal Heimat sein wird.

Aus der Ferne für die Heimat

Nicht die lokal verankerte Heimat, sondern das aktiv gestaltende, auf Loyalitäten und Verbindlichkeiten setzende Beheimaten rücken mehr und mehr in den Fokus der Wissenschaft. Der Volkskundler und Historiker Hermann Bausinger beschrieb diese Heimat als »selbst geschaffene kleine Welt, die Verhaltenssicherheit gibt, Heimat als menschlich gestaltete Utopie.«[28] Er zielte vor allem auf eine neue Szene der »Heimatschützer«. Man sieht Berliner vor sich, die in den Brachen der Stadt Nutzgärten einrichten, Kölner, die sich sozial für Flüchtlinge einsetzen. Aber auch viele Immigranten engagieren sich bewusst für eine menschenwürdige Umwelt. Ihnen geht es häufig weniger darum, ihre aktuelle Umgebung zu verändern, als vielmehr gemeinsam mit anderen die eigenen Traditionen zu bewahren oder den Landsleuten zu helfen – vielleicht bei ihrer Ankunft in Deutschland, vielleicht im Herkunftsland.

Was macht es mit einem Menschen, wenn er einen großen Teil seiner Zeit in der Wahlheimat damit verbringt, sich um seine Herkunftsheimat zu bemühen? Muss ihn das nicht daran hindern, sich in der neuen Umgebung zurechtzufinden? Oder ist es genau umgekehrt? In der Sprachwissenschaft hat man festgestellt, dass Immigrantenkinder, die ihre Muttersprache nicht differenziert zu sprechen, schreiben und lesen lernen, sich ihr Leben lang damit schwer tun, die Landessprache präzise zu beherrschen. Schlimmer noch: Ihnen fehlen wichtige Grundlagen für die Bildung ihrer Persönlichkeit.[29] Vielleicht kann man diesen Zusammenhang lose auf die Heimat übertragen? Dann wäre, wer seine ursprüngliche Heimat liebt und ihr treu bleibt, auch ein besonders guter Bürger der Wahlheimat. »Transnationale Lebensweisen transzendieren nationale bezie-

hungsweise nationalstaatliche Gemeinschaftsbildungspro-
zesse, indem Netzwerke, Verbindungen und Loyalitäten über
Grenzen hinweg unterhalten werden«, schreibt die Ethnologin
Beate Binder.[30] Yuan und Kamran sind gute Beispiele dafür: Sie
fühlen sich ihren Landsleuten verpflichtet, über Jahrzehnte
hinweg und trotz der großen räumlichen Distanz. Yuan leitet
eine chinesische Schule, in der chinesische Kinder die Sprache
und Bräuche ihrer Heimat erlernen können. Und Kamran setzt
sich auf höchster politischer Ebene für die Belange der Kurden
ein. Beide dachten lange Zeit daran, in ihre ursprüngliche Heimat zurückzukehren. Das Leben verlief anders als geplant, sie
blieben länger und länger, die sozialen Bindungen wurden stärker, die politische Situation veränderte sich, aber das Heimatland ließ immer noch keine Rückkehr zu. Das bedeutet jedoch
keineswegs, dass sie in Deutschland unzufrieden wären. Beide
sind integriert, haben Freunde, einen Beruf. Yuan hat durch
ihren deutschen Ehemann und ihre Tochter feste Bindungen
in Deutschland. Kamrans rastlose Bemühungen für die Kurden
weltweit brachten ihm Ansehen nicht nur in kurdischen Kreisen, sondern auch in der deutschen Gesellschaft. Damit sind
Kamran und Yuan gerade wegen ihrer festen Verankerung in
ihrer früheren Heimat Sinnbilder für eine gelungene Integration in ihrer Wahlheimat Deutschland.

Schon als Kind begriff ich, dass meine Heimat etwas sehr Wertvolles war

»Heimat sind für mich die Menschen, für die ich
Verantwortung trage.« *Vilém Flusser*

Kamrans Balkon führt auf ein wahres Blütenmeer. Wenn der 70-Jährige zum Rauchen hier sitzt, blickt er auf ein riesiges Areal von Gärten und Hinterhöfen. Nur leise dringt das Geräusch von Autos durch. Dabei wohnt Kamran mitten im Zentrum des Kölner Universitätsviertels mit vielen Restaurants, Cafés und Geschäften. Die Nachbarn grüßen freundlich. Kamran ist seit einigen Jahren an Krebs erkrankt. Wenn er wieder einmal ein paar Tage zur Behandlung weg war, fragen sie ihn, ob sie für ihn einkaufen sollen oder sonst irgendwie helfen können. Aber Kamran klagt nie. Er ist ein stolzer, gut gekleideter Mann. Wenn er zu einem Fest eingeladen ist, trinkt er ein Glas Wein mit den Feiernden, isst ihr Essen und unterhält sich angeregt. Nur selten verzieht sich sein Gesicht vor Schmerzen, wenn die Kanüle für die Chemotherapie am Bauch zwickt. Während seiner Krankheit, das ist für Kamran vollkommen klar, könnte er nirgendwo besser aufgehoben sein als in Deutschland. Aber wenn man ihn nach seiner Heimat fragt, legt er sehnsüchtig die Hand aufs Herz: »Mein Herz fliegt zurück nach Kurdistan in ein kleines Dorf ohne Strom und fließendes Wasser, am Berghang, im Westen des Iran.«

Etwa 40 Millionen Kurden gibt es weltweit, die meisten leben in der Türkei, dem Iran, im Irak und in Syrien. Ihr Traum, einen eigenen kurdischen Staat zu gründen, wurde jedoch bisher immer wieder zerschlagen. Einerseits wurden alle Unabhängigkeitsbestrebungen brutal militärisch unterdrückt. Andererseits lag das Versagen aber auch daran, dass die Kurden sich untereinander nicht einig waren, wie dieses Kurdistan aussehen könnte. Denn die kurdische Ethnie ist so vielfältig, wie die Gegenden, in denen sie leben. Es gibt kurdische Muslime, Sunniten und Schiiten, aber auch kurdische Christen und Juden, Jeziden, Schabak und Ahl-e Haqq. Die Küchen sind regional unterschiedlich, die Sprache ist in drei Hauptdialekte unterteilt.

Die anhaltende Unterdrückung und die brutalen Überfälle der Terrortruppen des Islamischen Staates auf kurdische Siedlungen im Irak ließ die Kurden dennoch in den vergangenen Jahren enger zusammenrücken. Kamran glaubt, dass die Chancen, doch eines Tages die Unabhängigkeit auszurufen, in den vergangenen Jahren gestiegen sind. Das irakische Militär versagte bei dem Versuch, die Zivilbevölkerung gegen die Überfälle des IS zu schützen. Die Bilder von hungernden Kindern und Alten, die vor den Islamisten in die unwirtlichen Berge geflohen waren, bewegten schließlich auch Deutschland, Waffen an die kurdischen Peschmerga-Kämpfer zu liefern.

Auch im Iran, Kamrans Herkunftsland, formieren sich die Kurden zunehmend gegen das fundamentalistische Regime und fordern mehr politische Rechte. Immer wieder kommt es zu Protesten, die blutig niedergeschlagen werden. Kamrans Traum, seine Heimat im Iran noch einmal zu sehen, ist dadurch in die Ferne gerückt. Aber er gibt die Hoffnung nicht auf. In der Zwischenzeit findet er bei allen gesundheitlichen Rückschlägen immer noch die Kraft, seine Landsleute tatkräftig zu unterstützen. Noch vor Kurzem organisierte er, dass Geld gesammelt und davon warme Decken und Schulmaterial gekauft und in die kurdischen Berge gebracht wurden. Um sich zu Beheimaten müsse man aktiv die Heimat gestalten, sagt die Psychologin Beate Mitzscherlich. Kamran gestaltet seine Heimat aktiv. Allerdings liegt sie etwa 5000 Kilometer von seinem blumenreichen Zuhause in Köln entfernt.

»KAMRAN: Heimat hat keine Grenzen. Mein Leben lang habe ich für meine Heimat gekämpft. Egal, wo ich gerade gelebt habe, in Paris, London oder Köln – immer war ich politisch für die kurdische Bewegung aktiv. Am Anfang, als junger Mann, habe ich mich selbst noch als Revolutionär bezeichnet. Inzwischen glaube ich, dass wir den Kampf nur ohne Waffen gewinnen können. Zusammen mit ein paar Freunden arbeite ich ein Konzept aus, das uns ermöglicht, ohne Gewalt zu einem Kurdenstaat zu gelangen. In dieser Eigenschaft bin ich für mein Volk wertvoller, als ein Revolutionär.

In unserem Bergdorf, das wir auf Kurdisch Kanüla nannten, war es keineswegs selbstverständlich, dass ich einmal studieren würde. Nur zwei oder drei Dorfbewohner konnten überhaupt lesen, die meisten waren Analphabeten. Als ich fast sechs Jahre alt war, begann ich, zur Schule zu gehen. Die erste Schule in Reichweite war ungefähr 20 Kilometer von unserem Dorf entfernt. Meine Mutter machte mir morgens ein Brot mit ein bisschen Butter und Käse für unterwegs, dann ritt ich auf unserem Pferd los. In der Klasse waren wir acht oder neun Schüler, darunter auch ein Mädchen. Ich mochte unseren Lehrer sehr. Er brachte uns bei, uns am Fluss zu waschen, die Ohren, die Füße und die Haare. Kurdistan war ein sehr rückständiges Land, und wir mussten noch viel lernen.

Bildung war meinem Vater sehr wichtig. Wir hatten in unserem Lehmhaus ein paar handgeschriebene Bücher, darunter ein Buch namens »Schah-Nameh«, das berühmte Buch der Könige von dem iranischen Epiker Ferdowsi. Als kleiner Junge beobachtete ich, wie mein Vater liebevoll darin blätterte. Er brachte mir lange vor meiner Einschulung das Lesen und Schreiben bei. Für mich war das ein angenehmer Zeitvertreib, viel spannender, als mit meinen Freunden Steine zu werfen oder auf Bäume zu klettern. Als ich in die Schule kam, war ich den Mitschülern weit voraus und mit neun Jahren schloss ich bereits das vierte Schuljahr ab.

Mein Vater war ursprünglich Bauer, hatte aber zum iranischen Militär gewechselt. Zusammen mit anderen Soldaten hatte er die Aufgabe, die Grenze zwischen Irak und Iran zu schützen. Es gab ständig Überfälle aus dem Irak. Die Grenzen dort sind nicht so, wie man sich das hier in Deutschland vorstellt. Sie schwimmen, sind ständig in Bewegung – heute verliert man ein Dorf, morgen gewinnt man wieder eines dazu und hisst dort die iranische Flagge. Waffenschmuggel war das lukrativste Geschäft, an dem auch Militärs beider Seiten beteiligt waren. Die Grenzsoldaten sollten dieses Territorium schützen. Aber gleichzeitig waren viele dieser Soldaten in unserer Region auch Teil der Kurdischen Nationalbewegung und bekämpften ihren eigenen Staat. Denn wir selbst zogen noch eine weitere, interne Grenze – die zwischen Kurdistan und dem Iran. Die Kurden entwarfen immer wieder neue Landkarten von Kurdistan, die von Hand zu Hand, von Schule zu Schule weitergegeben wurden. Unsere Soldaten lehnten im Grunde die Zentralregierung ab, aber gleichzeitig arbeiteten sie beim Militär, um ihre Dörfer zu schützen. Die Zentralregierung war in dieser Region machtlos und hatte kein Interesse. Deshalb mussten unsere Soldaten unsere Dörfer sowohl vor Schmugglern, vor Überfällen aus dem Irak, aber auch vor korrupten, schikanösen iranischen Polizisten schützen.

Schon als Kind begriff ich, dass meine Heimat etwas sehr Wertvolles war, und wir um ihre Freiheit kämpfen mussten. Seit ich sechs oder sieben Jahre alt war, nahm ich an den Dorfversammlungen teil. In einem großen Gemeinschaftsraum trafen sich 30–40 hochangesehene Personen. Auch Bauern aus den Nachbardörfern waren anwesend. Wir saßen alle auf dem Boden, nur der Dorfälteste thronte ein wenig erhöht. Ein paar Frauen hielten das Feuer am Brennen, bereiteten das Essen zu und brachten ab und zu Tee herein. Einige Kinder saßen neben ihren Vätern. Auch ich stützte mich auf Vaters Schoß auf. Ich war sehr stolz auf meinen Vater. Er war gutaussehend und stark. Und er konnte hervorragend lesen und schreiben. In den Versammlungen versuchte man, aus dem Dilemma herauszukommen, gegen zwei Seiten kämpfen zu müssen. Es wurde überlegt, einen Boten zu den Irakern zu schicken und sie zu bitten, unsere Dörfer nicht mehr zu überfallen. Dafür würden wir ihnen einige Schmuggelrouten für ihre Waren zur Verfügung stellen, für Tee oder Waffen. Von der iranischen Zentralregierung wiederum forderte die Versammlung, dass sie endlich die Wasserversorgung vorantreiben und Straßen und Schulen bauen sollte. Die Region war unterentwickelt. Mein Vater war besonders verärgert, dass es weder Gymnasien noch Universitäten gab. Von Elektrizität wurde nicht einmal gesprochen. Strom lernte ich erst kennen, als wir in die Stadt zogen. Aber Wasser – das war lebensnotwendig.

Die »Alten« rangen um Verhandlungen. Ich erinnere mich aber auch an ein paar junge Leute, um die 20 Jahre alt, auf diesen Versammlungen, die keine Kompromisse wollten. Sie beschlossen, in die Berge zu gehen und von dort aus gegen die Zentralregierung zu kämpfen. Sie nannten sich Peschmerga. Mein Vater schaffte es, zu einem Verbindungsglied zwischen diesen Peschmerga und der Zentralregierung zu werden. Er wollte den bewaffneten Kampf eindämmen, wollte zeigen, dass es auch ohne geht. So erreichte er beispielsweise, dass ein kleines Krankenhaus in unserer Nähe gebaut wurde, mit einem Arzt und einer Krankenschwester. Dort wurden kranke und verletzte Kurden behandelt – auch die Kämpfer aus den Bergen. Auch ich war schon sehr früh politisch aktiv und hatte bestimmte Aufgaben zu erfüllen. Weil ich ein guter Reiter und Bergsteiger war, wurde ich beauftragt, Nachrichten zu überbringen oder Pakete. Am Anfang übergab ich nur harmlose Sachen, meistens Informationen, die ich selbst gar nicht deuten konnte. Aber später überbrachte ich auch einige Male Waffen. Einmal packte ich drei Pferde mit Gewehren voll und lieferte sie an unsere Kämpfer.

Als ich älter war, ging ich in den Schulferien selbst in die Berge und lebte dort mit den Peschmerga. Das Gewehr war schwer, und ich konnte nicht gut zielen, geschossen habe ich trotzdem. Es waren chaotische Verhältnisse. Wir lebten in Bergdörfern und Höhlen. Später bekamen wir von den Amerikanern Zelte, in denen sechs Personen Platz fanden. Die Dörfer unterstützten die Kämpfer mit Essen und Kleidung. Als ich acht Jahre alt war, zogen wir in die Stadt Kermanschah und als ich zwölf war, ging meine Familie nach Teheran. Aber sobald ich Sommerferien, Winterferien oder ein paar freie Tage hatte, war ich in den Bergen. Ich konnte mich nicht von meinen Kampfgefährten lösen. Sogar das Brot schmeckte mir bei ihnen besser. Brot auf dem offenen Feuer gebacken und dann Butter darauf – dafür wäre ich Tausende Kilometer weit gelaufen.

Nach und nach begriff ich, dass der bewaffnete Widerstand keinen Sinn mehr machte. Die Zentralregierung war sehr mächtig, hatte Bomben und Flugzeuge, und wir schossen mit ein paar Gewehren, die oft nicht einmal funktionierten. Wir mussten auf der politischen Ebene kämpfen. Der eigene Staat Kurdistan war nicht mehr so wichtig, sondern wir wollten Demokratie für den Iran und Selbständigkeit für Kurdistan, so eine Art Selbstverwaltung mit föderalen Formen. Wenn Demokratie herrscht, haben alle ihre Freiheit. Diese Ideen waren auch für die Studenten und Intellektuellen interessant und viele betuchte Leute unterstützten uns. Mit fast 18 beendete ich das Gymnasium und wollte möglichst schnell das Land verlassen, bevor ich zum Militär eingezogen werden konnte. Mein Vater unterstützte mich: »Junge, geh lieber für eine Weile ins Ausland, dort bist du für die Kurden wertvoller, als bei der Armee.« Deutschland faszinierte mich – saubere Straßen, saftige grüne Bäume, Demokratie. Ich beschloss, dort zu studieren.

Der Abschied fiel mir leicht. Fremd sein, in der Fremde leben, das war ich gewohnt. Ob wir nun von Kurdistan nach Belutschistan gingen oder nach Teheran – dort fühlte ich mich auch fremd. Die Straßen, die Menschen, alles war anders. Ich hatte in Teheran niemals ein Heimatgefühl. Es gab dort mehr Kinos, mehr Veranstaltungen, mehr Schulen, ein paar öffentliche Schwimmbäder, in denen sich junge Leute treffen konnten. Aber das dreckige Planschbecken in Kurdistan, das auch als Wasserreservoir diente, war mir tausendmal lieber. Auch wenn ich seit Jahrzehnten in Deutschland lebe: Ich fühle mich mit diesen Bergbewohnern sehr eng verbunden, bin immer einer von ihnen geblieben. Heimat heißt für mich ein lebendiges Wir-Gefühl mit den Menschen, mit denen man das Schicksal teilt: das Leid, aber auch die Freude und den Erfolg.

Ich kam 1963 nach Deutschland, als Student der Philosophie und Geschichte. Nebenbei arbeitete ich beim Rundfunk und als Dolmetscher. Gleichzeitig war ich immer für die Sache der Kurden unterwegs. Weltweit knüpfte ich Kontakte und trug unsere Probleme vor. Dabei versuchten wir immer, uns von der ziellosen Gewalt zu distanzieren, vor allem von der Terrororganisation PKK. Im Laufe der Zeit habe ich auch einige deutsche Politiker, allen voran Willy Brandt kennengelernt. Ich erzählte ihm von meinem kurdischen Anliegen, und er half, wo er konnte.

Viele Jahre hoffte ich, irgendwann wieder im Iran leben zu können. 1978 gab es für mich eine konkrete Option zurückzugehen, als wir, die kurdischen Organisationen, einen »Bildungssturm« planten. Wir sprachen alle Kurden weltweit an und forderten sie auf, mit uns nach Kurdistan zurückzugehen, dort Schulen und Kindergärten aufzubauen, die Straßen zu erneuern – mit all dem, was wir im Ausland erlernt hatten. Ich beschwor die Kurden: »Wir können doch nicht immer wie die Zigeuner leben. Wir haben kein Heimatgefühl hier.« So hatte ich allein 1036 Personen überzeugen können, für den Bildungssturm ihre Häuser und Existenzen aufzugeben. Doch dann gab es plötzlich eine Terrorwelle und ein paar Monate später, im Februar 1979, fand die islamische Revolution im Iran statt. Millionen Menschen verloren alles, weil diese Ajatollahs und Mullahs das Land in die Rückständigkeit trieben. Auch uns wurde die Situation zu chaotisch. Die Aktivisten, mit denen wir vor Ort verhandelt hatten, wurden später hingerichtet.

Zwischenzeitlich hatte ich keinen Ausweis mehr und musste illegal von Deutschland aus nach England, Frankreich oder Kurdistan reisen. Die iranische Botschaft hatte sich geweigert, meinen Pass zu verlängern, weil ich politisch aktiv war. Ich war daher sehr erleichtert, als ich – Jahre später – in Deutschland eingebürgert wurde. Ich war so distanziert von dem Regime im Iran, dass ich keinerlei Hemmungen hatte, meine iranische Staatsbürgerschaft abzulegen. Im Gegenteil, ich war sehr dankbar, dass nun der deutsche Staat hinter mir stand. Als Staatenloser ist man auf der Welt verloren. Hier kann ich frei sein, über mich erzählen, ohne Angst haben zu müssen.

Nach über 50 Jahren in Deutschland ist es mein Zuhause. Ich fühle mich nicht nur aus Dankbarkeit deutsch, sondern auch, weil ich tatsächlich etwas mit den Menschen hier teile. Ich fuhr fast jedes Jahr nach Berlin und fand die Mauer ekelhaft, sie verbarrikadierte alles. Als sie endlich fiel, zitterte ich vor Aufregung.

Ich habe mich in meinem Kölner Viertel eingelebt, habe viele Kontakte, freue mich, wenn die Nachbarn mich grüßen oder mir Hilfe anbieten. Ich fühle, dass auch ich den Menschen hier etwas zurückgeben muss: Solidarität. Die Forderung, Integration staatlich zu fördern, ist verrückt. Der Mensch, der hierher kommt, muss sich selbstverständlich selbst integrieren und einbringen. Dafür muss man vielleicht auch manchmal Dinge tun, die man aus seiner Heimat nicht kennt: Wenn du nie in eine deutsche Kneipe gehst und mit über die Bundesliga diskutierst, dann wirst du die Deutschen nie verstehen.

Solange man in der Heimat ist, kann man sie nicht richtig verstehen

»Wenn der Baum gefällt ist, fliegen die Vögel davon.«
Chinesische Novellensammlung

1949 gewann in China die Kommunistische Partei den Bürgerkrieg und rief die Volksrepublik China aus. Es folgten Jahre der Umstrukturierung zu einer staatlich gelenkten Wirtschaft. Doch das Programm Mao Zedongs misslang, besonders die Kollektivierung der Landwirtschaft. Zusätzlich wurde das Land ab 1959 drei Jahre hintereinander von Dürreperioden heimgesucht. Das Resultat war eine Hungersnot, der bis zu 40 Millionen Menschen zum Opfer fielen. Genau in dieser Zeit, 1961, wurde Yuan in Peking geboren. Als kleines Kind erlebte sie die »Kulturrevolution«, Maos Antwort auf die zunehmende Kritik aus eigenen Reihen. Zehn Jahre lang wutete er gegen Andersdenkende aus Politik, Kultur und Bildung. Die Universitäten – Yuans Eltern waren beide Professoren – waren besonders betroffen. Zeitweilig wurde ihre Arbeit vollständig eingestellt, das Lehrpersonal in die Dörfer strafversetzt. Als Yuan China verließ, war Zedong bereits seit vielen Jahren tot. Aber die Antwort auf Proteste sah die Regierung immer noch in Gewalt: Kurz vor ihrer Ausreise erlebte Yuan 1989 die Niederschlagung eines Volksaufstandes auf dem Tian'anmen-Platz. Die Hoffnung vieler Chinesen, der Zusammenbruch der Sowjetunion würde auch in China Reformen auslösen, wurde enttäuscht. Bis heute wird die Weltmacht von einer kommunistischen Führung gelenkt.

Ihr Händedruck ist vorsichtig, ihre Stimme leise. Wer Yuan nicht kennt, könnte sie für schüchtern halten. Zart sieht sie aus, schlank, mit langem schwarzem Haar. Ihr mädchenhaftes Lachen verrät allerdings schnell, dass sie nur zurückhaltend ist. Pure Lebenslust und jugendliche Neugier brachten Yuan dazu, nach Deutschland auszuwandern. Doch bei ihrer Ankunft, vor 24 Jahren, erlebte sie einen schweren Kulturschock. Sie hatte im sozialistischen China eine andere Sozialisation erfahren und fühlte sich lange fremd in der neuen Wahlheimat. Man kann die neue Heimat nur akzeptieren, wenn man seine eigenen Wurzeln versteht, glaubt sie. Deshalb engagiert sie sich in der chinesischen Schule, dem einzigen Ort, an dem chinesische Kinder in Köln ihre Muttersprache und mehr über die chinesische Kultur lernen können.

≫YUAN: Heimat muss man sich schaffen. Wer in Deutschland lebt, muss die Normen und Werte hier akzeptieren. Dennoch darf man seine eigene Kultur nicht leugnen, denn am Ende bleibt ein Chinese ein Chinese. Wenn ich nur versuche, mich anzupassen, verliere ich mich selbst – und die Deutschen sehen trotzdem die Ausländerin in mir. Nur wenn ich beide Sprachen spreche und mich in beiden Kulturen sicher bewege, werde ich sowohl in China als auch in Deutschland akzeptiert und kann meine Heimat frei wählen.

Unsere chinesische Schule wurde vor etwa 20 Jahren von einigen Taiwan-Chinesen gegründet, eigentlich nur für ihre Kinder, die in Deutschland aufwuchsen und ihre eigene Sprache nicht schreiben konnten. Wo sollten sie richtig Chinesisch lernen? Manche chinesischen Kinder hier in Deutschland verstehen nicht einmal Mandarin, Hochchinesisch, denn zu Hause sprechen sie mit ihren Eltern nur Dialekt. Ich war von Anfang an am Aufbau der Schule beteiligt. Viele Jahre lang unterrichtete ich die Kinder, mittlerweile bin ich die Vorsitzende unseres Vereins und stellvertretende Schuldirektorin. Mir ist es sehr wichtig, dass wir nicht nur die Sprache, sondern auch die chinesische Kultur und Tradition vermitteln. Jeden Samstag unterrichten wir zwei Schulstunden Chinesisch und in der dritten Stunde gibt es Arbeitsgemeinschaften, in denen den Kindern das typisch chinesische

Pinselmalen oder Kalligraphie beigebracht wird. Wir gehen oft mit ihnen in das Ostasiatische Museum in Köln. Viele unserer Schüler kommen aus armen Familien, oft arbeiten die Eltern in chinesischen Restaurants und haben keine Zeit für sie. Sie haben selbst keine Bildung genossen und würden niemals ein Museum besuchen. Diese Kinder verstehen schlecht Deutsch, aber die chinesische Kultur kennen sie auch nicht. Wir kämpfen darum, ihnen mehr von beiden Seiten zu vermitteln.

Ich kam erst als Erwachsene nach Deutschland und kann mich noch gut an diesen Kulturschock erinnern. Der Alltag in Peking war völlig anders. Meine Eltern waren beide Professoren für Russisch, und wir wohnten auf dem Gelände der berühmten Achten Universität, durch eine hohe Mauer von der Stadt getrennt. Es gab dort wirklich alles, eine eigene Schule für die Kinder der Dozenten, einen Kindergarten, eine Mensa, ein Schwimmbad und sogar eine Schlittschuhbahn. Bis kurz vor meiner Geburt hatte in China eine schlimme Hungersnot geherrscht. Auch in meiner Kindheit waren die Lebensmittel rationiert, und wir bekamen gegen Essensmarken als vierköpfige Familie monatlich nur drei Kilo Fleisch, ein Kilo Zucker und zwei Kilo Eier. Wir hielten deshalb zehn Hühner auf unserem Balkon. Hauptsächlich aßen wir ihre Eier, aber manchmal gab es als Festmahl Hühnerfleisch. Trotz der Armut habe ich sehr schöne Erinnerungen an meine Kindheit. Meine Tochter Lisa wuchs in Deutschland auf. Manchmal verabredete sie sich nachmittags mit ihren Freundinnen, aber meistens gingen alle Kinder nach der Schule nach Hause. Ich beobachtete, dass sie sich oft einsam fühlte und sich furchtbar langweilte. Langeweile kannte ich als Kind überhaupt nicht, ich war nie allein. Schon als Kleinkinder übernachteten wir sechs Tage pro Woche im Kindergarten und die Beziehungen zu meinen Freunden waren sehr eng. Unsere Eltern durften wir nur am Sonntag sehen.

Zur Zeit der Kulturrevolution, Anfang der 70er Jahre, wurden unsere Eltern für drei oder vier Jahre in die armen Provinzen im Süden Chinas geschickt, um dort Dorfkinder zu unterrichten. Während sämtliche Professoren weg waren, wohnten wir Kinder in der Schule in unseren Klassenzimmern. Vormittags hatten wir Unterricht, danach gingen wir in die Mensa und nachmittags spielten wir zusammen. Abends räumten wir die Tische beiseite und rollten unsere Matratzen aus.

Erst mit etwa 13 Jahren begriff ich, wie privilegiert unser Leben war. Ich begann, zur Mittelschule außerhalb unseres Universitätsgeländes zu gehen und sah erstmals, dass meine Schulfreunde in der Altstadt ohne fließendes Wasser und mit einer gemeinschaftlichen Kochecke im Hof lebten. Auch später bei der Auswahl der Studienplätze wurde deutlich, wie ungerecht das System war. Die Aufnahmeprüfungen für die Universitäten waren unglaublich schwer, nur etwa vier Prozent der Bewerber bekamen eine Zulassung. Manche Kinder »verdienter Arbeiter« wurden einfach ohne Prüfung aufgenommen, weil sie der Universität von irgendeinem Funktionär »empfohlen« worden waren. Für kluge Kinder aus den Dörfern dagegen war es fast unmöglich, aus eigener Kraft einen Studienplatz zu bekommen.

Dennoch rebellierte ich nie. Ich bestand die Aufnahmeprüfung im zweiten Anlauf, studierte Betriebswirtschaftslehre und blieb danach als Dozentin an der Universität. Damit war mein Leben vorgezeichnet: Ich würde diese Stelle bis zu meiner Pensionierung innehaben. An den Demonstrationen gegen das kommunistische Regime 1989 nahm ich nicht aktiv teil. Aber ich begann, meine Heimat kritisch zu sehen. Trotzdem zögerte ich, und das war mein Glück: Deshalb war ich am 4. Juli 1989 nicht auf dem Tian'anmen Platz, als das Militär die Proteste niederschlug.

Dem Massaker folgte eine Periode, in der das Land sich etwas öffnete und das war meine Chance, China zu verlassen.

Ich wollte einfach nur für eine Weile der Eintönigkeit meines Pekinger Lebens entkommen. Ich sendete meine Unterlagen an eine Schulfreundin, die in Deutschland lebte und sie organisierte mir einen Studienplatz in Köln. Im Winter 1990 brach ich auf, mit der Transsibirischen Eisenbahn durch China und Russland, mit einem längeren Zwischenstopp in Moskau. Die Reise war ein unglaublich schönes Erlebnis. Ich war 29 Jahre alt und fühlte mich jung, stark und frei.

Ach, war das eine furchtbare Ernüchterung, als ich in Köln ankam. Ich war gewohnt, viele Menschen um mich zu haben – jetzt war ich plötzlich ganz allein. Meine Freundin hatte kaum Zeit für mich, sie lebte mit ihrem deutschen Freund zusammen und arbeitete viel. Unsere Lebensstile passten nicht mehr zusammen, sie verdiente viel, ich dagegen sprach noch kein Deutsch und musste diverse Studentenjobs annehmen, um mich zu finanzieren. Ich teilte mir ein Wohnheimzimmer mit einer deutschen Medizinstudentin und auch das war eine große Belastung. Ich kam oft spät abends von der Arbeit nach Hause und durfte mich nicht einmal waschen, sie wurde sehr wütend, wenn ich sie weckte. Sie dagegen stand morgens früh auf und föhnte sich im Zimmer die Haare. Zwei Jahre lernte ich intensiv an der Universität Deutsch. Ich hatte allerdings nicht ernsthaft vor, noch einmal ein Studium abzuschließen. Ich hatte schreckliches Heimweh und für mich stand fest, dass ich irgendwann nach Peking zurückgehen würde.

Solange man in der Heimat ist, kann man sie nicht richtig verstehen. Ich habe eigentlich erst begriffen, was mir China bedeutet, als ich nicht mehr dort lebte. Ich bin in Deutschland ein anderer Mensch als in China. Wir Ausländer leben hier in einem anderen sozialen Kontext und benehmen uns ganz anders, als wir das in unserer Heimat tun würden. In Peking war ich Dozentin an der Universität und hatte fast ausschließlich mit anderen Akademikern Kontakt, in Köln arbeite ich mit Menschen zusammen, die – bis auf manche anderen Ausländer –

viel weniger qualifiziert sind, aber teilweise dennoch oder vielleicht gerade deshalb auf uns Ausländer herabsehen. Dadurch habe ich kaum private Kontakte zu Kollegen, wie das in China üblich ist. Auch unser Freundeskreis ist ein anderer. Ich habe heutzutage mit meinem Mann zusammen viele Freunde, auch deutsche. Aber die Nähe, die ich zu meinen Schulfreunden in Peking hatte, habe ich nie wieder finden können.

Die Einsamkeit und das Heimweh in den ersten Jahren waren schrecklich. Die Feiertage verbrachte ich ganz allein oder mit anderen Chinesen. In der Zeit begann ich eine Beziehung mit einem chinesischen Mann, der mit mir zusammen den Deutschkurs besuchte. Uns verband nur das Gefühl der Einsamkeit. Trotzdem wohnten wir eine Weile zusammen, und ich wurde von ihm schwanger. 1994 wurde meine Tochter Lisa geboren. Zum Zeitpunkt ihrer Geburt hatten wir uns bereits getrennt, und ich musste das Leben für mich und mein Kind allein organisieren. Ich lebte immer noch von Studentenjobs, aber als Alleinerziehende konnte ich keine Arbeit annehmen und das Kind ohne Aufsicht lassen. Das alles wuchs mir über den Kopf. Nach einem Jahr brachte ich Lisa zu meinen Eltern und meinem Bruder nach Peking. Sieben Jahre lang lebte sie dort, und ich konnte sie nicht einmal jedes Jahr besuchen, denn das Geld reichte dafür nicht.

Sollte ich zurück nach Peking gehen? Ich dachte viel darüber nach. Einige meiner Freunde lebten wieder in China, aber das Land hatte sich stark verändert, die Universitäten waren umstrukturiert und viele Firmen privatisiert worden. Ich ging auf die 40 zu. Was sollte ich dort beruflich machen? Wo sollte ich wohnen – wieder bei meinen Eltern? Ich fand die Situation zu unsicher und schob die Entscheidung vor mir her. Während ich noch unschlüssig war, wurde Deutschland mehr und mehr zu meiner zweiten Heimat: 1999 lernte ich meinen Mann kennen, einen Deutschen. In der Firma, in der ich bereits seit Jahren als studentische Aushilfe arbeitete, sprach mich der Chef an, ob ich nicht fest angestellt werden wollte. Und als mein Mann und ich eine Weile zusammen gewohnt hatten, beschlossen wir zu heiraten und Lisa endlich zu uns nach Deutschland zu holen. Mein Mann nahm Lisa liebevoll an wie eine eigene Tochter.

Inzwischen lebe ich seit über 20 Jahren in Deutschland und fühle mich in Peking fremd. Jedes Jahr besuche ich meine Eltern und immer, wenn ich dort bin, stelle ich fest, dass es schwer für mich wäre, wieder dort zu leben. Meine Freunde in China sagen, dass ich so »gerade« denke wie die Deutschen. Sie lachen darüber, dass ich mich so streng an Gesetze und Vorschriften halte und wenn ich irgendetwas verspreche, dann mache ich das auch. Die Beziehungen in China haben sich verändert, die neue Generation ist ganz anders als wir es waren. Luxus und Geld spielen im Moment in China eine große Rolle. Mir dagegen ist das nicht wichtig. In Deutschland lebt man mehr für das Leben. Und doch bin ich durch und durch Chinesin. Für meine Tochter ist die Frage nach ihrer Herkunft komplizierter. Durch meine Entscheidung, China zu verlassen, sind wir beide in gewissem Sinne entwurzelt.

Auch wenn sich Lisa riesig auf unser Zusammenleben gefreut hatte, hatte sie doch lange Zeit psychische Probleme. Sie fühlte sich von mir allein gelassen. Sie war von meinen Eltern und meinem Bruder sehr verwöhnt worden, hier dagegen musste sie nach der Schule in einen Hort gehen, denn mein Mann und ich gingen beide arbeiten. Sie fragte mich oft, wen ich mehr liebe, sie oder meinen Mann. Mir war klar, dass sie litt. Aber sie passte sich schnell an die deutsche Kultur an und hatte fast nur deutsche Freunde. Einerseits war ich froh darüber, andererseits auch etwas beunruhigt. Mir war wichtig, dass sie ihre chinesischen Wurzeln nicht verlor. Mein Mann und ich bemühten uns, ihr beides zu vermitteln, die chinesische und die deutsche Kultur. Wir feiern jedes Jahr mit meiner Schwiegermutter zusammen Weihnachten und mit chinesischen

Freunden das chinesische Frühlingsfest. Ich sorgte dafür, dass sie auch mit chinesischen Kindern zusammentraf, aber sie hatte weniger Lust auf den Kontakt mit ihnen. Sie sagte immer: »Mama, du willst mich nach chinesischer Art erziehen, aber ich lebe in Deutschland!«

Leider verlor meine Tochter mit etwa 16 Jahren die Lust daran, Chinesisch zu lernen. Sie findet die alten Schriftzeichen und die Kultur nicht so spannend, interessiert sich mehr für Handys und Computer. Ich versuche, möglichst viel Chinesisch mit ihr zu reden, aber sie hat viel von ihren Chinesischkenntnissen bereits verloren. Ihr war das lange Zeit egal. Jetzt ist sie 20 und fühlt sich als Deutsche – mit einem chinesischen Pass. Ich widerspreche ihr: »Du siehst aus, wie eine Chinesin, nicht wie eine Deutsche, aber Chinesisch beherrschst du nicht fließend. Die Leute werden sich fragen: Wer bist du eigentlich?«

Heimat

IST DER RAUM, IN DEM WIR UNS SICHER BEWEGEN KÖNNEN

*Ein Gespräch mit
Beate Mitzscherlich, Psychologin*

Als Beate Mitzscherlich 1995 zum Thema »Subjektive Dimension von Heimat« promovierte, stieß sie noch auf Skepsis. Heimat war als Begriff belastet und erschien als komplexes Gefühl ungeeignet für eine systematische wissenschaftliche Untersuchung. Heute unterrichtet sie als Professorin für Pflegeforschung an der Westsächsischen Hochschule Zwickau und wird vielfach zitiert mit ihrer Hauptthese: Dass Heimat eine Frage des Sich-Beheimatens ist, also kein statischer Zustand, sondern ein aktiver Prozess. So erklärt sich auch die zunehmende Popularität ihres Themas: Gerade angesichts der Ohnmacht, die die Globalisierung bei vielen Menschen auslöst, wird ihnen der Bezug zur Heimat als überschaubarer und beeinflussbarer Nahraum immer wichtiger.

Frau Mitzscherlich, braucht der Mensch eigentlich Heimat?
Ja, natürlich. Weil wir in einem Körper leben, sind wir auf Orte und Räume bezogen. Ina-Maria Greverus nannte das »das Prinzip Territorialität«. Heimat sind Orte und Menschen, die für uns biografisch bedeutsam sind, mit denen wir persönliche Geschichten verbinden, die Teil unserer Identität geworden sind.

Ist Heimat nicht einfach immer da, auch wenn ich gerade woanders lebe?
Nein, Heimat ist heute kein sicherer Besitzstand mehr. Eine der zentralen Erfahrungen der modernen Welt ist dieses Gefühl der Ungeborgenheit, des Dis-Embedding. Viele Menschen fühlen sich nicht mehr eingebettet in Kontexte wie Nachbarschaften, Kirchengemeinden, Vereine oder Gewerkschaften. Früher wurden Zugehörigkeiten und Werte sozusagen mit dem Herkunftsmilieu vererbt. Heute kann und muss ich selbst entscheiden, ob ich katholisch bleiben oder mich in der Gewerkschaft engagieren will oder nicht. Inzwischen leben Menschen sehr unterschiedlicher Herkunft und Erfahrung sowohl in den Städ-

ten als auch auf dem Land zusammen und auch da, wo die Mehrheitskultur deutsch ist, ist sie nicht mehr homogen. Wir können nicht mehr davon ausgehen, dass sie alle ähnlichen Werten, Normen, kulturellen Spielregeln folgen. Das ermöglicht dem Einzelnen mehr Freiheit, verunsichert und schwächt aber das soziale Miteinander und überfordert viele Menschen, weil sie die Konsequenzen individueller Entscheidungen nicht mehr vorhersagen können. Mit Heimat benennen wir einen Raum von Vertrautheit und Zugehörigkeit, in dem wir uns auskennen und uns sicher bewegen können.

Was bedeuten denn solche lokalen Wurzeln noch, wenn Menschen beruflich wie privat weltweit unterwegs sind?
Mobilität ist für viele Menschen ein Gewinn und ermöglicht Austausch über die mitunter engen Grenzen der Heimat hinweg. Wenn sie aber – wie in der Gegenwart – zunehmend zum Zwang wird, stößt sie irgendwann nicht nur an physische Grenzen, sondern zerstört gemeinschaftliche Zusammenhänge, die auf direkte Kommunikation angewiesen sind.

Aber es gibt doch Mobiltelefone und Skype ...
Telefone und Internet erleichtern es natürlich, auch über Entfernungen in Kontakt zu bleiben, aber sie können körperliche Präsenz nicht ersetzen. Als Menschen in einem Körper sind wir auf körperliche Nähe zu anderen angewiesen und alle wesentlichen Bindungsprozesse basieren auf körperlicher Präsenz: Die Bindung an nahe Menschen genauso wie die Ortsbindung.

Trotzdem lehnen viele Menschen Heimat ab. Für sie ist der Begriff untrennbar verknüpft mit Kitsch und rechtem Gedankengut.
Der Kitschfaktor hat heute ja schon wieder einen gewissen Unterhaltungswert, jedenfalls nehme ich wahr, dass jüngere

Leute – auch in der Kunst oder in der Musik – mit Versatzstücken und Symbolen von Heimat durchaus ironisch spielen und viel Spaß daran haben. Ernster zu nehmen ist sicher, dass mit dem Heimatbegriff eben auch eine Tradition des Ressentiments und der Ausgrenzung von Fremden transportiert werden kann, wie es beispielsweise rechte Parteien und Strömungen versuchen. Wohin das führt, hat man im Nationalsozialismus gesehen: Der jüdischen Bevölkerung, den Sinti, aber auch Menschen, die gegen den braunen Strom geschwommen sind, hat man erst das Heimatrecht und dann eben auch das Lebensrecht abgesprochen. Im gewissen Sinn sind Zerstörung und Vernichtung auf Deutschland zurückgefallen und viele Deutsche haben durch die Vertreibungen selbst Angehörige, Besitz, ihre Wohnung und damit Heimat verloren.

Was war für Sie der Anlass, sich trotzdem wissenschaftlich mit Heimat auseinander zu setzen?
In der DDR habe ich Heimat eher als einen von oben verordneten Begriff beziehungsweise als Identitätszwang erlebt und war nach der Wende sehr froh, endlich reisen und die Welt sehen zu können. Allerdings stellte ich nach einigen Jahren exzessiven Reisens und Arbeitens fest, dass mir eine bestimmte Art sozialer Nähe, die die DDR erzeugt hat, die Vertrautheit mit Orten und deren kulturellen Codes, fehlte. Im Laufe der Zeit hatte ich ein starkes Bedürfnis nach Heimat und Bindung entwickelt. Also kehrte ich wieder in den Spreewald zurück, aus dem ich ursprünglich komme, suchte nicht nur Orte, sondern auch Menschen auf, mit denen mich eine gemeinsame Geschichte verband und stellte fest, dass es psychisch sehr entlastend ist, wenn man quasi wieder »Boden unter den Füßen«, aber eben auch vertraute Menschen in seinem Umfeld hat. Diese stabilisierende Funktion von Heimat interessierte mich natürlich auch als Psychologin.

Heute ist Heimat wieder in aller Munde. Wieso sind gerade die jungen Leute wieder an dem Thema interessiert?

Es gab immer so eine Art Wellenbewegung, was die Popularität des Heimatbegriffs betrifft. Dahinter steckt ein ganz menschliches Bedürfnis: Je härter die Realität, umso mehr Sehnsucht nach heiler Welt. In den 50er Jahren, als die Städte ringsum noch in Trümmern lagen und viele Kriegsheimkehrer oder Heimatvertriebene nur sehr mühsam eine neue Existenz aufbauen konnten, gab es einen Boom von Heimatromanen, Heimatfilmen, Schlagern. Dann war in den 80er Jahren die Heimat wieder ein großes Thema, als Ölkrise, atomare Aufrüstung und Umweltverschmutzung apokalyptische Ängste weckten. Der gegenwärtige Hype um Heimat hat vermutlich ebenfalls mit Ängsten zu tun: Tatsächlich leben wir gerade in einer Welt mit sehr viel Unsicherheit, Zerstörung und Bedrohung. Kriege und Katastrophen rücken uns näher auf den Leib, die Globalisierung von Wirtschaft und Finanzen bedroht Arbeitsplätze und Ersparnisse. Wo gesellschaftlich gesehen die Unsicherheit zunimmt und Menschen politisch keine Einflussmöglichkeit sehen, suchen sie Sicherheit in den nahen Beziehungen – zur Familie, zu Freunden.

Welche Rolle spielen in diesem Schutzraum Immigranten? Warum fällt es offenbar so schwer, Heimat mit anderen zu teilen?

Gruppeninteressen gegen Eindringlinge zu verteidigen, ist allgemein menschlich und daher gibt es Rassismus überall auf der Welt. Im Moment scheint er allerdings in Deutschland zuzunehmen. Ich denke, durch die Prozesse der Globalisierung fühlt sich die Mittelschicht in ihrer Existenz bedroht. In gewissem Sinne hat sie sogar Recht, denn das Prinzip einer kapitalistischen Globalisierung bedeutet nicht Wohlstand für alle, sondern geringste Kosten. Die Firmen wandern ab zu billigeren Arbeitskräften und es ist fraglich, wie lange wir unseren Wohlstand auf Kosten der ärmeren Völker aufrechterhalten können.

Das ist eine reale Angst. Sie richtet sich nur gegen die Falschen: die Menschen, die auf der Suche nach einem besseren Leben oder auf der Flucht vor den verheerenden Folgen von Interessenpolitik hier ankommen. Aber durchlässige Grenzen kann sich eben nur jemand erlauben, der sich des Eigenen sehr sicher ist.

Ein gängiger Vorwurf an Immigranten ist, sie hätten sich nicht in der neuen Heimat integriert.
Wie gut Menschen sich integrieren können, hängt einerseits damit zusammen, ob die Migration freiwillig oder erzwungen war und was sie auf der Flucht erlebt haben, also in welchem Ausmaß sie traumatisiert ankommen. Zudem ist entscheidend, ob die Gesellschaft, in die sie kommen, aufnahmewillig ist und ob es für Integration förderliche – staatliche und bürgerschaftliche – Strukturen gibt. Wer aus freien Stücken kommt und sozial aufsteigt, dem geht es in der neuen Heimat besser. Wenn Leute in Heime gesperrt werden, nicht arbeiten dürfen, keinen Kontakt zu Deutschen haben, wie sollen sie sich dann integrieren? Die deutsche Einwanderungspolitik ist immer noch sehr Blut-und-Boden verhaftet. Die Einsicht, dass man in einer globalisierten Welt eine Einwanderungsgesellschaft sein muss, hat sich meiner Meinung nach noch nicht durchgesetzt. Und dass Heimat in einer Einwanderungsgesellschaft immer mit Pluralität, mit Respekt vor der Differenz einhergehen muss, auch nicht.

Wie gelingt es, sich am neuen Wohnort zu beheimaten, und was ist dazu nötig?
Da gibt es unterschiedliche Strategien, die alle mit aktiver Aneignung zu tun haben: Manche erlaufen sich die neue Umgebung, fangen gleich an zu »ackern« oder zu bauen, streichen Wände, bringen Bilder an – und markieren so ihr Revier. Andere gehen auf neue Nachbarn zu, stellen sich vor, gehen zur

Volkshochschule, in einen Chor oder eine Kirchengemeinde, um sozial anzukommen. Wieder andere brauchen mehr Zeit, beobachten, versuchen sich die Regeln des Zusammenlebens zu erschließen. Wer sich wirklich beheimaten will, muss das Gefühl haben, er kann seine Integration am neuen Ort selbst beeinflussen. Das passiert quasi auf drei Ebenen: Einmal muss soziale Nähe entstehen, das Gefühl, dazuzugehören, Teil einer Gemeinschaft zu werden. Das nennen die Amerikaner sense of community. Es geht aber auch um Handlungsfähigkeit, das Gefühl, die Regeln zu kennen und zu wissen wie man sie beeinflussen kann: sense of control. Überall dort, wo ich partizipiere und Verantwortung übernehme, verbinde ich mich mit dem Ort. Nicht zuletzt spielt die Frage eine Rolle, ob mein Dasein an einem Ort Sinn ergibt, ob ich ihn für mich mit sinnstiftenden Geschichten besetzen kann: sense of coherence. Diese können mit der eigenen Biografie zusammenhängen, mit dem sozialen Umfeld oder religiöse Menschen sprechen von Gottes Fügung.

Welche Rolle spielt das Alter der Migranten bei der Frage, ob sie sich eine neue Heimat schaffen können?
Tatsächlich sind Mobilität und der Wunsch nach Heimat altersabhängig. Bis Mitte 30 ist meist die Mobilitätsbereitschaft hoch und die Bleibeorientierung ziemlich gering. Junge Menschen gehen zum Studieren oder für eine gute Arbeitsstelle von zu Hause weg. Ihnen bleibt ja auch gar nichts anderes übrig, als möglichst flexibel und mobil zu sein, um beruflich Erfolg zu haben. Bei den über 70-Jährigen dagegen ist die Verbundenheit mit dem Ort hoch und Veränderung kaum noch vorstellbar. Das hängt nicht nur damit zusammen, dass man möglicherweise seine ganze Biografie mit einem Ort oder einer Region verbindet, sondern auch damit, dass man im Alter wieder stärker auf Vertrautheit und nahe soziale Beziehungen angewiesen ist.

Wann beginnt für einen Menschen, seine Heimat eine Rolle zu spielen?

In dem Moment, wenn man eigene Kinder bekommt. Die meisten Eltern wollen ihren Kindern ein gutes Zuhause geben. Kinder wollen Wiederholung, Ritual, Gewöhnung. Strukturierter Alltag ist ein Aspekt von Heimat. Die Tatsache, dass wir ritualisierte Abläufe mit einem Ort verbinden, entlastet uns von der ständigen Neuorientierung. Auch wir Erwachsenen sind nach einem Umzug in den ersten Wochen in der neuen Wohnung erschöpft, weil sehr viele automatisierte Dinge nicht mehr funktionieren – nachts finde ich den Lichtschalter nicht, morgens ist die Kaffeemaschine nicht an der richtigen Stelle. Wir bringen sozusagen unser Körpergedächtnis durcheinander. Gewohnheiten geben Sicherheit. Kinder erden uns in dieser Hinsicht ziemlich gut. Für die meisten Menschen ist daher der Ort, an dem sie mit ihren Kindern leben, ihre Heimat.

Was passiert, wenn die Kinder flügge werden und die Heimat verlassen?

Nachkommen, die weggehen, sind immer auch Abgesandte. Die Eltern leiden zwar unter dem Verlust, gleichzeitig wünschen sie sich, dass ihre Kinder eine Chance woanders finden. Auch früher schon verließen junge Leute für Lehr- und Wanderjahre den Herkunftsort, kamen aber irgendwann zurück und gründeten ihre eigenen Familien. Mittlerweile bleiben sie aber in den Metropolen und wenn die Großeltern ihre Enkel aufwachsen sehen wollen, müssen sie ihnen hinterher ziehen. Einen alten Baum verpflanzt man nicht – das funktioniert nicht mehr, wenn die Alten allein oder nur mehr miteinander zurückbleiben. Das sieht man in vielen Abwanderungsgebieten im ländlichen Raum. Den Familienzusammenhalt kann man heute nicht mehr am Herkunftsort gewährleisten, sondern eher da, wo die Zweige hingewachsen sind.

Ist Heimat dann einfach da, wo die Familie zusammen ist?
Nein, es gibt noch weitere Elemente. Freunde sind ein wichtiger Teil der eigenen Biografie und unterstützen unsere Identitätsentwürfe manchmal mehr als die Herkunftsfamilie. Die Natur und Landschaft gehört dazu, die Küche, oder auch die Strukturen der kleinen Dienstleister – der Frisör und die Bäckerin kennen mich, im Café nebenan wird der richtige Kaffee serviert, noch bevor ich bestellt habe. Das alles stiftet ein Gefühl von Vertrautheit. Wenn die alte Dame krank ist, kommen die Nachbarn vorbei und bringen die Zeitung oder schieben die Mülltonne raus. Verlässlichkeit in der Nahwelt ist extrem wichtig. Menschen sind Bindungswesen. Ohne dieses Gefühl von Resonanz, Eingebundensein und Füreinandersorgen werden wir krank.

Viele meiner Interviewpartner sprechen von sehr physischen Erlebnissen von Heimat – dem Essen, einem besonderen Baum, einem bestimmten Geruch in der Luft, einer besonderen Landschaft ...
Natürlich spielt die Umgebung eine große Rolle. Geografische Gegebenheiten und Landschaften prägen die Mentalität. Es ist ein Unterschied, ob ich in den Bergen oder im Flachland Laufen oder Fahrrad fahren lerne, ob ich mich immer gegen den Wind stemmen muss oder in einem lieblichen Flusstal aufwachse. Dadurch verankert man visuelle und auch körperliche Muster. Menschen, die in den Bergen aufgewachsen sind, langweilen sich im Flachland schnell, Flachländer fühlen sich in einem Bergtal manchmal eingesperrt. Ökologie und Nutzung spielen eine Rolle. Ob ich aus einer Kohle- oder einer Weingegend komme, macht einen Unterschied. Ich zum Beispiel komme aus der Lausitz, die einmal ein angesehener Energiebezirk der DDR war, mit guten Einkommen und darauf basierendem Selbstbewusstsein. Gleichzeitig wurde die Landschaft durch den Braunkohlebergbau geschunden und devastiert.

Nach langem Widerstand wurde beispielsweise das Dorf Horno komplett in eine Art amerikanisches Reißbrettdorf umgesiedelt. Die Wohnqualität hat sich verbessert. Aber die Bewohner klagen: Wir sind nicht mehr das Dorf. Ihre Kinder werden nach der Ausbildung kaum wieder zurückkommen. Ein Haus hat Schichten, Patina. Und diese gesichts- und geschichtslosen Häuser lassen sich viel einfacher verlassen, als ein Haus, in dem schon die Großmutter gelebt hat.

Wie ist es zu erklären, dass die Vertriebenen auch nach Jahrzehnten von ihrer Heimat in Schlesien oder Ostpreußen träumen, obwohl sie dort niemanden mehr kennen und eigentlich nichts mehr so geblieben ist, wie früher?
Zur Heimat gehört Sehnsucht, rückwärtsgewandt als Heimweh oder Nostalgie, oder vorwärts als Utopie, Idylle, heile Welt. Heimat ist ein ziemlich stark retuschiertes Bild in den Köpfen von Menschen. Manche denken ein Leben lang, es gäbe irgendwo noch etwas Besseres – eben in der Heimat. Aber wenn sie dann wirklich einmal dorthin zurückkehren, finden sie meist diese Heimat, die sie im Kopf haben, nicht mehr. Die Orte verändern sich, die Menschen haben sich weiterentwickelt oder sind weggegangen. Oft haben die Vertriebenen oder auch Kinder von Immigranten selbst gar keine Vorstellung mehr davon, wie es dort aussah. Sie halten diese Sehnsucht nur aufgrund von Erzählungen aufrecht, geben sie an die Kinder weiter. Für Außenstehende und auch für die Familie ist das nicht immer nachvollziehbar, aber auch das ist ein reales Gefühl von Heimweh.

Sind solche sentimentalen Altlasten nicht hinderlich – sollten sich die Betroffenen nicht lieber auf das Hier und Heute konzentrieren und eine neue Heimat aufbauen?
Ach, warum soll man sich nicht ab und zu einen Ausflug in die Melancholie gönnen? Mir gruselt vor Leuten, die sich immer

nur auf der Gewinnerseite beschreiben. Das sind geschichtslose Menschen, die nicht mehr mit ihren Identitäten als Kinder oder Jugendliche verbunden sind. Der Mensch muss nicht immer positiv und optimistisch sein, Nostalgie ist durchaus auch ein stabilisierender Faktor. Manche Leute gehen auf Beerdigungen, um weinen zu können. Andere schauen Heimatfilme. Und das ist gut so.

ÜBER
DAS ANKOMMEN
IN DER NEUEN
Heimat

Während manche Migranten sich ihr Leben lang am neuen Ort fremd fühlen, gelingt es anderen scheinbar spielerisch, sich wieder zu verorten. Und wieder andere ziehen die Konsequenz aus dem Fremdsein und kehren trotz Widrigkeiten in ihre alte Heimat zurück. Egal, wo man schließlich »ankommt«, entscheidend ist: Beheimaten ist ein aktiver Prozess.

Wiederentdeckte
Heimat

Heimat gilt als eine unstillbare Sehnsucht. Man träumt von ihr aus der Ferne, malt ein harmonisches Bild von sich selbst in einer Idealwelt voller Geborgenheit und Zuverlässigkeit. Meist spielt die Familie bei diesen Träumereien eine wesentliche Rolle, das Gefühl von Sicherheit, das Eltern, Verwandte oder Freunde vermitteln. Auch die Landschaft, das Stadtviertel, die Straße, in der man gelebt hat, prägen sich ein. Und schließlich Details wie der Geruch nach Kartoffelfeuern auf den Feldern, Großmutters Kuchen oder die Melodie, die der Nachbar immer auf den Dorffesten spielte. Damit liegt die Heimat in der Vergangenheit und man wird sie kaum finden, wenn man an die Orte der Sehnsucht zurückkehrt. Längst hat sich die Landschaft verändert, das Nachbarhaus wurde abgerissen, die Großmutter lebt nicht mehr und Kartoffelfeuer sind inzwischen verboten.

Trotzdem fanden Tomáš und Tanja ihre Heimat wieder. Tomáš verließ als junger Mann das sozialistische Prag und kam nach Deutschland. Fast sein halbes Leben verbrachte er hier, gründete eine eigene Familie, war beruflich erfolgreich. Auch seine Eltern und seine Schwester lebten in Deutschland, nur einige Freunde blieben zurück. Als Tomáš nach der Samtenen Revolution 1989 für einen Urlaub nach Prag fuhr, hatte sich die Stadt grundlegend gewandelt: Sie war grau und heruntergekommen, in der Innenstadt waren manche Häuser zu Ruinen verkommen. Die Menschen versuchten sich an das neue, kapitalistische System anzupassen. Dann schwemmte der Tourismus wie eine gewaltsame Welle durch Prags Gassen und spülte die Prager an die Randgebiete, in denen Restaurants, Wohnungen und Geschäfte für sie noch bezahlbar waren. Das war nicht das Prag, das Tomáš einmal gekannt und geliebt hatte. Noch weniger Anknüpfungspunkte hatte Tanja. Sie kam als junge Frau nach Sarajevo, an das sie nicht einmal Erinnerungen hatte, da sie noch ein Kleinkind war, als ihre Eltern mit ihren Kindern vor dem Krieg im Balkan flüchteten. Ihre Familie und ihre Freunde lebten in Deutschland, allein die Großeltern wohnten in Sarajevo, und die kannte sie nur von Telefonaten.

Die sozialen Kontakte musste Tomáš nach so vielen Jahren erst wieder herstellen. Tanja musste sie ganz und gar neu knüpfen. Beide ließen ihre Familien zurück, die einen großen Teil der Heimat ausmachen. Und auch beruflich mussten sie sich neu einrichten und dabei durchaus Abstriche machen. Deutschland ist reicher und das Leben komfortabler, als in den postsozialistischen Ländern. In Bosnien sind zudem die Konflikte zwischen Muslimen, orthodoxen Serben und katholischen Kroaten immer noch so virulent, dass Tanja in Sarajevo mit gewaltsamen Auseinandersetzungen rechnen muss. Was also ist es, was die Heimat ausmacht, wenn sie kaum Sicherheit bieten kann und alles an ihr neu ist?

Erleichterung fühlte Tanja, als sie erstmals den Fuß auf bosnischen Boden setzte. Dem eher nüchternen Tomáš fällt es schwer, überhaupt Worte für das Gefühl des »Heimkommens« zu finden. So viele Jahre lebten sie in Deutschland, und doch heilte die Zeit die Wunden nicht. Sie haben manche Werte und einen Teil der Mentalität der Deutschen übernommen, aber als Heimat, so viel ist offensichtlich, hat Deutschland für sie versagt. Das mag vielen Immigranten so gehen. »Heimat ist kein Ort«, singt Herbert Grönemeyer und von »Heimat als Utopie« schreibt der Schriftsteller Bernhard Schlink.[31] Damit erklären sie sie zu etwas Unerreichbarem. Aber Tomáš und Tanja haben sich damit nicht zufrieden gegeben. Für sie ist die Heimat sehr wohl ein Ort und an dem leben sie. Tatkräftig haben sie die Utopie zur Realität werden lassen.

Ich war immer die ›Andere‹

»Oh, es wäre schlimm, wenn der Mensch keine andere
Heimat hätte, als das bisschen Dreck, das wir Erde
nennen.« *Paul Keller*

Die junge Frau am Telefon muss eine Deutsche sein, ihre Sprache ist die einer deutschen Studentin, salopp und gebildet. Eine
Führung durch Sarajevo? Ja, die übernimmt sie gern, Treff-
punkt sei die orthodoxe Kirche. Als sie dann am nächsten Tag
erscheint, ist die Überraschung groß: Eine zierliche Person, den
Kopf mit einem Hidschab verhüllt, gekleidet in feinem Tuch,
das die Körperkonturen verdeckt. Tanja ist Muslimin und – das
wird schnell deutlich – stolze Bosnierin. Aber woher kann sie
so perfekt Deutsch? Sie lebt erst seit zwei Jahren in Sarajevo,
erzählt Tanja. Als Kleinkind kam sie nach Deutschland, verbrachte Schulzeit und die ersten Studienjahre dort. Tanjas
Humor und ihre Schlagfertigkeit lassen die Berlinerin in ihr
durchscheinen. Dann besann sie sich mehr und mehr auf ihre
bosnischen Wurzeln – einerseits auf ihre Herkunft Bosnien,
aber auch auf dessen muslimische Tradition. Heutzutage
betrachtet sie Berlin als eine abgeschlossene Lebensphase.

Migranten der zweiten Generation – und dazu kann man
Tanja sicherlich rechnen, denn all ihre Erinnerungen beginnen
in Deutschland – sind vielfach »wurzellos« dadurch, dass ihr
Lebensraum sich vom Kulturraum stark unterscheidet, wie die
Psychologin Katarina Vojvoda-Bongartz darlegt.[32] Die kulturellen Regeln und Werte der Familie müssen im deutschen Alltag
immer wieder neu angepasst werden. Dadurch kann es zu Miss-
verständnissen kommen, die psychischen Anstrengungen sind
enorm. Auch Tanja spaltete zeitweilig, wie Vojvoda-Bongartz es
bei vielen Migranten beobachtete, eine Seite ihrer Identität ab
und leugnete ihre bosnische Herkunft. Das könne laut der Psychologin zu einem Leben im »kulturellen Dazwischen« und zu

Identitätsverwirrungen führen.[33] Tanja entschied sich als junge Frau gegen das »Dazwischen« und betrachtet sich heute als Bosniern, die gezwungenermaßen eine Weile im Ausland lebte.

Als 1991 im auseinanderbrechenden Jugoslawien die Kriege zwischen den einzelnen Ethnien – Serben, Slowenen, Kroaten, Bosniern und später Albanern – ausbrachen, war die Betroffenheit in Deutschland groß. Schnell erklärte sich die Bundesregierung bereit, die neuen Teilstaaten zu akzeptieren. Dem folgenden Flüchtlingsstrom gegenüber war die Regierung jedoch überfordert. Allein im Oktober 1991 beantragten 14 744 Jugoslawen in Deutschland Asyl. Der Status der Einwanderer wurde scheinbar willkürlich vom Staat festgelegt: Kroaten bekamen im November 1991 grundsätzlich einen Sonderstatus als Verfolgte in einem Bürgerkrieg eingeräumt und durften sich Arbeit suchen oder Sozialhilfe beantragen. Serben, die in Kroatien lebten, wurden als Flüchtlinge geduldet. Bosnier, Mazedonier, Albaner und Bewohner der Vojvodina hatten zu dieser Zeit noch keinerlei Chance auf einen verlängerten Aufenthalt. Gleichzeitig konnte man sie gemäß der Genfer Flüchtlingskonvention nicht dorthin zurückschicken, wo ihr Leben aufgrund ihrer Rasse, Religion und Staatsangehörigkeit so offensichtlich bedroht war. Viele der Immigranten, unter anderem auch Tanja, lebten über Jahre im Ungewissen, ob und wann sie das Land wieder verlassen müssten. Sie waren alles andere als willkommen – sie wurden »geduldet«.

Wie aber soll man sich eine neue Heimat aufbauen, wenn man nicht weiß, ob man sie nicht morgen wieder verlassen muss? Wenn die Erwachsenen sich keine Arbeit suchen dürfen? Wenn die Jugendlichen nicht wissen, ob sich schulischer Einsatz überhaupt lohnt, weil sie den Abschluss vielleicht nicht mehr in Deutschland erleben werden?

Die Deutschen fahren heute wieder nach Kroatien oder Slowenien in den Urlaub, die inzwischen Teil der Europäischen Union sind. Und vielleicht fragen sich manche sogar, warum immer noch rund 915 000 Ex-Jugoslawen in Deutschland leben. Den Touristen dürfte kaum auffallen, was die kriegstraumatisierten Betroffenen wahrnehmen: die ethnisch gesäuberten Ortschaften, die politische Stagnation, die umfassende Korruption. Auch Tanja, die als Kleinkind nach Deutschland kam, sieht diese Probleme in Bosnien und sorgt sich, dass sie eines Tages erneut zu blutigen Konflikten führen könnten. Doch trotz des scheinbar so viel komfortableren Lebens in Deutschland hat sie in Sarajevo etwas gefunden, was ihr hierzulande 25 Jahre lang verwehrt war: Das Gefühl, angekommen zu sein.

» TANJA: Ich habe keine Erinnerungen an meine Heimat, bevor wir sie verließen. Ich war noch ein Kleinkind, unter zwei Jahre alt, als meine Mutter mit mir auf dem Arm über die Bergpfade aus Sarajevo floh. Lange Zeit wusste ich nicht einmal, dass ich meine Heimat nur in Bosnien finden würde.

Berlin war bis zu meinem 19. Lebensjahr meine kleine Welt, aus der ich nicht heraus konnte. Bis 2009 hatte niemand aus meiner Familie, bis auf meinen jüngeren Bruder, der in Deutschland geboren war, einen Pass. Wir hatten lediglich eine Bestätigung, dass wir nicht illegal in Berlin waren. Diese »Bescheinigung« ist ein DIN-A4-Dokument, eine wahrhaft »fiktive Bestätigung«. Oben links steht die Adresse vom Bürger- und Ordnungsamt Berlin, rechts oben war mein Foto, in der Mitte stand mein Name und das Geburtsdatum und darunter war aufgelistet: Darf sich in Berlin aufhalten; darf in die Schule gehen; darf keine Arbeit suchen. Ich konnte mich damit nicht einmal beim Sportverein anmelden. Alle unsere Freunde reisten durch die Welt und erzählten Urlaubsgeschichten, mein Bruder und ich aber durften Berlin nicht verlassen. Nicht einmal an Klassenfahrten konnte ich teilnehmen.

Die ersten Jahre meines Lebens in Deutschland verbrachte ich nur unter »Jugos«. Wir kamen im Frühjahr 1992 nach Berlin und wohnten die darauffolgenden zehn Jahre in einem Flüchtlingsheim im Prenzlauer Berg. In unserem Wohnheim lebten nur Ex-Jugoslawen zusammen und das funktionierte sehr gut. Bäder, Toiletten und Küchen wurden geteilt und wenn dabei einmal Konflikte entstanden, setzten sich die Erwachsenen zusammen: In Bosnien beredet man alle Probleme bei einer guten Tasse Kaffee, unserem Nationalgetränk. Serben, Bosnier und Kroaten – alle wollten in Frieden leben, mehr war nicht wichtig. An Weihnachten gingen die Hausbewohner, egal welcher Religion, in jedes Zimmer, gratulierten einander und wünschten sich das Beste. Wir Kinder verstanden uns gut, alle »Jugos« waren in unseren Augen Freunde. Ostern versammelten wir uns und bemalten Ostereier, egal ob Muslime oder Christen. Die Erwachsenen vermissten sicherlich manchmal ihre Privatsphäre, aber für uns Kinder war das Heim eine Idylle.

Als ich drei Jahre alt war, wurden mein Bruder und ich erstmals aus dieser Idylle herausgerissen. Meine Eltern erklärten uns: »Ihr werdet jetzt mit vielen anderen Kindern zusammen in den Kindergarten gehen.« Ich freute mich, dachte, das würde wunderschön. Die Kinder würden anders aussehen, fremde Namen haben, eine andere Sprache sprechen, erklärte mein Vater und ermahnte uns: »Ihr dürft nicht böse zu den anderen Kindern sein, nur weil sie anders aussehen! Denkt immer daran: Wir sind alle gleich.«

Im Nachhinein muss ich darüber lachen, dass meine Eltern Sorge hatten, wir könnten Vorurteile gegenüber den anderen Kindern haben. *De facto* wurden mein Bruder und ich mit unseren dunklen Haaren und der dunklen Haut massiv ausgegrenzt, sicherlich auch, weil wir am Anfang noch kein Deutsch sprachen. Ich war ein schüchternes, ängstliches Kind und zog mich zurück. Die Erzieherinnen halfen uns nicht, aber zu meinen Eltern waren sie sehr nett und die waren einfach erleichtert, dass wir tagsüber aus dem Haus waren und sie ihre eigenen Probleme lösen konnten. Sie bemerkten meine Schwierigkeiten nicht einmal. Ich verstand, dass ich mich allein durchkämpfen musste. Immerhin, der Anreiz, Deutsch zu lernen, war dadurch sehr groß und je besser ich es beherrschte, umso leichter wurde es. Irgendwann sprach ich ganz selbstverständlich Serbisch und Deutsch simultan, ohne darüber nachzudenken. Als ich fünf Jahre alt war, wurden mein Bruder und ich eines Tages von meiner Mutter abgeholt und dabei hörte ein Kind, wie ich mit meiner Mutter auf Bosnisch sprach, bevor sie zu den Erzieherinnen ging. Da kam der Junge auf mich zu, blonde, gelockte Haare und blaue Augen, musterte mich von oben bis unten und fragte mich: »Wie sprichst du mit deiner Mutter?« Ich war erschrocken: Hatte ich mich nicht gut benommen? War ich unhöflich gewesen? »Ich spreche ganz normal mit ihr, wie mit anderen auch.« Aber er war hartnäckig: »In welcher Sprache?« Dann zeigte er mit dem Finger auf mich, lief im Kreis um mich herum und rief immerzu: »Du bist ein Ausländer! Du bist ein Ausländer! Du bist ein Ausländer!« Ich hatte das Wort noch nie gehört: Was ist ein Ausländer? Es musste etwas Schlimmes sein, so wie er auf mich zeigte. Das war der Moment, in dem ich verstand: »Aha, ich bin eine Ausländerin, deshalb grenzen mich die anderen aus.«

Von da an hat mich das Thema Ausländer nicht mehr losgelassen. Immer, wenn ich dachte, ich hätte mich erfolgreich integriert, wurde ich wieder darauf gestoßen. Ich wurde immer als die »Andere« wahrgenommen und tat alles, um dieses »Anderssein« zu verbergen. Ich versuchte, die Barriere zu durchbrechen, indem ich die deutsche Sprache besser sprechen wollte als die Deutschen selbst. Ich vermied von nun an, vor anderen Serbokroatisch zu sprechen. Es war mir unangenehm, dass meine Mutter meinen Bruder und mich meistens zusammen mit meiner Tante oder mit anderen Frauen aus dem Heim abholte. Ich hatte Sorge, dass uns jemand hören und als Ausländer erkennen könnte. Ich schloss die Fenster, wenn ich bosnische Musik hörte. Aber ich war nicht einfach Bosnierin in Deutschland, es war noch viel komplizierter: Wir waren alle Jugoslawen, aber Jugoslawien gab es nicht mehr. Heute wird vereinfacht unterteilt in die muslimischen Bosniaken, die orthodoxen Serben und die katholischen Kroaten. Meine Mutter stammte aus einer muslimischen, mein Vater aus einer serbisch-orthodoxen Familie. Meine Mutter betrachtete sich jedoch nicht als Bosniakin, denn sie praktizierte den muslimischen Glauben nicht. Mein Vater stammt aus Montenegro, aber das gehörte bis 2006 zu Serbien und er galt damit als Serbe. Dabei waren die Serben für ihn doch die Feinde, die alles zerstört hatten.

Jugoslawien gab es nicht mehr und unsere Familie war halb bosnisch und halb montenegrinisch, somit konnten wir nicht abgeschoben werden. Wohin hätte die deutsche Behörde uns schicken sollen? Gleichzeitig konnten wir keinen Antrag auf deutsche Staatsbürgerschaft stellen, eben weil wir keine gültigen Pässe hatten. So bekamen wir fünf Jahre hintereinander eine sogenannte Duldung, also jeweils die Verlängerung des Bleiberechts um ein Jahr. Am schlimmsten war daran für meine Eltern, dass sie nicht arbeiten durften. Alle Heimbewohner wurden vom Sozialamt finanziert, aber das Geld reichte hinten und vorn nicht. Ich erinnere mich, dass meine Mutter oft nicht mit uns zu Abend aß, einfach weil es nicht genug Essen gab. Als erstes mussten die Kinder versorgt werden. Sie log, sie hätte überhaupt keinen Appetit. Dabei sahen wir doch, dass sie Hunger hatte.

Ich war sehr stolz auf meinen Vater. Er lernte schnell und gut Deutsch. Er schuf sich ein eigenes Arbeitsfeld, indem er den Menschen, die im Wohnheim lebten und auch deren Bekannten ehrenamtlich half, bei den Ausländerbehörden Anträge zu stellen, die Dokumente und Papiere zu verstehen. Dadurch wurde ich schon als Kind mit schrecklichen Lebensgeschichten konfrontiert. Einmal kam eine hochschwangere

Frau zu Besuch, die am nächsten Tag wegen der Duldungsver-
längerung zum Amt gehen musste. Sie hatte kurz zuvor geheiratet und niemand zweifelte daran, dass sie die Verlängerung
bekommen würde. Aber am nächsten Tag erfuhren wir, dass
sie sofort abgeschoben worden war. Ich war noch klein und
konnte mir überhaupt nicht vorstellen, wohin sie gebracht
wurde. Das beschäftigte mich sehr, bis ins Erwachsenenalter
verfolgte mich diese Unsicherheit: Wo gehen meine Familie
und ich hin, wenn wir Deutschland verlassen müssen? Müssen
wir uns dann aufteilen: mein Vater nach Montenegro, meine
Mutter nach Bosnien und was würde aus uns Kindern?

Meinen Eltern half die Tätigkeit meines Vaters dabei, sich
zu integrieren. Sie fanden dadurch schnell Anschluss an Deutsche, die sich ebenfalls engagierten, in Verbänden oder Hilfs-
organisationen oder als Journalisten. Dadurch entstanden teilweise sehr enge Kontakte, Freundschaften, die bis heute halten.
Eine Freundin meines Vaters beispielsweise nenne ich »meine
deutsche Oma«.

Ich dagegen blieb die »Andere«. Ich hatte mich auf die
Schule gefreut, aber auch da waren mein Bruder und ich lange
Zeit die einzigen Ausländer. Weiterhin wollte ich auf keinen
Fall unangenehm auffallen und tat alles, um meine Armut,
die schlechte Kleidung, zu kaschieren. Ich war sehr höflich,
fleißig und hatte gute Noten. Ich kämpfte sehr darum, mich
mit den Mitschülern gut zu verstehen. Aber meine Lebens-
umstände waren völlig anders, wir hatten keine gemeinsamen
Erfahrungen, über die wir hätten reden können. Die anderen
erzählten mir, dass sie zu Nikolaus – nicht einmal zu Weihnachten – ein neues Fahrrad oder ein neues Paar Schuhe
geschenkt bekamen. Meine Geschwister und ich freuten uns
riesig, wenn meine Eltern ihr letztes Geld zusammen gekratzt
hatten und wir an dem Nikolausmorgen in unseren Schuhen
einen Weihnachtsmann und ein paar Kugeln aus Schokolade
fanden.

Immerhin freundete ich mich gleich in der ersten Klasse mit einem deutschen Mädchen an, das ebenfalls aus der Norm fiel: Sie hatte verrückte Ideen und ausgefallene Freunde, was den Erwachsenen ein Dorn im Auge war. Unsere Freundschaft definierte sich zum Teil über diese Andersartigkeit. Später kamen noch zwei weitere Freundinnen dazu. Drei Leute, mit denen ich mich gut verstand – das reichte, um mir ein Stück Sicherheit zu geben. Doch so lieb mir meine Freunde waren, es blieb eine gewisse Distanz. Es war mir unangenehm, wenn sie mich zu sich einluden. Sie lebten in großen Wohnungen, schön eingerichtet, überall hingen Urlaubsfotos. Dann erzählten sie mir, wo die Fotos entstanden waren und was sie dort alles erlebt hatten. Ich schwor mir damals, sobald ich einen Pass hätte, würde ich um die ganze Welt reisen.

Meine Eltern bestanden darauf, meine Freundinnen auch zu mir einzuladen, wie es in Bosnien Tradition ist. Sie konnten nicht begreifen, warum ich mich so dagegen sträubte und schließlich gab ich nach, da war ich vielleicht zehn oder elf Jahre alt. Ich konnte ihnen doch nicht erklären, dass ich mich für unser Zimmer im Wohnheim schämte. Den ganzen Nachmittag, an dem meine drei Freundinnen bei uns waren, war ich angespannt. Ich sah plötzlich unsere Einrichtung mit deutschen Augen: Die Möbel waren alt und schäbig, für meine Familie war nur wichtig, dass sie funktional waren. Auf dem Boden lagen mehrere handgeknüpfte Wollteppiche aus Bosnien. Dort werden sie als Kunstwerk angesehen, für die Deutschen dagegen ist es bunter Trödel. Am peinlichsten waren mir die gehäkelten Tischdeckchen, die überall im Zimmer verteilt waren. Die blaue Glasvitrine war von oben bis unten damit ausstaffiert, auf der Fensterbank lagen sie, unter den Blumentöpfen, selbst auf dem Fernseher. Das mussten meine Freundinnen einfach schrecklich finden! Ich beobachtete sie heimlich, wartete auf Ablehnung. Aber dann bemerkte ich: Nur ich war verkrampft. Meine Freundinnen freuten sich über den

Saft, den meine Mutter ihnen anbot und fragten, was wir jetzt spielen wollten.

Wahrscheinlich würde ich mich heute als Deutsche fühlen und hätte mich völlig angepasst, wenn ich nicht immer wieder darauf gestoßen worden wäre, dass ich Ausländerin war. So hatte ich das Gefühl, ich renne gegen eine Mauer. Als ich 2002 auf die Nikola Tesla-Realschule wechselte, hatte ich endlich das Gefühl, angekommen zu sein. Tesla sah auf dem Foto im Foyer genau aus wie mein Vater, die Lehrer waren politisch sehr engagiert, es wurden viele Feste gefeiert, Multikulti wurde wirklich praktiziert. Aber dann holte mich auch hier mein »Anderssein« wieder ein.

Als ich in der neunten oder zehnten Klasse war, brach im Kosovo der Krieg aus. Auch an dieser Schule gab es nur wenige Ausländer, in meiner Klasse neben mir noch einen Albaner. Einmal war es unerträglich laut während des Unterrichts, ich rief in die Klasse: »Könnt ihr nicht endlich einmal ruhig sein, ich möchte hier etwas lernen!« Da brüllte der Albaner mit hasserfülltem Blick zurück: »Was willst du, du serbische Hure?« Ich war furchtbar erschrocken. Für ihn waren mein montenegrinischer Vater und damit auch ich Serben. Und das hieß für ihn Mörder. Ich verstand seine Wut auf die Serben. Aber was hatte ich damit zu tun? Vor Empörung begann ich zu weinen.

Wochenlang wurde dieser Eklat in der Schule breit getreten. Die Lehrer meinten es gut, sie wollten mir helfen, aber ich fühlte mich wie eine Kuh auf dem Auktionsmarkt. Ich musste vor der Klasse stehen und erklären, warum ich Serbin bin, aber doch auch eben keine Serbin, sondern Bosnierin. Warum wir nach Deutschland gekommen waren. Warum es für mich schlimm ist, serbische Hure genannt zu werden, wo doch an der Balkanfront so viele Frauen von Serben vergewaltigt wurden, die dann sogar von den Einheimischen als Huren bezeichnet wurden. Es entstanden Konflikte innerhalb der Klasse.

Manche hatten Verständnis, dass ich geweint hatte, andere hatten Verständnis, dass der albanische Junge so einen Hass auf die Serben hatte. Die Lehrer forderten uns immer wieder auf, uns zu versöhnen. Aber das löste mein Problem nicht: Manche Mitschüler hatten bis dahin nicht einmal gewusst, dass ich keine Deutsche war. Jetzt war ich wieder die Ausländerin.

Wenn mir schon die Anpassung misslang, dann wollte ich wenigstens selbstbewusst mit meiner Herkunft umgehen. Wo gehörte ich eigentlich hin? Ich begann Balkanmusik zu hören, auf Bosnisch zu lesen und zu sprechen. Religion wurde wieder wichtig für mich, ich suchte nach einem Ritual, an das ich mich halten konnte. Die Kirche half mir, mit meiner Einsamkeit, meinen Problemen und all dem Schmerz umgehen zu können. Ich fühlte, dass Gott mich prüfte, aber am Ende alles gut für mich ausgehen würde. Aber so, wie ich nicht wusste, was meine Heimat war, so wusste ich auch nicht, was meine Religion war. Meine Mutter war als Muslimin aufgewachsen, ging jedoch in Berlin zur serbisch-orthodoxen Kirche – denn sie konnte sich mehr mit ihren Landsleuten, als mit den arabischen Muslimen identifizieren. Der Pope lobte sie dafür immer vor den anderen: »An ihr solltet ihr euch ein Beispiel nehmen, so muss es in der Religion funktionieren.«

Ich fand schon als kleines Kind einige Dinge in der orthodoxen Praxis irritierend. Als Sechsjährige überlegte ich: Wenn Gott so groß ist und sich um uns alle kümmern kann, wie kann sein Sohn dann in so einem begrenzten menschlichen Körper stecken? Ich mochte nicht, wenn Frauen in kurzen, engen Röcken mit geschminkten Lippen, Nagellack und hoch toupierten Haaren zur Messe kamen. Mir fehlte da die Spiritualität. Lange Zeit stellte ich die orthodoxe Kirche nicht in Frage, weil sie zu meinem Vater gehörte und damit zu meiner Familie und auch zu mir. Jetzt aber begann ich mehr und mehr, mich für den muslimischen Glauben zu interessieren.

Im Jahr 2009 bekam ich endlich einen montenegrinischen Pass und das änderte mein Leben grundsätzlich: Endlich war ich frei! Im selben Jahr besuchte ich zum ersten Mal mit meinen Eltern zusammen Sarajevo. Mein Großvater war sehr krank, und es war die letzte Möglichkeit für meine Mutter, ihn noch einmal zu sehen. Wir fuhren die ganze Strecke mit dem Auto, über 20 Stunden lang. In den bosnischen Bergen waren die Straßen in einem unglaublich schlechten Zustand, es war nebelig, verregnet. Unser Weg führte durch typisch postsozialistische Industriegebiete, halb verrottet und dennoch aktiv. Dann wiederum sahen wir über Kilometer verlassene, zerstörte Häuser, vielleicht im Krieg zerschossen oder einfach durch den Zahn der Zeit zerfressen. Trotzdem fand ich die Landschaft wunderschön. Frühmorgens kamen wir in Sarajevo an. An einer heruntergekommenen, vor Urzeiten einmal blau gestrichenen Tankstelle bogen wir in die Plattenbausiedlung meiner Großeltern und standen dann vor ihrem Haus. Wir parkten und, das habe ich noch genau in Erinnerung, ich stieg mit dem rechten Fuß zuerst aus. Und obwohl alles so hässlich und grau war, durchströmte mich das unglaubliche Gefühl, die ganze Last, all die Sorgen, der Kummer der Jahre der Unsicherheit in Deutschland glitten durch diesen Fuß hindurch in die Erde. Ein ungemeiner Frieden kam über mich. Ich war endlich zu Hause!

Wir klingelten an der Wohnungstür, aber meine Großmutter öffnete nicht. Dann sahen wir sie aus dem kleinen Tante-Emma-Lädchen unten im Haus kommen, wo sie Lebensmittel für uns gekauft hatte. Ich kannte sie nur von Fotos: eine kräftig gebaute Frau mit roten Locken, immer schön zurechtgemacht. Jetzt war sie kleiner als ich und ganz dünn, in sich zusammengefallen und mit grauen Haaren. Als meine Mutter und sie sich sahen, fielen sie sich in die Arme und begannen zu weinen. Ich war unschlüssig, wie ich mich verhalten sollte. Ich wollte sie umarmen, wir hatten so oft und so liebevoll telefoniert. Aber sie war doch eine Fremde für mich. Auch der Besuch bei meinem Großvater im Krankenhaus war ein Schock: Er hatte auf den Fotos wie ein Filmstar ausgesehen. Jetzt war er dürr und trug einen Urinbeutel mit sich herum.

Meine Mutter weinte in diesen Tagen viel und nahm damit Abschied von ihrer früheren Heimat. Für mich dagegen wurde Sarajevo von Tag zu Tag vertrauter. Wir besuchten die wunderschöne Altstadt mit all den Gotteshäusern nebeneinander, der Moschee, der Synagoge und der serbisch-orthodoxen Kirche. In Sarajevo hielten die Leute auch während des Krieges unabhängig von Religion und Herkunft zusammen. Einmal kam ein alter Nachbar vorbei, um meine Mutter zu sehen. »Egal, ob du deine Oma auf Serbisch Baba oder auf Bosnisch Nana nennst – wichtig ist doch nur, dass du sie lieb hast«, sagte er und sprach mir damit aus der Seele. Endlich verstand jemand meine Familienverhältnisse, und ich musste mich nicht erklären. Ich weinte fast die ganze Rückfahrt lang.

In Berlin fiel ich in eine regelrechte Depression. Ich wollte nichts essen und fühlte mich überall fehl am Platz. Ich hatte mich so gefreut, dass ich einen Studienplatz an der Humboldt-Universität für Jura bekommen hatte, aber jetzt verlor ich jegliches Interesse daran. Ich dachte, vielleicht würde es mir helfen, mich neu zu orientieren, wenn ich etwas länger in Sarajevo sein könnte. Also fuhr ich für drei Wochen zu meiner Großmutter und kümmerte mich um sie.

In der Zeit fand ich Freunde. Einige von ihnen waren Serben, andere Muslime. Meine Großmutter ist praktizierende Muslima und einige meiner hiesigen Freunde ebenfalls. Besonders ein Freund, Faruq, erzählte mir viel über seinen muslimischen Glauben. Als ich nach Berlin zurückkam, googelte ich im Internet über den Islam. Ich saß zu Hause an unserem Tisch neben meiner Mutter, hörte mit einem Kopfhörer Musik und las den Koran. Als ich das nächste Mal zu Besuch nach Sarajevo kam, fühlte ich mich bereit, das Glaubensbekenntnis zu sprechen. Ich kannte den Imam bereits. Er versprach mir: »Das ist quasi dein Geburtstag, dein Leben beginnt von vorn.« Ich nahm den Namen Nur, das Licht, an. Das Gefühl, dass alles Schlechte von mir abfiel, war unglaublich intensiv.

2012 waren wir das erste Mal mit der ganzen Familie zu Besuch in Sarajevo. Ich bat meine Eltern, ein paar Wochen länger, die ganzen Semesterferien über, bleiben zu können. In diesen Wochen fand ich ein Zimmer in einer Wohngemeinschaft mit einer anderen Muslima, gleich in der Nähe meiner Moschee in der Altstadt. Ich ließ fast alle Kleidung dort, als ich nach Berlin fuhr. Meine Eltern sahen den kleinen Koffer, als ich aus dem Bus stieg und wussten gleich Bescheid. In der Küche angekommen setzten wir uns zusammen. Ich erklärte ihnen, dass ich gern in Sarajevo leben will: »Ihr wisst, wie schlecht es mir oft in Berlin ging, und ich denke, ihr seht, wie viel besser es mir jetzt geht. Aber ich kann nur in Sarajevo glücklich werden, wenn ihr hinter mir steht.« Meine Mutter hatte Bedenken, mein Vater stimmte gleich zu.

Viele Leute warnten mich, die Situation in Bosnien sei zu unsicher. Die Parteienlandschaft ist zwischen Orthodoxen, Muslimen und Katholiken aufgeteilt und das politische Gefüge künstlich durch den Friedensvertrag von Dayton 1995 festgelegt. Es herrscht viel Korruption. Die alte Generation blockiert die Politik und die Jungen, die etwas bewegen wollen, können sich noch nicht durchsetzen. Die Unzufriedenheit in der Bevölkerung ist groß und einige Leute radikalisieren sich mittlerweile. Demonstranten zünden Häuser an, aber die Politiker reagieren überhaupt nicht. Auch ich habe Angst, dass es noch einmal zum Krieg kommen könnte.

Ich wünsche mir trotzdem, dass ich mein Leben in Sarajevo verbringen kann. Ich habe das Studium in Berlin abgebrochen und studiere jetzt hier. Es ist mir egal, dass mein Abschluss in Deutschland nicht anerkannt ist, ich möchte sowieso nicht dorthin zurückkehren. Ich lebe jetzt seit über zwei Jahren in dieser Stadt und sehe immer noch tagtäglich das Besondere in den Menschen. Die Gesichter tragen Schmerz in sich, aber auch Hoffnung und Güte. Morgens grüßt mich die Bäckerin freundlich. In Berlin wurde ich nur angeranzt. Man sitzt mehrmals täglich zusammen und trinkt diesen wunderbaren bosnischen Kaffee. Alles ist viel entspannter. Die Nachbarn sehen nach meiner Großmutter, sie teilen die Medikamente. Und wenn ich einmal zu einem Termin zu spät komme, weil die Straßenbahn stehen geblieben ist – und die bleibt täglich mehrfach stehen – dann schimpft niemand, sondern es wird darüber gelacht.

In Sarajevo tragen einige muslimische Frauen ein Kopftuch, andere nicht. Ich trage ein Kopftuch, weil ich mich damit beschützt fühle. Einmal bekam ich einen Heiratsantrag von einem Türken, aber ich kann mir nicht vorstellen, in einem anderen muslimischen Land zu leben. Ich möchte meinen Glauben in Sarajevo praktizieren, wo die Religionen sich ständig im Alltag begegnen und man sich zu Feiertagen gegenseitig gratuliert. Ich arbeite neben dem Studium als Fremdenführerin und freue mich immer darauf, den Besuchern all die Gotteshäuser in einer Straße zu zeigen. In der Synagoge lächelt mich der Aufpasser freundlich an, in der orthodoxen Kirche fragt die Dame am Eingang, wie es mir geht und selbstverständlich darf ich überall mit Kopftuch hinein.

Als ich Berlin nicht verlassen durfte, dachte ich immer, ich möchte einmal die ganze Welt bereisen. Heute glaube ich, dass das eigentlich nur Ausdruck einer inneren Zerrissenheit war, die ich jetzt nicht mehr fühle. Ich habe vor Kurzem in der Moschee einen bosnischen Mann kennengelernt, wir wollen heiraten und hier in Sarajevo eine Familie gründen. Ich möchte gern Mutter sein. Die Liebe innerhalb der Familie, das ist das einzige, was mir noch fehlt. In der Heimat ist es am schönsten, wenn man endlich weiß, wo sie ist.

Mütterchen Prag hat wirklich Krallen

»Prag läßt nicht los. Dieses Mütterchen hat Krallen.«
Franz Kafka

Es ist nicht leicht, Tomáš' Haus in Prag zu finden. Es liegt weit außerhalb des Zentrums und das Navigationsgerät weigert sich, in dieses Dorf zu führen. Schließlich kommt der Hausherr mit seinem eigenen Wagen zur Autobahnausfahrt. Es geht eine holprige Dorfstraße hinunter, an einer Bierkneipe vorbei, wie es sie nur in Tschechien gibt – nüchtern-rustikal mit verrauchten Gardinen an den Fenstern – über einen winzigen Bach. Tomáš' Refugium ist ein unauffälliges, aber sehr gepflegtes Zweifamilienhaus. Im Garten gibt es einen kleinen Swimmingpool für die Enkel und viel Rasen zum Spielen. Der Hund wartet schwanzwedelnd an der Tür. Mit seinem Vollbart, den buschigen Augenbrauen, dem verschmitzten Lächeln und dem leichten Ansatz eines echten Pilsener-Urquell-Bäuchleins sieht Tomáš aus wie eine der sympathischen Figuren aus den melancholisch-humorvollen Filmen des tschechischen Regisseurs Jiří Menzel. Es ist schwer vorstellbar, dass der 65-Jährige einmal aus freien Stücken seine Heimat verlassen hat – und sie dann 21 Jahre lang nicht besuchen durfte.

Viele Tschechen hatten mit der Wahl des Slowaken Alexander Dubčeks zum Ersten Parteisekretär der Kommunistischen Partei der Tschechoslowakei 1967 große Hoffnung verbunden, dass er seinen Traum von einem »Sozialismus mit menschlichem Antlitz« realisieren könnte. Die Gesellschaft schien nach Jahrzehnten der repressiv stalinistischen Politik unter Antonín Novotný regelrecht aufzuwachen und nahm an den Reformbemühungen regen Anteil. Besonders die neu praktizierte Pressefreiheit ermöglichte einen breiten öffentlichen Diskurs, über den die Kommunistische Partei zunehmend die Kontrolle verlor. Schließlich beendeten die Truppen der »Warschauer Fünf«, also der Sowjetunion unter Leonid Breschnew gemeinsam mit Bulgarien, Ungarn, Polen und der DDR, den Prager Frühling gewaltsam und rollten mit Panzern in die Tschechoslowakei ein. 71 Tschechoslowaken starben. Tomáš sah sich gezwungen, in den Westen zu fliehen.

Der zivile Ungehorsam der Bevölkerung angesichts der Okkupation war oft kreativ und humorvoll: Die Bürger verdrehten Straßenschilder, damit die Panzer ihren Weg nicht fanden. Sie klebten überall Satire-Plakate, die die oft sehr jungen Besetzer direkt ansprachen oder sie schrieben die Namen von Politikern auf unzählige Namensschilder, damit diese nicht gefunden und festgenommen werden konnten. Die folgende politische Eiszeit konnten sie nicht verhindern. Innerhalb weniger Tage wurden die Reformer entmachtet und eine russlandtreue Regierung unter Gustáv Husák implementiert. Er blieb bis zum 10. Dezember 1989 an der Macht. Wenige Tage später verbrachte Tomáš erstmals wieder Weihnachten in seiner Heimat.

≫TOMÁŠ: »Prag lässt nicht los. Dieses Mütterchen hat Krallen«, hat Franz Kafka einmal gesagt. Er hatte Recht. Ich habe Prag nicht nur in seinen Glanzzeiten erlebt, als die Touristen von seinen »Goldenen Dächern« schwärmten. Ich kenne auch die grauen Seiten des Sozialismus und den Schrecken, als die Panzer des Warschauer Paktes durch die Straßen rollten. Es gab Jahre, da war ich sicher, meine Heimatstadt nie wieder zu sehen. Und doch hat sie mich nie losgelassen.

Ich wuchs im kommunistischen Prag auf. Mein Vater war Parteimitglied der Kommunistischen Partei der Tschechoslowakei (KPČ), aber nur, weil er als Architekt dazu gezwungen war. Meinen Eltern war immer wichtig, nicht aufzufallen. Sie hatten als Juden den Holocaust überlebt. Sie wollten nie wieder aus der Masse hervorstechen. Unser Leben war angepasst, und wir waren durchaus zufrieden. Ich war nicht besonders regimetreu, der Kommunismus spielte schlicht in meinem Leben keine Rolle. Ich schwamm einfach in der Menge mit. Als ich mit 19 Jahren zum Militärdienst eingezogen wurde, kam ich zu einer Sondereinheit, die an der Grenze arbeitete. Alle Mitglieder dieser Einheit waren vorher sehr genau überprüft worden, denn während des Grenzdienstes hätte ich jederzeit die Möglichkeit gehabt, mich nach Deutschland abzusetzen. Ich dachte aber nicht einmal darüber nach, es wäre mir niemals in den Sinn gekommen, einfach wegzugehen.

Dann begann der Prager Frühling. Meine ganze Familie war begeistert vom Generalsekretär der KPČ, Alexander Dubček, weil er als stärkster Mann der Regierung endlich neuen Wind in der Politik zuließ und den Russen die Stirn bot. Es herrschte eine euphorische Aufbruchsstimmung. Die Menschen wollten die Gesellschaft verändern und demokratischer gestalten, es entstanden unzählige Initiativen. Plötzlich gab es keine Zensur mehr, man durfte reisen. Auch wir planten im September eine große Reise, nach Deutschland zu Onkel Paul, einem Cousin meiner Mutter und zu meiner Schwester, die in Göttingen studierte. Onkel Paul hatte überraschend meine Familie besucht, als ich noch beim Militär diente, und hatte uns alle eingeladen, doch einmal zu ihm nach Köln zu kommen. Meine Mutter und ich beantragten den Reisepass und bekamen auch tatsächlich eine Ausreisegenehmigung.

Nach meiner Rückkehr aus dem Grenzgebiet fand ich eine Anstellung als Fahrer für den damaligen Finanzminister Bohumíl Sucharda. Ich war stolz, das war eine gute Position. Ich bekam sie nur nach erneuter gewissenhafter Prüfung. Es half mir, dass ich bei der Grenzwache gedient hatte. Ich passte perfekt in das System. Am Abend des 20. August 1968 war die Stimmung in Prag zum Zerreißen angespannt. Die Truppen des Warschauer Paktes hatten sich an der Grenze der Tschechoslowakei zusammengezogen, wir ahnten, dass die Invasion unmittelbar bevorstand. Die Regierung berief eine Sondersitzung ein. In dieser Nacht rollten die russischen Panzer bis nach Prag und nahmen innerhalb weniger Stunden alle strategisch wichtigen Positionen unseres Landes ein. Dubček und praktisch unsere ganze Regierung, die sich auf der Sondersitzung befunden hatte, wurden auf einen Schlag festgenommen. Niemand wusste, was jetzt mit ihnen passieren würde. In einer Radioansprache bat Präsident Ludvík Svoboda die Bevölkerung, Ruhe zu bewahren.

Finanzminister Sucharda war einer der wenigen politischen Akteure, die bei dem Einmarsch nicht in Verwahrung genommen wurden: Er hatte an der Sondersitzung nicht teilgenommen, weil er kurz zuvor einen Herzinfarkt erlitten hatte. Jetzt aber fing er sofort an zu arbeiten. Es wurde eine Krisenregierung zusammengestellt, die den Einmarsch öffentlich verurteilte und sich geschlossen hinter Alexander Dubček als Regierungschef stellte. Natürlich konnte die Krisenregierung nur im Untergrund arbeiten. Ich fuhr den Finanzminister in seinem Privatauto – in seinem Dienstwagen wäre er ja sofort erkannt worden – von einer Sitzung zur nächsten. Das war sehr gefährlich, denn in den ersten Tagen besetzten die Russen alle wichtigen Verkehrsknotenpunkte und Brückenköpfe. Wir waren mitten in der Stadt unterwegs, kreuz und quer, von einer Sitzung zur nächsten. Ich sah all die Panzer, die rebellierenden Menschen und die Toten. Ich stand unter Schock.

Ich schlief in diesen Tagen im Finanzministerium, um für Sucharda jederzeit erreichbar zu sein. Es gab dort Betten in einem Ruheraum der Volksmilizionäre, die für die Bewachung des Ministeriums zuständig waren. In der vierten Nacht der Okkupation schaltete plötzlich jemand das Licht an und eine russische Stimme schrie: »Aufstehen!« Außer mir schlief noch ein anderer Fahrer in dem Raum, er war ebenso überrumpelt wie ich. Die russischen Soldaten stießen uns mit den Läufen ihrer Maschinengewehre in die Rippen und scheuchten uns aus dem Bett. Sieben Leute trieben sie aus dem ganzen

Gebäude zusammen. Unsere Personalien wurden aufgenommen, und wir wurden im Finanzministerium unter Hausarrest gestellt.

Tagelang wurden wir festgehalten und immer wieder verhört. Besonders schlecht sah es für den anderen Fahrer und mich aus, weil in dem Raum, in dem wir geschlafen hatten, die Waffen der Volksmilizionäre gelagert wurden. Prompt wurden wir der Verschwörung beschuldigt. Am nächsten Morgen wurden als Beweis die Waffen auf dem Wenzelsplatz ausgestellt, die die tapferen Soldaten uns Konterrevolutionären entrissen hätten. Am dritten Tag ließen sie uns überraschend frei. Es war unklar, ob vorübergehend oder endgültig. Ich zögerte keine Minute: Ich fuhr nach Hause und packte meine Sachen. Dann griff ich die Ausreisegenehmigung, die ich für die geplante Reise zu meinem Onkel erhalten hatte, und fuhr zum Hauptbahnhof. In den ersten Tagen nach dem Einmarsch der Truppen des Warschauer Paktes hatten alle Züge stillgestanden. Der erste Zug, der wieder über die Grenze fuhr, in dem haute ich ab.

Es muss meinen Eltern sehr schwer gefallen sein, aber sie unterstützten mich sofort. Es war klar, dass ich die einmalige Chance nutzen musste, dass ich eine Ausreisegenehmigung und eine Einladung nach Deutschland hatte. Meine Mutter hatte ebenfalls den Reisepass bereit, aber es wäre für sie niemals in Frage gekommen, meinen Vater im Stich zu lassen. Es war nicht leicht, meine Eltern in dieser schrecklichen Unsicherheit zurückzulassen.

Nach dem Grauen in Prag begann mein Leben in Deutschland wie ein fröhliches Abenteuer. Morgens früh am 29. August 1968 stieg ich am Kölner Hauptbahnhof aus dem Zug aus. Ich hatte 20 DM bei mir. Meine Mutter hatte sie bei einer Arbeitskollegin getauscht, denn die Banken in Prag waren geschlossen, nichts funktionierte dort in den Tagen. Als allererstes kaufte ich auf dem Hauptbahnhof eine Straßenkarte von Köln, damit ich die Wohnung von Onkel Paul suchen konnte. Sie kostete

4,80 DM. Das fand ich schrecklich teuer. Ein Viertel meines Geldes war weg.

Niemand öffnete, als ich bei Onkel Paul klingelte. Ich wusste, dass er selbst im Urlaub in der Eifel war. Also suchte ich auf der Karte nach einer Autobahnauffahrt und machte mich zu Fuß auf den Weg, die Aachener Straße stadtauswärts. Ich ließ mir Zeit, staunte über all die fremden Autos bei einem großen Gebrauchtwarenhändler, ging durch den Stadtwald, guckte in die Geschäfte. An der Autobahnauffahrt wurde ich sofort als Anhalter mitgenommen. Ich trug zwei Taschen in der Hand und einen leichten Sommermantel. Alles war mit Aufklebern voll, mit der tschechischen Flagge und Bildern von den Helden des Prager Frühlings. Die Deutschen erkannten, dass ich aus der besetzten Tschechoslowakei geflohen sein musste und waren extrem hilfsbereit. Ein Autofahrer brachte mich sogar bis direkt zu dem Hotel in Einruhr, in dem mein Onkel logierte. Er war völlig perplex, mich zu sehen, freute sich und mietete ein schönes Zimmer für mich. Was für ein Kontrast zu Prag, das ja praktisch im Krieg war!

Zurück in Köln brachte mein Onkel mich zu einem Auffanglager, damit ich dort einen Asylantrag stellen konnte. Ich wurde ärztlich untersucht, von einem Spionagedienst befragt und musste alle möglichen Formulare ausfüllen. Wegen der Konjunktur mangelte es an Arbeitskräften, und wir wurden mit offenen Armen empfangen. Nach zwei Wochen hatte ich bereits eine Arbeitserlaubnis und ein Job ließ auch nicht lange auf sich warten. Jeden Tag kamen Vertreter unterschiedlicher Firmen ins Lager und hingen Zettel aus, dass sie Schlosser, Schreiner, alle möglichen Berufe suchten. Ich wollte möglichst in der Nähe des Onkels arbeiten, daher heuerte ich bei einer Firma in Lohmar als Metalldreher an. Acht Tschechen gingen zu dieser Firma und am Anfang waren wir recht viel unter uns. Aber nach einigen Monaten hatte ich davon genug. Ich wollte raus, Deutschland kennenlernen. Nach der ersten Arbeitswoche in Lohmar bekamen wir ein Begrüßungsgeld von 150 DM. Zusammen mit einem Freund kauften wir davon einen uralten Opel Rekord, mein erstes Auto in Deutschland. Damit machten wir unsere erste Reise durch Westeuropa.

An der Grenze zwischen Holland und Belgien gab es einen Schlagbaum. Er stand offen. Als braver Tscheche blieb ich dort stehen. Mein Freund drängelte, ich solle doch weiterfahren. Mir war das unheimlich. Brauchte ich denn keinen Stempel im Pass? Wir warteten eine Weile. Es kam niemand. Mein Freund meinte, vielleicht müsse man hupen. Das tat ich. Nach fünf Minuten kam ein Zöllner heraus. Er hatte eine Pyjamahose an, nur die Uniformjacke übergeworfen und seine Mütze aufgesetzt. »Was wollt ihr?« »Nach Belgien.« »Warum fahrt ihr nicht?« Das waren meine ersten Kontakte mit der Freiheit, mit dem Westen. Mich erfasste eine ungemeine Euphorie.

Ich fühlte mich rundum wohl, nur fehlten mir meine Eltern. Wir schrieben uns regelmäßig Briefe, ab und zu telefonierten wir auch, aber das war sehr teuer und aufwendig. Ich musste eine Vermittlungsstelle anrufen, dann wartete ich zwei oder drei Stunden bis das Telefon klingelte und ich mit ihnen verbunden wurde. Die Situation war bedrückend. Dann heiratete meine Schwester einen Deutschen und meine Eltern bekamen eine Sondererlaubnis für vier Tage, um zu ihrer Hochzeit zu reisen. Sie sollten Prag nie wieder sehen. Schweren Herzens hatten sie ein paar wertvolle Sachen bei Freunden versteckt und die notwendigen Dokumente mitgebracht. Weihnachten 1969 feierten wir das erste Mal wieder alle zusammen. Das war ein großes Fest.

Das Leben in Deutschland war scheinbar perfekt. Ich hatte keinerlei Sehnsucht nach der sozialistischen Tschechoslowakei. Ich traf viele tschechische Exilanten, die unter der Trennung von ihrer Heimat unglaublich litten. Wenn sie wenigstens einmal zu Besuch hätten fahren dürfen – aber auch das ging nicht. Manche gingen trotz Warnungen zurück. Ihnen wurde versprochen, sie könnten ihre alte Arbeit wieder aufnehmen oder weiter studieren. Aber das waren alles Lügen. Wenn sie einmal dort waren, wollte niemand sie einstellen, alle hatten Angst vor Repressionen. Ich litt nicht. Ich verfolgte zwar auch gebannt in den Medien, wie es in meiner Heimat weiterging. Ich hing an meinen Erinnerungen, an Prag. Aber ich dachte nie ernsthaft darüber nach, zurückzugehen. Ich hatte das Heimatgefühl einfach abgeschaltet.

Ich war schnell gut integriert in Deutschland. Ich hatte viele Freunde, auch Deutsche, und ich traf mich mit einigen Kollegen auch außerhalb der Arbeit. Nach etwa einem Jahr lernte ich Agnes kennen, eine Holländerin mit indonesischem Hintergrund. Ich traf sie auf der Geburtstagsparty einer Freundin und besuchte sie kurz darauf in Holland. Ich kannte bereits ihre ganze Familie, bevor wir zusammenkamen. Dann begann das Pendeln. Als ich die Möglichkeit hatte, eine größere Wohnung zu beziehen, suchte sich Agnes eine Arbeit in Köln und zog zu mir. Nach ein paar Jahren bekamen wir unsere erste, dann eine zweite Tochter. Über Heimat habe ich mir damals keine Gedanken gemacht.

Bis zur Samtenen Revolution 1989 war die Tschechoslowakei komplett aus meinem Bewusstsein gestrichen. Aber als der Ostblock endlich aufweichte, war ich wie elektrisiert. Für mich stand sofort fest, dass ich nach Prag reisen würde. Ich musste zwei-, dreimal nach Bonn zur tschechischen Botschaft fahren, bis ich endlich die Visa bekam. Weihnachten 1989 fuhren wir mit dem Auto mit der ganzen Familie für zehn Tage zu meinem besten Freund nach Prag.

Ich hatte die Tschechoslowakei 21 Jahre lang nicht gesehen. Wie es wohl sein würde, wieder nach Böhmen zu kommen? Ich malte mir aus, ich würde an der Grenze in Tränen ausbrechen. In der Realität war es ganz anders. An der Grenze hatte sich eine Schlange gebildet, weil man einen Pflichtumtausch machen musste. Ich traf einen guten Bekannten, der ein paar

Autos vor uns wartete. Wir lachten zusammen, alle waren gut gelaunt, freundlich, gespannt. Dieser Moment war etwas Besonderes, aber er war weder bitter noch traurig. Das Gefühl, nach all den Jahren wieder in der Tschechoslowakei zu sein, kann ich sehr schwer beschreiben. Mir war sofort klar, was ich so lange verdrängt hatte: Das hier ist meine Heimat.

Dann fuhren wir durch Westböhmen. Ich kann nicht sagen, dass es wahnsinnig schön gewesen wäre. Es hatte vorher geschneit, und die Straßen waren extrem dreckig. Salz konnte sich die Verkehrswacht vermutlich nicht leisten und hatte mit Hochofenschlacke gegen Glätte gestreut. Am Straßenrand häufte sich der Dreck. 15 Kilometer nach der Grenze mussten die Kinder auf die Toilette, und ich hielt an. Sie gingen nur kurz ins Gebüsch, aber als sie zurückkamen, waren sie von oben bis unten grau. Das Auto war so bespritzt, dass man sich ekelte, die Türklinke anzufassen. In den Siedlungen stank es nach dem Qualm schlecht verarbeiteter Braunkohle. Und doch: Sobald wir bei meinen Freunden angekommen waren und die Wohnungstür hinter uns schlossen, blieb all das Unschöne draußen. Mich berührte das ungemein: Die Menschen kämpften darum, sich im Rahmen der bescheidenen Möglichkeiten, die es damals in der Tschechoslowakei gab, wohnlich einzurichten. Aus deutscher Sicht war Vieles geschmacklos. Fast alle Wohnungen waren mit einer ähnlichen Tapete tapeziert, mit scheußlichen großen, bunten Mustern. Tschechische Möbel waren für die Normalbürger nicht zu bekommen, so hatten alle die gleichen, furchtbar billig aussehenden rumänischen Möbel aus dunklem Furnier. Und trotzdem fand ich es unheimlich gemütlich.

Alle Heimatgefühle, die ich so lange erfolgreich verdrängt hatte, waren plötzlich wieder da. Meine Frau merkte das nicht sofort. Als sie es verstand, war sie ein wenig erschrocken, aber sie akzeptierte auch, dass ich eben offensichtlich mehr hierher gehöre als nach Deutschland. Für mich war klar: Wenn ich schon wieder frei in die Tschechoslowakei einreisen konnte, wollte ich das auch nutzen. Schon einen Monat später kam ich wieder und bereitete den Boden vor für meine zukünftige Firma in Prag. Ich war in Deutschland Teilhaber einer Firma, die Ersatzteile an Druckereien verkaufte. Es war offensichtlich, dass es in der Tschechoslowakei einen riesigen Bedarf an neuen Geräten und Ersatzteilen gab. Ich kaufte einen Anhänger und importierte Geräte, Chemie und alle möglichen Materialien, die man für die Polygraphie braucht. Von da an war ich sehr oft hier. Am Anfang war alles noch improvisiert. Irgendwann wurde deutlich, dass ich mein Geschäft solider ausbauen musste. Ich wollte eine offizielle Zweigstelle meiner deutschen Firma hier in Prag haben. 1991 fand ich ein Haus und ließ es umbauen, meine Frau half mir dabei. Von da an hatte ich offiziell einen zweiten Wohnsitz in Prag und kam noch regelmäßiger.

Damals dachte ich nicht darüber nach, wieder vollständig nach Prag zu ziehen. Die Kinder waren noch klein, die Jüngere ging 1989 noch nicht einmal in die Schule. Ich war zufrieden, einfach öfter in meine Heimat fahren zu können. Aber nach und nach nahm Prag immer mehr Platz in meinem Leben ein. Ich stellte über die Jahre fest: Ich gehöre mehr hierher als nach Deutschland. Ich erkläre mir das dadurch, dass ich meine Kinder- und Jugendjahre hier verbracht habe, und ich glaube, diese Jahre modellieren den Menschen viel mehr als das spätere Leben. Ich habe so viele Erinnerungen daran und auch noch einige Freunde von damals. All das lebte nun wieder auf. Irgendwann sprach ich mit meinen beiden Kompagnons in Deutschland ab, dass ich immer eine Woche im Monat in Prag sein würde. Dann begann ich, die Wochenenden anzuhängen. Mit 60 Jahren ging ich in Pension. Ich war selbständig und hatte eine Privatrente, meine Kinder waren aus dem Haus. Als meine Ehe in die Brüche ging, war klar, dass ich ganz nach Prag ziehen würde.

Ich bin dankbar für die Jahre in Deutschland. Ich glaube, sie haben mich positiv geprägt, und ich habe mich dort nicht schlecht gefühlt. »Den Deutschen« nennen mich die Leute hier im Dorf. Als ich das Haus umbaute, blieben sie vor meinem Grundstück stehen und starrten. Ein paar Jahre später machte im Dorf eine Kneipe auf. Als ich das erste Mal dort essen ging und mit dem Besitzer ins Gespräch kam, sagte er: »Ach, Sie sind der Deutsche!« Tatsächlich habe ich ein paar Eigenschaften von den Deutschen übernommen, und das ist gut so. Ich mag es, Ordnung zu halten und das ist hier in Tschechien völlig unüblich. Ständig habe ich darüber Streit mit den tschechischen Untermietern im Haus. Die Unzuverlässigkeit der Tschechen finde ich unerträglich. Und ich mag die tschechischen Politiker überhaupt nicht, unprofessionell, oft peinlich, korrupt.

Deutschland war lange Zeit mein Zuhause, aber meine Heimat ist Prag. Das weiß ich erst, seit ich wieder hier lebe. Ich genieße es, mit meiner Freundin Blanka Tschechisch reden zu können. Wir unternehmen oft mit unseren Freunden Ausflüge, ich gehe Volleyball spielen, wir fahren ins Riesengebirge zum Skilaufen. Ich habe jetzt wieder ein komplett tschechisches Leben. Das Einzige, was ich wirklich vermisse, sind meine beiden Töchter und meine kleinen Enkelkinder. Ich kann sie nicht mehr so oft sehen, wie ich es gern möchte. Aber wir skypen regelmäßig, und ich fahre ab und zu nach Köln und besuche meine Familie oder sie kommen nach Prag.

Die Tür zurück ist für mich verschlossen. Als Unternehmer war ich in Deutschland privatversichert und blieb es auch noch einige Jahre, als ich schon in Prag lebte. Aber da meine Frau und ich jetzt getrennt leben, brauchen wir dieses Geld. Also entschloss ich mich, mich hier staatlich zu versichern. Das bedeutet, ich werde in Prag alt werden und sterben. Das war ein sehr bewusster und gründlich überlegter Schritt, den ich nicht mehr rückgängig machen kann. Und das ist gut so. Das Kapitel Deutschland ist für mich abgeschlossen.

Wurzeln schlagen in der Wahlheimat

Wahlheimat statt Heimat, das ist für viele Migranten eine klare Entscheidung. Vielleicht können sie aus politischen oder sozialen Gründen nicht mehr in ihrer Heimat leben, vielleicht gehen sie wegen der Liebe in ein anderes Land. Sie entscheiden sich jedenfalls bewusst, nicht nur dort zu leben und sich zu integrieren, sondern mehr als ein neues Zuhause zu finden: Einen neuen Ort der Geborgenheit, sozialen Integrität und Sicherheit, der den klassischen Qualitäten der Heimat entspricht, aber nicht mit den Erinnerungen an eine glückliche, unbeschwerte Kinderwelt konkurrieren muss. Denn während die Heimat ein Ort der Rückschau ist, ein Gefühl, an den Herkunftsort gebunden zu sein, steht die Wahlheimat für einen selbst bestimmten sozialen Raum, in dem wir uns wohl fühlen. Wahlheimat bedeutet auch, das neue Zuhause als Teil der Identität zu verstehen und sich aktiv zu beheimaten.

Werner fand seine Wahlheimat auf der Kanalinsel Sark. Die unglaubliche Liebesgeschichte des jungen Wehrmachtsoldaten mit einer Insulanerin während des Zweiten Weltkrieges stiftet den Sinn, den eine solche, zur damaligen Zeit noch sehr einschneidende Entscheidung brauchte und damit das Kohärenzgefühl, das die Psychologin Beate Mitzscherlich als eine der Voraussetzungen der Beheimatung beschreibt. Karin fand als Amerikanerin ihre Wahlheimat in Hürth, weil ihr Mann zutiefst in der Kölner Region verankert ist. Auch hier stiftet die Liebe den Sinn. Beide schufen sich aktiv ein funktionierendes soziales Netz, haben Familien und Freunde vor Ort. Werner musiziert mit Freunden zusammen, auf seinem Akkordeon oder dem Klavier. Karin ist im Heimat- und Kulturverein ihres Wohnortes aktiv.

67 Jahre lang lebt Werner nun glücklich mit seiner Familie auf Sark und wird von den Insulanern längst als einer der ihren gesehen. Dennoch empfindet er sich durch und durch als deutsch und ist stolz auf seine vermeintlich deutschen Tugenden – die Effizienz und Logik, die saubere Arbeit, die er noch seinem Enkel beigebracht hat. Und am liebsten trägt er deutsche Volkslieder vor, wenn er im Gemeindehaus für die Insulaner spielt. Auch Karin hat ihre amerikanische Identität keineswegs abgelegt, sondern arbeitet nicht nur als Schauspielerin, sondern auch als Übersetzerin, Sprecherin für englische Texte und Englischlehrerin. Sie macht keinen Hehl aus ihrer Liebe zur amerikanischen Literatur und Kultur. Vielleicht können sich Werner und Karin gerade wegen dieses entspannten Umgangs mit ihrer ursprünglichen Heimat so unverkrampft auf die Wahlheimat einlassen. Denn die muss nichts ersetzen, keine Lücke schließen, sondern einfach nur für das aktuelle Leben taugen.

Bindend ist die Wahlheimat trotzdem. Niemals könnte sich Werner vorstellen, Sark zu verlassen und auch Karin geht davon aus, dass sie vermutlich ihr restliches Leben im Rheinland verbringen will. Hybride Identitäten nennt man es in der Psychologie, wenn ein Mensch sich mehreren kulturellen Räumen gleichermaßen zugehörig fühlt. Die Heimat bezeichnet die Psychologin Katarina Vojvoda-Bongartz dabei als das »Identifikationsgehäuse«, einen sicheren geistigen, virtuellen, emotionalen Platz.[34] Den haben Werner und Karin in ihrer Wahlheimat gefunden. Aktiv und bewusst.

Phyllis war mir wichtiger als Heimat

»Die Heimat als der Kaffeesatz, aus dem wir unser Leben lesen.« *Elmar Schenkel*

Wenn man sich die Heimat als ländliches Paradies vorstellt, dann sieht sie aus wie Sark. Etwa 600 Menschen leben auf der kleinen Kanalinsel zwischen England und Frankreich, die man nur von Guernsey aus mit einer Fähre erreicht. Auf einem rauen Felsenplateau thront eine saftige Bilderbuchlandschaft mit Hecken, Wiesen, Klippenpfaden und teilweise ganz versteckten Privathäusern, die sich in die Landschaft schmiegen. Es gibt keine Autos, keine befestigten Straßen und keine Straßenbeleuchtung. Für die dunklen Nächte ohne Lichtverschmutzung erhielt die Insel die Auszeichnung »First Dark Sky Island«. Das gesellschaftliche Leben ist wichtig, wenn die nächste Insel 40 Minuten und das Festland einige Stunden entfernt liegen. Entsprechend beliebt ist die Inselhalle, wo es einen Kindergarten und eine Schule gibt, aber auch einen Mittagstisch für Senioren und fast täglich irgendwelche Veranstaltungen. Ist einmal jemand krank, verliert seine Arbeit oder gerät anders in Not, weiß das sofort die gesamte Insel und es ist selbstverständlich, dass geholfen wird.

Das Haus, in dem Werner lebt, hat er selbst gebaut. Vor wenigen Jahren gönnte er sich einen Swimmingpool im großzügigen Garten – denn das Meerwasser ist selbst im heißesten Sommer 16 Grad frisch. Der 95-Jährige badet jeden Morgen in seinem Pool, bevor er seinen Tag beginnt. Und er spielt jeden Tag auf einem seiner Instrumente und singt dazu. Seine beiden Töchter haben mit ihren Familien Sark verlassen und kommen oft zu Besuch, sein Sohn ist geblieben und hat eine eigene Familie auf der Insel gegründet. Gleich nebenan hat sein Enkel eine Schreinerwerkstatt eingerichtet, und Werner geht oft bei ihm vorbei und schaut ihm bei der Arbeit zu. Werner ist stolz auf seine Familie. Er ist ein zufriedener Mensch. Ob er manchmal über Heimat nachdenkt?

Wie die Vertriebenen aus dem heutigen Polen oder Tschechien musste Werner seine Heimat schon als sehr junger Mensch verlassen. Aber während viele Vertriebene ihre Heimatlandschaft als Heimatideal in Erinnerung haben, kam Werner erst durch den Krieg in seine Ideallandschaft. Und während die Vertriebenen sich oftmals von ihren Landsleuten abgelehnt fühlten, wurde Werner von den ehemaligen Feinden mit offenen Armen empfangen. Fragt man auf der Insel nach ihm, kennen alle den Deutschen, er ist aktiver Teil der Gemeinschaft. Am Tag der Befreiung salutiert er mit den Insulanern gemeinsam vor der britischen Flagge. Die Frage nach seiner Heimat lässt ihn nachdenklich werden. In einer Sache aber ist er sich ganz sicher: »Ich bin durch und durch Deutscher!«

≫WERNER: Ich war 21 Jahre alt, als ich als Deutscher auf die britische Kanalinsel Sark kam. Das ist jetzt fast 75 Jahre her. Sark ist eine wunderschöne Insel. Ich bin sehr glücklich, dass ich hier lebe und würde niemals weggehen wollen. Ich bin gesellschaftlich integriert und meine Familie ist hier zu Hause, die Kinder und Enkel sind Sarkesen. Und trotzdem fühle ich auch nach all den Jahren noch, dass man einen Deutschen nicht verändern kann. Alles in mir ist deutsch, ich wohne nur hier.

Ich abonniere eine deutsche Zeitung, empfange deutsches Fernsehen und verfolge genau, was in Deutschland passiert. Ich musiziere gern, und spiele am liebsten deutsche Lieder auf Akkordeon, Klavier oder Orgel. Meine Frau und ich sprechen Deutsch miteinander. Die Kinder lernten es leider kaum, denn als sie klein waren, war es für die Engländer die Sprache des »enemy«. Deshalb freue ich mich immer, wenn ich österreichische oder deutsche Touristen treffe und mit ihnen in meiner Muttersprache plaudern kann.

Die Deutschen sind sehr effizient, ihre Wirtschaft ist stark und solide. Sie haben den Krieg verloren, aber den Frieden gewonnen. Ich denke, ich trage diese deutsche Effizienz in mir, und ich sehe sie auch noch in meinem Enkel, der eine Schreinerwerkstatt betreibt und genauso präzise arbeitet, wie damals mein Vater. Manche Dinge stoßen mir noch nach all den Jahren auf. In England gehen beispielsweise alle Fenster nach außen auf. Wenn man also im dritten Stock wohnt, kann man nicht nur nie die Fenster putzen, man muss auch ein Gerüst aufbauen lassen, wenn die Rahmen gestrichen werden sollen. Das kostet Zeit und Geld. Ich kann darüber lächeln und versuche, in meinem eigenen Leben nach meinen Maßstäben zu leben.

Ich war 19 Jahre alt, als ich 1939 zur Wehrmacht eingezogen wurde. Ich hatte gerade die Schule abgeschlossen und arbeitete bei einer Bank, weil ich plante, Finanzen zu studieren. Es fiel mir ungemein schwer, von zu Hause wegzugehen, aber ich sah keinen Ausweg. Ein Freund von mir, noch zwei Jahre jünger als ich, war kurz zuvor eingezogen und in Richtung Osten geschickt worden. Er hatte solches Heimweh, dass er sich auf sein Motorrad setzte und wieder nach Hause fuhr. Er wurde sofort verhaftet und erschossen. Danach widersetzte sich niemand aus meinem Bekanntenkreis mehr.

Ich hatte furchtbare Angst vor dem, was mich erwartete. Doch im Gegensatz zu meinem Freund hatte ich sehr viel Glück während der Kriegsjahre. Ich war nie direkt an Kampfhandlungen beteiligt. Nach der Grundausbildung wurde ich dem Sanitätsdienst der 319. Infanteriedivision zugeordnet. Ich arbeitete und lernte zunächst in einigen Krankenhäusern in Deutschland – in Kassel, später in Gießen, Friedberg und Wildflecken. 1940 wurden wir nach Bad Kreuznach an die französische Maginot-Linie verlegt, marschierten mit der Truppe vor bis nach Metz und wurden für drei Monate in die Normandie verlegt. Von dort aus wurden wir schließlich 1941 mit Schiffen auf die Kanalinseln gebracht, nach Guernsey.

Die Kanalinseln waren im Sommer 1940 kampflos an unsere Truppen gefallen, die Engländer hatten sie selbst entmilitarisiert. Nur die Zivilbevölkerung blieb. Es war der perfekte Einsatzort, wir hatten jeden Tag Übungen und jeder hatte seine Pflichten, aber es kam nie zu irgendwelchen Kämpfen. Ich arbeitete fast die ganzen Kriegsjahre auf Guernsey für einen Arzt als Sanitäter.

Ein Freund war auf der Nachbarinsel Sark stationiert. Immer, wenn wir Kontakt hatten, schwärmte er mir vor: »Du hast ja gar keine Vorstellung davon, wie unglaublich schön Sark ist! Es ist ein kleines Paradies, wo wir sauberes Grundwasser trinken und Hummer und Fisch essen.« Ich wollte die Insel furchtbar gern einmal sehen. Mein Freund versprach: »Ich werde das möglich machen!« Er beantragte, ich solle die kleine Krankenstation überprüfen und auf den neuesten Stand bringen. So kam ich zum ersten Mal nach Sark. Damals lebten hier ungefähr 430 Menschen. Diese wunderbare Landschaft und das Meer – ich war sofort begeistert. Leider musste ich nach drei Tagen wieder zurück nach Guernsey.

Aber dann wurde im März 1943 unsere ganze Einheit, ungefähr 200 Soldaten, für sechs Monate nach Sark verlegt. Das war eine wundervolle Zeit. Die wenigen Engländer waren auf das Festland geflüchtet und nur die einheimischen Sarkesen lebten hier, wunderbare Menschen. Sie hatten ihr ganzes Leben hier verbracht, waren eng verbunden untereinander und mit der Natur. Ich kam als Sanitäter in ihre Häuser und unser Verhältnis war gut. Die Leute verstanden, dass ich schlaksiger, junger Spund kein überzeugter Nazi war, sondern einfach leben wollte. Es war friedlich und ruhig auf Sark. Während überall auf der Welt Soldaten in schlimme Kämpfe verwickelt waren, liefen wir im Sommer in weißen Jacken herum, als wären wir im Urlaub.

Wir richteten ein kleines Krankenhaus mit zwölf Betten ein. Eigentlich war es nur für Soldaten gedacht, aber da es ansonsten keinen Arzt auf der Insel gab, kam auch die Bevölkerung zu uns. Oft wurde ich geschickt, um Kranke zu Hause zu besuchen. Es gab einen älteren Mann auf Little Sark, der eine schlimme Augeninfektion hatte. Zweimal wöchentlich fuhr ich mit dem Fahrrad hinüber und gab ihm Tropfen in seine Augen. Geld spielte damals keine Rolle, die Insulaner hatten bessere Mittel, sich zu bedanken. Wenn ich bei ihm zu Hause war, gab mir seine Frau immer ein Glas frische Milch zu trinken und wenn er einmal die Woche zu uns ins Krankenhaus kam, brachte er zwei Eier mit. Die waren uns hoch willkommen! Wir behandelten auch die Dame de Sercq, Sibyl Hathaway. Als der Doktor und ich ihr einen Zahn zogen, gab sie uns als Dank eine Flasche Wein.

Einmal wurde ich zu einer jungen Frau gerufen, die sich eine schlimme Angina eingefangen hatte. Ihre Mutter öffnete mir die Tür, sie sprach kein Deutsch und ich nur sehr schlecht Englisch, also wies sie mir den Weg die Treppe hoch zu ihrer Tochter. Als ich an die Schlafzimmertür klopfte, sagte die Patientin in bestem Deutsch: »Bitte kommen Sie herein!« Ich war sprachlos, als ich Phyllis das erste Mal sah: Sie war die ideale Frau. Ich fühlte ihren Puls, maß das Fieber und gab ihr gleich die doppelte Menge an Medikamenten. Von da an half mir Phyllis oft als Übersetzerin, wenn ich zu Kranken ging. Ich traf sie auch ein paar Mal privat, wir unternahmen etwas zusammen, spielten Badminton. Im September ging mein Dienst leider zu Ende und ich wurde wieder nach Guernsey versetzt. Ich begann, Phyllis Briefe zu schreiben.

Auch zum Kriegsende hatte ich wieder unglaubliches Glück. Am 6. Juni 1944, dem berühmten D-Day, an dem die Westalliierten an der Küste der Normandie anlegten, kam ich aus dem Urlaub zurück. Ich war auf dem letzten Schiff, das noch nach Guernsey fuhr und verbrachte das letzte Kriegsjahr sozusagen hinter der Front. Wieder war ich den Kämpfen entkommen, aber jetzt lernten wir den Hunger kennen. Die Inseln können nicht genug Lebensmittel produzieren, und wir hatten unsere

Verpflegung vom Festland bezogen. Jetzt waren wir komplett abgeschnitten. Am Ende gab es nichts mehr zu essen, nicht einmal Brot. Wir wurden erfinderisch. Zu viert bauten wir aus Holz eine Art Boot, paddelten auf das Meer hinaus und warfen Handgranaten hinein. Wenn die Fische mit dem Bauch nach oben hochgespült wurden, brauchten wir sie nur noch einzusammeln. Wir schossen Möwen und bauten Fallen für Amseln und andere Vögel, was immer uns in die Schlinge ging, rupften und aßen wir. Als Guernsey am 9. Mai 1945 befreit wurde, wog ich 90 Pounds, das sind ungefähr 41 Kilogramm.

Wir leisteten keinen Widerstand, als die Alliierten auf die Insel kamen. Der Krieg war vorbei. Alle Deutschen mussten in der Garnisonsfestung Fort George zusammenkommen. Unsere Waffen und die Munition wurden eingesammelt und ins Meer geworfen, dann marschierten wir zum Hafen. Ich gehörte zu den ersten, die von der Insel gebracht wurden, in ein provisorisches Zeltlager in Yorkshire, umzingelt von Stacheldraht und Maschinengewehren. Dann kam ich in ein Kriegsgefangenenlager in Südengland und blieb dort bis 1948. Der Briefkontakt mit Phyllis half mir, diese Zeit zu überstehen. 165 Briefe bekam sie in diesen drei Jahren. Sie schrieb mir auf Deutsch, und ich antwortete ihr auf Englisch. Ich tat alles, um mein Englisch zu verbessern. Sonntags ging ich immer in die Kirche – da wurde das beste Englisch gepredigt. Außerdem gab es im Lager einen Deutschen, der uns jeden Donnerstag zwei Stunden Englischunterricht gab.

Nach einer Weile wurde unsere Gefangenschaft etwas lockerer, und wir wurden zum Arbeiten in die umliegenden Ortschaften geschickt. Ich half einer alleinstehenden Lady auf ihrem riesigen Anwesen, schlug Holz für sie, schnitt den Rasen, kümmerte mich ums Haus. Die Lady adoptierte mich regelrecht, sie kaufte mir Kleidungsstücke und gab mir Essen. Ich fühlte mich bei ihr wie zu Hause. Natürlich erzählte ich ihr von Phyllis. Die Lady fragte: »Willst du, dass sie dich einmal hier besuchen kommt?« Natürlich wollte ich das, aber als Häftling konnte ich ihr keine Unterkunft bieten. Da lud die Lady Phyllis in ihr Haus ein. Das waren ein paar unglaubliche Tage! Wir unternahmen viele Dinge, fuhren einmal sogar mit dem Auto mit der Lady zusammen nach London. Und wir küssten uns das erste Mal. Nach zweieinhalb Wochen musste Phyllis zurück und wir schrieben uns wieder.

Die Sehnsucht nach meiner Heimat wurde durch Phyllis Stück für Stück verdrängt. Ich wollte nicht zurück. Ich wollte nur noch bei ihr sein. Natürlich dachte ich oft an meine Eltern, aber ich lebte schon seit fünf Jahren von ihnen getrennt und hatte mich daran gewöhnt. Erfurt gehörte jetzt zur russischen Zone, und dort wollte ich auf keinen Fall leben. Den Gedanken an die Repatriierung hatte ich verdrängt. Als ich erfuhr, dass es am 14. Mai 1948 so weit sein sollte, war ich vollkommen überfordert. Es war wiederum die Lady, die mir half. Sie informierte Phyllis, dass ich weggebracht werden sollte und lud sie ein. Ich lag zu der Zeit im Krankenhaus. Phyllis kam sofort, die Entscheidung war für uns beide klar: Wir heirateten einen Tag, bevor mein Transport nach Deutschland stattfinden sollte.

Die Sarkesen behandelten mich wie einen verlorenen Sohn, als ich auf die Insel zurückkam. Sibyl Hathaway sagte mir: »Werner, wenn du nach Sark gezogen bist, eine Sarkesin geheiratet hast und dich in unser Leben einfügst, dann wirst du am Ende einer von uns sein.« Und so war es auch. Ich habe mich nie verstellt oder besonders angestrengt, aber ich teile mit ihnen die Liebe zu Sark und das überzeugte sie. Es kamen über die Jahre sehr viele Engländer. Häufig beginnen sie nach einer Weile den Komfort des Festlands zu vermissen, fordern Straßenbeleuchtung oder wollen Fahrzeuge auf die Insel bringen. Ich dagegen liebe Sark so, wie es ist. Ich wollte hier in diesem Paradies leben und habe mich ihm angepasst.

Sark wurde meine zweite Heimat. Ich hatte als Kind meine Freizeit bei meinem Vater in der Tischlerwerkstatt verbracht und viel von ihm gelernt, mit dem Wissen gründete ich auf Sark eine Baufirma. Später eröffneten meine Frau und ich auf der Avenue ein Juweliergeschäft. Das betrieben wir 42 Jahre lang, ich hörte erst mit 89 Jahren auf zu arbeiten. Wir haben drei Kinder, zwei Mädchen und einen Jungen. Und auch gesellschaftlich bin ich integriert. Sämtliche öffentliche Funktionen werden auf der Insel ehrenamtlich erfüllt. Bereits 1950 bat Sibyl Hathaway mich, den ehrenamtlichen Krankendienst zu übernehmen und das tat ich 29 Jahre lang. 1240 Menschen leistete ich im »Krankenwagen«, der auf Sark von einem Traktor gezogen wird, erste Hilfe und bekam dafür eine Medaille des Britischen Empires. 1976 wurde ich sogar ins Parlament gewählt und 1978 bin ich ehrenamtlicher Polizist geworden.

Ich sah meine Familie viele Jahre lang nicht mehr, weil ich Sorge hatte, dass ich an der Grenze verhaftet und nach Sibirien verschleppt würde. Umgekehrt durften meine Eltern die DDR nicht verlassen. 1964 kamen sie mich das erste Mal besuchen, vier Wochen lang. Ich genoss es sehr, sie um mich zu haben und versuchte alles, sie dazu zu überreden, bei mir zu leben. Sie besuchten mich noch drei Mal, aber bleiben wollten sie nicht. Sie sagten: »Einen alten Baum verpflanzt man nicht.«

Jetzt bin ich der alte Baum. Ich würde niemals von Sark weggehen wollen. Was für ein Glück, dass ich mein Leben mit Phyllis zusammen hier verbringen konnte. Ich habe viele schöne Erinnerungen an meine Jugend. Aber als ich 1990 meine Heimatstadt besuchte, erkannte ich nichts wieder. Alles war in der DDR verkommen und dreckig, die Bahngleise waren zerstört und die Felder ausgedörrt. Mein Leben ist fast vorbei, und ich bin dankbar für die vielen wunderbaren Jahre. Viele Menschen können kein Glück empfinden, weil sie immer mehr besitzen, anders leben wollen. Wie viel angenehmer ist das Leben, wenn man es zu schätzen weiß. Es ist doch eigentlich ganz einfach: Mir ist bewusst, dass ich alles habe, die Frau, die ich liebe, eine Familie, Freunde, ein schönes Zuhause, und ich freue mich jeden Tag darüber. Dort, wo man glücklich ist, da ist für mich Heimat.

Ich muss jetzt nicht mehr in die Weite

»Wer unter Heimatliebe nur die Zuhausehockerei versteht, wird der Heimat nie froh werden, und sie wird ihm leicht nur zu einem Sauerkrautfass.« *Gottfried Keller*

Amerikaner haben den Ruf, dass sie jederzeit ihre Sachen packen können und an einen neuen Ort ziehen. Häuser und Wohnungen werden möbliert oder teilmöbliert gemietet, um den Abschied zu erleichtern. Jan Fleischhauer, Journalist des Magazins *Spiegel,* mutmaßt, dass nirgends in der Welt Menschen so oft umziehen, wie in Amerika. Er rechnet vor, dass mehr als die Hälfte aller Amerikaner innerhalb von zehn Jahren ihren Wohnort wechselt: »So etwas kennt man sonst nur aus Bürgerkriegsgebieten.«[35]

Auch Karins Familie – halb deutsch und halb amerikanisch – lebte diese regionale Ungebundenheit. Mehrfach in ihrer Kindheit verließ sie ihr Zuhause, weil der Vater eine neue Arbeitsstelle in einer jeweils anderen amerikanischen Stadt antrat. Die letzte Stelle führte die Familie nach Deutschland. Viele Jahre sah Karin diese Art der Ungebundenheit als einen Teil ihrer Identität. Auch als sie bereits Mutter und damit örtlich gebunden war, pendelte sie beruflich zwischen dem Rheinland und Hamburg.

Sie bemerkte erst spät, dass diese Art der Rastlosigkeit kräftezehrend war. Dann aber entschied sich Karin bewusst, aktiv in ihrer neuen Umgebung Wurzeln zu schlagen. Sie lacht selbst über ihren »typisch amerikanischen« Optimismus, mit dem sie sich seither auf die positiven Seiten ihres Wohnortes konzentriert, auf die Geschichte des Kohleabbaugebiets und auf ihren riesigen, wunderschönen Garten. Fast jeden Tag marschiert sie kräftigen Schrittes und energiegeladen zum rekultivierten Gebiet in der Nähe ihres Hauses, das lange rötlich-braune Haar zum Zopf gebunden.

» KARIN: Ich empfinde das Wort Heimat im Deutschen als überfrachtet. Man denkt gleich an die Urscholle, wo Menschen schon seit Generationen leben. Ich habe nie eine solche Urscholle gehabt. In dem Sinne haben bereits meine Eltern unsere Heimat aufgegeben. Ich habe mich immer als sehr mobil empfunden. Und doch versuche ich, an jedem neuen Ort Wurzeln zu schlagen.

Mein Vater ist in Florida geboren und aufgewachsen. Seine Familie war klassisch amerikanisch und sehr konservativ. Mein Großvater war ein Selfmade-Man, meine Großmutter gehörte der Frauenvereinigung Töchter der amerikanischen Revolution an, die die Erinnerung an die Vergangenheit wachhalten und den Patriotismus fördern wollen. Ihre Vorfahren waren schon vor der Revolution eingewandert und die gesamte Familie war sehr stolz, Amerikaner zu sein. Mein Vater konnte sich mit dieser Südstaatenmentalität nicht identifizieren.

Mitte der 50er Jahre wurde er zum Militär eingezogen und kam nach Deutschland. Er war begeistert von Europa. Er nutzte seine Freizeit und reiste viel. Die Amerikaner wurden in Deutschland als »die Guten« empfangen und er hatte eine großartige Zeit. Zurück in Amerika schloss er das College ab und ging sofort zum Studium nach Deutschland, erst nach Berlin, dann nach Heidelberg. Dort lernte er meine Mutter kennen, die an der Dolmetscherschule studierte. Als klar war, dass sie heiraten wollten, ging mein Vater zurück nach Amerika und suchte sich eine Stelle als Germanistikdozent an einer Universität in Michigan. Meine Mutter musste noch ziemlich viel

Papierkram erledigen und kam 1959 auf einem Schiff nach. 1961 wurde ich geboren.

An unseren ersten Umzug kann ich mich nicht erinnern, ich war etwa drei Jahre alt. Wir zogen nach Indiana, wo mein Vater für zehn Jahre einen Vertrag an der Universität in Bloomington hatte und seine Dissertation schreiben wollte. Doch im Laufe der Jahre stellte er fast, dass er lieber Lehrer war als Forscher. Er war manisch depressiv und fiel immer wieder für Wochen oder Monate aus. Und dann wurde auch noch der Fremdsprachenunterricht reformiert und die Stellen wurden knapper. Deshalb wurde nach zehn Jahren sein Vertrag nicht verlängert, und er musste sich eine neue Stelle suchen.

Diesmal war der bevorstehende Umzug schrecklich für mich. Ich mochte Bloomington und ging gern dort zur Schule. Ich war im siebten Schuljahr, hatte Freundinnen, mit denen ich herumhing, shoppen ging, einfach Spaß hatte. Sie organisierten mir zum Abschied eine Überraschungsparty. Es fiel mir schwer, aufzubrechen. Aber es gab nun einmal keine andere Möglichkeit und mein Vater, in der Hinsicht uramerikanisch, war völlig überzeugt, dass sich durch den Umzug schon bald etwas Besseres bieten würde. Er versuchte, mich und meine drei Jahre jüngere Schwester mitzureißen, indem er uns auf der Karte all die Städte zeigte, in denen er Vorstellungsgespräche hatte.

Nach langer Suche bekam er für ein Jahr einen Vertrag in Columbia, einer kleineren Stadt in Missouri. Meine Eltern besaßen ein Haus in Indiana, aber das bedeutet in Amerika nichts. Wir packten kurzerhand alle Sachen und verkauften Vieles bei einem Garagenverkauf. Das Jahr in Missouri war nicht schön. Columbia war langweilig, ohne die Studenten wäre es wie tot gewesen. Ich fand keine Freunde und fühlte mich einsam. Vielleicht kamen wir auch einfach nicht richtig an, weil der Vertrag befristet war und mein Vater sofort anfing, wieder etwas Neues zu suchen.

Es sah inzwischen noch schlechter aus mit Stellen, er fand und fand nichts. Da kam die Idee auf, für eine Weile nach Europa zu gehen. In Deutschland herrschte Anfang der 70er Jahre Lehrermangel und Englischlehrer wurden händeringend gesucht. In Haselünne, einem winzigen Städtchen in Norddeutschland, gab es ein Gymnasium mit einem neuen, jungen Direktor, der große Schwierigkeiten hatte, Lehrer zu finden, weil es so abgelegen war. Er warb sehr um meinen Vater, erkundigte sich sogar für uns, ob wir die Katze mitnehmen konnten. Mein Vater war sofort Feuer und Flamme und auch wir Kinder freuten uns. Er stellte den Umzug dar wie ein großes, tolles Abenteuer. Wieder packten wir alle Kisten, all die Bücher und sogar die Fossiliensammlung meiner Eltern. Diesmal ließen wir einige Kisten bei Freunden, denn wir waren überzeugt, wir würden nach einer Weile zurückkommen. Ich sprach schon damals fließend Deutsch, die Sprache war unser Zuhause. Bisher hatte ich es nicht sehr attraktiv gefunden, dass meine Mutter Deutsche war, denn die Deutschen waren nicht populär in den USA. Meine Freundinnen in Bloomington hatten sich über den Akzent meiner Mutter lustig gemacht. Mit Deutschland aber verband ich sehr schöne Erinnerungen. Die Verbindung zu Mutters Familie war immer eng und anregend.

Haselünne ist eine erzkatholische Enklave im protestantischen Umland, landwirtschaftlich geprägt, von unserem Haus aus konnten wir bis zum Horizont sehen. Heute sehe ich, wie kleinstädtisch es ist, aber für meine damalige Lebensphase war das großartig. Es war alles überschaubar und die Menschen nahmen uns unglaublich tolerant auf. Innerhalb einer Woche hatten wir ein schönes Einfamilienhaus. Meine Mutter war erschrocken, als sie sah, dass es leer stand. In Amerika sind immer Möbel in den Häusern, das ist dort so üblich. Hier war nicht einmal eine Küchenzeile vorhanden, kein Bett, gar nichts. Aber alle Leute waren sehr bemüht uns zu helfen, brachten, was sie an Möbeln entbehren konnten.

Mein Bewusstsein sagte mir, dass alles gut war, ich war schnell integriert und fühlte mich wohl. Mein Unterbewusstsein aber hatte offenbar doch mit der erneuten Umstellung zu kämpfen. Mein Körper rebellierte. Das erste Mal in meinem Leben hatte ich Neurodermitis, als mein Vater erkannte, dass er manisch-depressiv war. Jetzt kam sie zurück und wurde so schlimm, dass ich zu Ärzten in die nächstgrößere Stadt gehen musste. Wir fanden die Praxen furchtbar primitiv. Insgesamt schien uns Deutschland unglaublich rückständig. Nicht jeder Haushalt in Haselünne hatte ein Telefon – das war in Amerika zu der Zeit bereits undenkbar. Es gab nur eine Sorte Salat. Wir gewöhnten uns an, zum Einkaufen ins nahe gelegene Holland zu fahren, weil es dort Eisbergsalat und Erdnussbutter gab.

Mein Vater kam mit der Umstellung und mit dem schrecklichen norddeutschen Klima überhaupt nicht zurecht. Er bemühte sich um Arbeit in den USA, aber von Europa aus war das noch schwieriger. Er wurde wieder krank, fiel bereits nach einem Jahr oft in der Schule aus. Zum Glück wurde auch meine Mutter als Englischlehrerin angestellt, so dass sie schließlich die Familie ernährte. Mein Vater starb mit 49 Jahren, da war ich 16. Damit war klar, dass wir in Haselünne, wo meine Mutter eine sichere Stelle hatte, bleiben würden. Erst als meine Schwester und ich das Abitur hatten und nach Berlin gingen, verließ auch meine Mutter die Stadt.

»Ich bin immer mobil, kann überall unterwegs sein, fühle mich gut dabei!«, davon war ich damals überzeugt. Nach dem Abitur ging ich für zwei Jahre auf Reisen. Mein großes Vorbild waren die Protagonisten aus dem Buch »Die Kinder von Torrelinos«. Ich wollte auch frei sein, mich selbst finden. Ich reiste nach Griechenland, Kreta, und im Jahr darauf nach Frankreich, Spanien, Portugal und Marokko. Ich war monatelang am selben Ort, half in Portugal einem jungen Paar gegen Kost und Logis dabei, ein kleines Holzhaus zu bauen. Die meisten Menschen, die ich in den Jugendherbergen traf, waren auf der Durchreise und hatten viele Pläne. Ich dagegen suchte mir eine Ecke und blieb dann dort, lernte Leute kennen und schuf mir eine Art zeitweiliges Zuhause.

Ich habe immer ein Heimatgefühl für Amerika behalten. Ich würde niemals die amerikanische Staatsbürgerschaft aufgeben. Das ist ein Teil meiner Identität, die ich über all die Jahre gepflegt habe. Ich habe sehr oft Amerika besucht, vor allem seit meine Mutter mit ihrem zweiten Mann wieder dort lebt und auch meine Schwester nach New York zog. Und ich habe als Schauspielerin sehr früh, bevor es auch in Deutschland Mode wurde, mit einem Kollegen als Stand-up-Comedian gearbeitet – ein typisch amerikanisches Phänomen. Wenn ich auf meinen Reisen Amerikaner traf, hatte das immer einen Hauch von Heimat, schon allein, weil mich ihre Aussprache im Englischen an meine Kindheit erinnerte. Aber ich spürte doch auch, dass sie einen anderen kulturellen Hintergrund hatten und ganz anders lebten. Amerika ist ein Land der Einwanderer, deshalb liegen Offenheit und Flexibilität sozusagen in der DNA seiner Einwohner. Jeder von ihnen hat Vorfahren, die irgendwann entschieden haben: »Ich glaube, hinterm Berg ist es besser, also breche ich dahin auf, denn hier geht es mir schlecht.« Das schaffen nur diejenigen, die in der Fremde zurechtkommen. Mich hat diese typisch amerikanische Ungebundenheit widersprüchlich geprägt: Ich will immer weg, aber ich will dann dort auch ein bisschen Wurzeln schlagen.

Ich glaube, dass ich in der Ausbildung meines Charakters sehr davon profitiert habe, dass wir so viel umzogen und ich bin stolz auf diesen Teil meiner Mentalität. Aber ich habe immer gelitten wie ein Hund. Ich lese gern Reisetagebücher, bewundere Frauen, die alleine in den Mittleren Osten reisen. Aber wenn ich dann selbst aufbreche, erfasst mich Unsicherheit, die Euphorie verfliegt schnell. Es ist für mich furchtbar, irgendwo zu sein, wo ich mich nicht auskenne. Nicht den Ort selbst finde ich schrecklich, sondern die Tatsache, dass ich dort nicht verwurzelt bin.

Ich lebte einige Jahre in Berlin und studierte dort Schauspiel. Dann lernte ich meinen Mann kennen, einen echten »kölschen Jong«, für den es niemals in Frage gekommen wäre, aus Köln wegzugehen. So kam ich nach Köln. Wir haben zwei Kinder und leben jetzt in einem Kölner Vorort, in Hürth. Ich mag das Rheinland, ich glaube, es ist den Amerikanern am nächsten. Köln ist überhaupt nicht großstädtisch, sondern familiär, hat aber kulturell unendlich viel zu bieten. Ich mag den Humor, mag die Stadt am Fluss, die hohe Toleranz und Freiheit, die Offenheit der Kölner. Ich bin mir recht sicher, dass auch unsere Kinder in der Region bleiben werden. Trotzdem blieb lange das Gefühl der Zerrissenheit. Als Schauspielerin ist meine künstlerische Heimat nicht in Köln, sondern in Hamburg. 18 Jahre lang gehörte ich dort zum Ensemble des Theaters Scharlatan und pendelte zwischen den Städten hin und her. Auch mein Mann hatte als Regisseur viel dort zu tun, aber es kam für ihn nicht in Frage, dort zu leben. Dafür hängt er zu sehr an seiner Kölner Scholle.

All die Jahre lebte ich in diesem Spagat – zu Hause die Kinder, in Hamburg das Theater – und weil mir meine Karriere wichtig war, schien mir das in Ordnung. Seit meiner Kindheit bin ich gewohnt, immer wieder neu anzufangen, mehrere Standbeine zu haben, mich auf neue Situationen einzustellen. Aber eigentlich mag ich die Konsequenz daraus überhaupt nicht. Irgendwann stand ich kurz vor dem Zusammenbruch. Ich rutschte in eine Lebenskrise. Ich fühlte mich ständig zwischen zwei Stühlen. Als junger Mensch überwog das Positive für mich, die Inspiration, aber je älter ich wurde, umso klarer wurde, dass ich einen Heimathafen finden musste.

Die Entscheidung fiel für Hürth. Es war eine sehr schwere Entscheidung, mich von meinen Kollegen aus dem Scharlatan-Theater zu trennen. Wir sind zusammen durch Dick und

Dünn gegangen, sie sind mir sehr nah. Inzwischen habe ich mir in Hürth und Köln als freiberufliche Dolmetscherin, Übersetzerin, Lehrerin und Schauspielerin genügend Alternativen gesucht, um mich zu finanzieren. Aber den anregenden Austausch mit Kollegen vermisse ich sehr. Der Abschied von Hamburg war wieder ein Verlust von einem Stück Heimat.

Umso wichtiger war mir, endlich in Hürth eine zu finden. Ich wusste, dafür muss ich mich mehr in die Tiefe begeben. Mir ist unser großer, schöner Garten ganz wichtig. Er bedeutet im bildlichen Sinne Verwurzelung. Und ich begann, mich für meine Umgebung zu interessieren. Was ist Hürth für ein Ort, wie ist er entstanden, warum ist es hier so, wie es ist? Hürth ist nicht schön, eine Ansammlung von Dörfern ohne richtiges Stadtzentrum. Aber es hat auch etwas Faszinierendes, wie sich diese ursprünglich rein landwirtschaftlich geprägte Gegend dadurch veränderte, dass eine Industrie mitten hinein gepflanzt wurde. Ich habe eine unbändige Neugier von meinem Vater geerbt, ich möchte die Zusammenhänge verstehen. Also begann ich, mich im Geschichtskreis des Hürther Heimat- und Kulturvereins zu engagieren, jetzt leite ich ihn. Als erstes Projekt interviewte ich ehemalige Gastarbeiter aus unserer Stadt. Als sich der erste Weltkrieg zum 100. Mal jährte lasen wir Feldpostbriefe von zwei Hürther Brüdern vor Publikum. Einer unserer Mitglieder, ein Pilot, erforscht Bodenunebenheiten aus der Luft und fragt, woher die Vertiefungen kommen.

Im Heimat- und Kulturverein sind außer mir eigentlich nur alteingesessene Hürther. Manchmal bin ich selbst überrascht, was mich mit ihnen verbindet. Definitiv hängt es mit meinem Streben nach Zugehörigkeit zusammen. Ich bin wie ein Mixer – greife mir die Dinge und Menschen, die ich spannend finde, bringe sie zusammen und das versetzt meinen eigenen Geist in Bewegung, nährt meine Interessen. Mein Mann hat immer in dieser Region gelebt, der braucht diese aktive Suche nach Bezügen, historischen Verbindlichkeiten nicht. Ich aber kann erst mit fast 50 Jahren sagen: Ich bin jetzt angekommen. Ich muss nicht mehr in die Weite.

Schlussgedanken

Was ist denn nun eigentlich Heimat, mag man sich am Ende dieser Lektüre fragen. Wie kann sie all das zugleich sein: für Reinhard die Landschaft Schlesiens, für Manuela die lateinamerikanische Fröhlichkeit vereint mit schweizerischer Bodenständigkeit, für Drago die Freiheit, in einem umgebauten Bus zu leben oder die extreme Mobilität für Ric, der am Ende nur seinen Körper Heimat nennt? »Heimat ist kein Ort, Heimat ist ein Gefühl«, antwortet der Sänger Herbert Grönemeyer darauf. Ich möchte gern ergänzen: Heimat ist ein Gefühl, das man mit anderen Menschen teilen muss. Heimat sind vor allem die Menschen, mit denen man sich identifiziert, mit denen man Sprache, Mentalität, Vergangenheit oder Zukunftspläne teilt.

Doch gerade in diesem Zugehörigkeitsgefühl liegt auch die Gefahr des Missbrauchs. Die Rede von Heimat sei niemals harmlos, resümiert die Ethnologin Beate Binder, denn mit dem Rekurs auf sie werden »immer auch Vorstellungen einer imaginären Gemeinschaft wie auch Abgrenzungen gegen ein fremdes Außen hergestellt.«[36] Und das scheint auch mir angesichts der vielen Flüchtlinge, die derzeit in Europa auf eine Zukunft hoffen, die größte Gefahr für die doch erst unlängst rehabilitierte Liebe zur Heimat.

Etwa 3,3 Prozent der Weltbevölkerung sind Migranten. Und es werden immer mehr. Auslöser sind Kriege, Klimawandel oder soziale, religiöse, politische Konflikte, daneben aber auch banale logistische Vereinfachungen wie eine größere Mobilität durch ausgebaute Verkehrsnetze und verbesserte Transportmöglichkeiten oder das Internet, das auch im entlegensten afrikanischen Dorf über die Verkehrswege informiert, und gleich dazu über den Lebensstandard in anderen Ländern und die Lebensbedingungen für Flüchtlinge dort. Die Welt wächst immer mehr zusammen. Und der Versuch, die eigene Heimat abzuschotten, ist nicht nur inhuman, sondern auch schlicht vergebens. Der Politikwissenschaftler François Gemenne sagte dazu in einem Interview: »Migration verhindern zu wollen ist, als würde man versuchen, die Sonne am Aufgehen zu hindern: komplett sinnlos.«[37]

Die Zahlen, wie viele Flüchtlinge nach Deutschland kommen werden, wurden in den vergangenen Monaten mehrfach nach oben korrigiert. Von 200 000 war das Innenministerium ursprünglich ausgegangen, dann von 400 000 und im August 2015 verkündete Thomas de Maizière schließlich, man müsse mit mindestens 750 000 Menschen rechnen. Manche Deutsche sind angesichts dieser Zahlen verunsichert. Zu laut ist das Geschrei der Rechtspopulisten. Allein im ersten Halbjahr 2015 kam es zu 202 Brandanschlägen auf Flüchtlingsunterkünfte. Mit jedem Tag werden es mehr. Und auch die bürgerlichen Politiker tragen teilweise zur Stigmatisierung der sogenannten Wirtschaftsflüchtlinge bei. Etwa wenn de Maizière, ebenfalls im August, forderte, man müsse das Taschengeld für Flüchtlinge aus dem Kosovo kürzen, weil es so hoch sei wie das Gehalt eines Polizeibeamten in Albanien – und damit impliziert, dass die Menschen aus dem Balkan nur wegen der Sozialleistungen nach Deutschland kämen. Viel zu sehr dreht sich der Diskurs um die Aufnahme der Flüchtlinge dabei um das Wohl der Deutschen. Die Journalisten der Wochenzeitung *Die Zeit,* Amrai Coen und Henning Sussebach, erinnern in ihrem Dossier »Im gelobten Land« daran, was wir uns eigentlich fragen sollten: »Was muss passieren, damit ein Mensch bereit ist, seine Familie zurückzulassen, seine Freunde, seine Arbeit, seine Sprache, seine gesamte Identität? Wie viele Bomben müssen fallen, wie viele Gebäude zerstört werden, wie viele Menschen geköpft?«[38] In ihrem grandiosen Plädoyer für die Menschlichkeit mahnen sie: Das Glück, auf einem friedlichen Fleck Erde zu leben sei gleichzeitig auch eine Verpflichtung. Auch Gemenne sieht Europa in der Pflicht und fordert, alle Grenzen der EU für die Flüchtlinge zu öffnen, damit sie nicht ihr Leben in die Hände von kriminellen Schleppern legen müssen: »Niemand verlässt sein Land, bloß weil zum Beispiel Deutschland seine Grenzen öffnet. Und niemand bleibt, weil die Grenzen zu sind.«[39]

Die Erinnerungen der Protagonisten dieses Buches zeigen, dass die meisten zunächst leichtherzig ihre Heimat zurücklassen. Die Entwurzelung macht sich erst nach und nach bemerkbar. Für Werner, der sich gemeinsam mit der Frau seines Lebens eine Wahlheimat auf der Kanalinsel Sark schuf, konnte die ursprüngliche Heimat Deutschland zu einem freundlich-nostalgischen Erinnerungsmoment werden. Für Dmitrij und Tanja aber, die sich in Deutschland abgelehnt fühlen, zieht sich ein bitteres Verlustgefühl durch ihr Leben, eine ständige Suche nach Perspektiven, eine gewisse Unsicherheit auch in den sozialen Beziehungen, schlicht ein Mangel an Zugehörigkeitsgefühl. Der Verlust der Heimat, so zeigen es die Portraits, kann zu einem elementaren Problem werden.

Umso wichtiger scheint mir gerade angesichts des aktuellen Revivals der Heimatverbundenheit, dass sie nicht nur ein Teil der Kulturindustrie, eine »ausgeglichene, schöne Spazierwelt« ist, in der »scheinbar die Spannungen der Wirklichkeit ausgeglichen sind«, wie der Kulturwissenschaftler Hermann Bausinger sie für das 19. Jahrhundert charakterisiert.[40] Bausinger forderte schon 1986, dass sich Heimat und eine offene Gesellschaft nicht ausschließen dürfen. Er sah im modernen Diskurs die »Heimat als Aneignung und Umbau gemeinsam mit anderen, Heimat als selbst mitgeschaffene kleine Welt, die Verhaltenssicherheit gibt, Heimat als menschlich gestaltete Umwelt.«[41]

Entscheidend ist daher nicht nur, dass Flüchtlinge in Deutschland entsprechend untergebracht und notversorgt werden, sondern auch, dass sie eine Chance haben, sich neu zu beheimaten. Das erfordert mehr, als nur eine spontane, vorübergehende Empathie. Das bedeutet, Heimat nicht nur aktiv und menschlich zu gestalten, sondern sie zu teilen, für Neues zu öffnen und auch den Hinzukommenden die Chance zu geben, ihr neues Zuhause mitzugestalten. Angesichts der großen Veränderungen, die gerade weltweit stattfinden, angesichts der Konflikte, aber auch der zunehmenden Mobilität und Vernetzung, muss auch der Heimatbegriff neu angepasst werden. Die Heimat abzugrenzen gegen andere, bedeutet, sie schwach und angreifbar zu machen. Stärker wird die Heimat durch die Menschen, die sie lieben. Je mehr, desto besser.

Anhang

Quellenverzeichnis

1 Flusser, Vilém: Heimat und Heimatlosigkeit. Audio-CD, Köln 1999.

2 Greverus, Ina-Maria: Wem gehört die Heimat?, in: Belscher, Siegfried u. a. (Hg.): Wem gehört die Heimat? Beiträge der politischen Psychologie zu einem umstrittenen Phänomen, Opladen 1995, S. 25.

3 Burt, Raymond L.: Friedrich Salomo Krauß (1859–1938). Selbstzeugnisse und Materialien zur Biobibliographie des Volkskundlers, Literaten und Sexualforschers mit einem Nachlassverzeichnis, Wien 1990.

4 Wiesemann, Falk: Flüchtlingspolitik und Flüchtlingsintegration, in: Aus Politik und Zeitgeschichte 35/1989, S. 44.

5 www.bund-der-vertriebenen.de/charta-der-deutschen-heimatvertriebenen.html

6 Stenger, Horst: Soziale und kulturelle Fremdheit. Zur Differenzierung von Fremdheitserfahrungen am Beispiel ostdeutscher Wissenschaftler, in: Zeitschrift für Soziologie 1/1998, S. 18.

7 Ebenda.

8 Binder, Beate: Beheimaten statt Heimat. Translokale Perspektiven auf Räume der Zugehörigkeit, in: Seifert, Manfred (Hg.): Zwischen Emotion und Kalkül.»Heimat« als Argument im Prozess der Moderne, Leipzig 2010, S. 194.

9 Flusser, Vilém: Heimat und Heimatlosigkeit. Audio-CD, Köln 1999.

10 Ebenda.

11 Ebenda.

12 Wolffsohn, Michael und Brechenmacher, Thomas: Deutschland,

jüdisch Heimatland. Die Geschichte der deutschen Juden vom Kaiserreich bis heute, München 2008.

13 Siehe Interview mit Blumenthal, Michael: Für jüngere Juden ist Deutschland wieder die Heimat geworden, Deutschlandradio Kultur am 13. September 2011.

14 OECD: Talente im Ausland. Ein Bericht über deutsche Auswanderer, Paris 2015.

15 Ebenda.

16 Vgl. Anthias, Floya: Identity and Belonging: Conceptualisations and Political Framings. Arbeitspapier, hrsg. vom Kompetenznetz Lateinamerika, Köln 2013.

17 Bausinger, Hermann: Heimat? Heimat!, in: Der blauer Reiter. Journal für Philosophie 23/2007, S. 8, Hannover 2007.

18 Abkommen über die Rechtsstellung der Flüchtlinge vom 28. Juli 1951 (in Kraft getreten am 22. April 1954) Artikel 1, Paragraph 2.

19 de Zaya, Alfred: Heimatrecht ist Menschenrecht, München 2001

20 Greverus, Ina-Maria: Wem gehört die Heimat?, in: Belscher, Siegfried u. a. (Hg.): Wem gehört die Heimat? Beiträge der politischen Psychologie zu einem umstrittenen Phänomen, Opladen 1995, S. 25.

21 Foroutan, Naika und Schäfer, Isabell: Hybride Identität muslimischer Migranten, in: Aus Politik und Zeitgeschichte 5/2009, S. 17.

22 Siehe dazu das Positionspapier der Deutschen Gesellschaft für Psychiatrie, Psychotherapie und Nervenheilkunde (DGPPN) zum Symposium Psychisch krank durch Migration? Perspektiven der Migrationspsychiatrie in Deutschland, das am 12. September 2012 in Berlin stattfand.

23 Ebenda.

24 Schader Stiftung: Integration von Aussiedlern, Darmstadt 2007.

25 Doebner, Richard (Hg.): Urkundenbuch der Stadt Hildesheim. Dritter Teil von 1401 bis 1427, Hildesheim 1887.

26 Bott-Bodenhausen, Karin: Sinti und Roma in Ostwestfalen-Lippe. Zur Heimatverbundenheit und permanenten Vertreibung einer ethnischen Minderheit, in: Belscher, Siegfried u. a. (Hg.): Wem gehört die Heimat? Beiträge der politischen Psychologie zu einem

umstrittenen Phänomen, Opladen 1995, S. 245.

27 Ebenda, S. 250.

28 Bausinger, Hermann: Auf dem Weg zu einem neuen, aktiven Heimatverständnis, in: Wehling, Hans-Georg (Hg.): Heimat heute, Stuttgart 1984, S. 215.

29 Yildirim, Elif Atmaca: Die Bedeutung der Erstsprache für die Entwicklung zweitsprachlicher Kompetenzen zur staatsbürgerlichen Persönlichkeit, Norderstedt 2014, S. 54.

30 Binder, Beate: Beheimaten statt Heimat. Translokale Perspektiven auf Räume der Zugehörigkeit, in: Seifert, Manfred (Hg.): Zwischen Emotion und Kalkül. »Heimat« als Argument im Prozess der Moderne, Leipzig 2010, S. 198.

31 Schlink, Bernhard: Heimat als Utopie, Frankfurt 2006.

32 Vojvoda-Bongartz, Katarina: Heimat ist (k)ein Ort. Heimat ist ein Gefühl: Konstruktion eines transkulturellen Identitätsraumes in der systemischen Therapie und Beratung, in: Systemmagazin Kontext 43/3, Köln 2012, S. 234.

33 Ebenda.

34 Ebenda.

35 Fleischhauer, Jan: On the road again. Die amerikanische Gesellschaft, in: Spiegel, Special Geschichte 4/2008.

36 Binder, Beate: Beheimaten statt Heimat. Translokale Perspektiven auf Räume der Zugehörigkeit, in: Seifert, Manfred (Hg.): Zwischen Emotion und Kalkül. »Heimat« als Argument im Prozess der Moderne, Leipzig 2010, S. 192.

37 Gemenne, François: Machen wir die Grenzen auf, die Menschen kommen sowieso., in: Stern vom 14. August 2015.

38 Coen, Amrai und Sußebach, Henning: Im gelobten Land, in: Zeit, Dossier, 23/2015, Weingarten 1986, S. 76.

39 Gemenne, François: Machen wir die Grenzen auf, die Menschen kommen sowieso, in: Stern vom 14. August 2015

40 Bausinger, Hermann: Heimat in einer offenen Gesellschaft, in: Kelter, Jochen: Die Ohnmacht der Gefühle. Heimat zwischen Wunsch und Wirklichkeit, Weingarten 1986, S. 76.

Weiterführende Literatur zum Thema

Bausinger, Hermann u. a. (Hg.): Heimat heute, Stuttgart 1991.

Belscher, Siegfried u. a. (Hg.): Wem gehört die Heimat? Beiträge der politischen Psychologie zu einem umstrittenen Phänomen, Opladen 1995.

Binder, Beate: Heimat als Begriff der Gegenwartsanalyse? Gefühle der Zugehörigkeit und soziale Imaginationen in der Auseinandersetzung um Einwanderung, in: Zeitschrift für Volkskunde, 104. Jg., 2008/1, 1–17.

Binder, Beate: Beheimaten statt Heimat: Translokale Perspektiven auf Räume der Zugehörigkeit, in: Seifert, Manfred (Hg.): Zwischen Emotion und Kalkül. »Heimat« als Argument im Prozess der Moderne, Leipzig 2010, S. 189–204.

Egger, Simone: Heimat. Wie wir unseren Sehnsuchtsort immer wieder neu erfinden, München 2014.

Flusser, Vilém: Heimat und Heimatlosigkeit. Audio-CD, Köln 1999.

Gebhard, Gunther u. a. (Hg.): Heimat: Konturen und Konjunkturen eines umstrittenen Konzepts, Bielefeld 2007.

Greverus, Ina-Maria: Auf der Suche nach Heimat, München 1988.

Heilingsetzer, Georg Christoph: Verortung und Identität. Wer bin ich ohne Heimat?, Hamburg 2014.

Klose, Joachim (Hg.): Heimatschichten. Anthropologische Grundlegung eines Weltverhältnisses, Berlin 2014.

Menasse, Robert: Heimat ist die schönste Utopie. Reden wir über Europa, Berlin 2014.

Mitzscherlich, Beate: Heimat ist etwas, was ich mache. Eine psychologische Untersuchung zum individuellen Prozess von Beheimatung, Freiburg im Breisgau 1997.

Pfaff-Czarnecka, Joanna: Zugehörigkeit in der mobilen Welt. Politiken der Verortung, Göttingen 2012.

Renz, Peter: Heimat. Ausflug in ein unbekanntes Land, Tübingen 2015.

Riegel, Christine und Geisen, Thomas: Jugend, Zugehörigkeit und Migration, Wiesbaden 2009.

Seifert, Manfred (Hg.): Zwischen Emotion und Kalkül. »Heimat« als Argument im Prozess der Moderne, Leipzig 2010.

Schmitt-Roschmann, Verena: Heimat. Neuentdeckung eines verpönten Gefühls, Gütersloh 2010.

Türcke, Christoph: Heimat. Eine Rehabilitierung, Springe 2006.

Dank

Ich möchte mich herzlich bei allen bedanken, die dieses Buch ermöglicht haben. Bei meinen Gesprächspartnern und bei Herrn Dr. Hans-Georg Golz von der Bundeszentrale für politische Bildung für ihr Vertrauen. Beim Institut für die Wissenschaften vom Menschen für die Unterstützung bei der Recherche. Bei meiner Lektorin Johanna Links, die sehr an das Projekt geglaubt hat. Bei meinen ersten Kritikern und Mutmachern: Ralf Pasch, Günter und Barbara Wollstein, Ysbrand Brouwers, Christina Ullrich und vor allem bei meiner Mutter, Gertrud Zöller. Ihre Unterstützung bedeutet ein Stück Heimat für mich.

Zur Autorin

1971 geboren, Magisterstudium der Osteuropäischen Geschichte, Germanistik und Slawistik in Köln, St. Petersburg und Prag, lebte mehrere Jahre in Moskau und Prag, arbeitet als freie Journalistin u. a. für *taz, Deutsch Perfekt,* den Tschechischen Rundfunk und das tschechische Magazin *Respekt*, für ihre Arbeit über Heimat unterstützte sie das Wiener Institut für die Wissenschaften vom Menschen mit dem Milena Jesenská Stipendium.

Markus Decker

Zweite Heimat

Westdeutsche im Osten

2., überarbeitete Auflage
240 Seiten, Broschur
ISBN 978-3-86153-798-4
18,00 € (D); 18,50 € (A)

»Was dieses Buch so lesenswert macht, sind die offenherzig dargestellten Geschichten der Protagonisten. (...) In erfrischendem Reportage-Stil schreibt Decker über Erwartungen, erfüllte wie unerfüllte, Begeisterung über das neue Leben, aber auch Enttäuschungen und die Erkenntnis, dass das ›Abenteuer Ost‹ nicht zwangsläufig glücklich enden muss.«

Das Parlament

»Deckers Buch, das viele einzelne Erfahrungen aus Ost und West versammelt, ist ein Zeitzeugnis – dafür, dass die Deutschen wenigstens versuchen ein Volk zu werden.«

titel, thesen, temperamente (ARD)

www.christoph-links-verlag.de